JN098242

不登校の
理解と支援のための
ハンドブック

伊藤 美奈子［編著］

多様な
学びの場を
保障する
ために

ミネルヴァ書房

不登校の理解と支援のためのハンドブック——もくじ

第Ⅰ部　学校現場における不登校の現状と支援

第Ⅱ部　支援の場からみた不登校

第Ⅲ部　これからの不登校支援のために

はじめに --

　不登校が日本の社会で話題になり始めたのが1950年代の後半であるといわれています。高度経済成長期の中，当時は人数的にも稀で，「学校恐怖症」という"心の病"とみなされていました。ところが，その後，学校に行けない子どもたちはどんどんと増えていくことになります。私が高校教師をしていた1980年代には，学校現場では教育問題として注目され，呼称も「登校拒否」と変化していました。当時，私がかかわった中学生からは，「自分は登校を拒否しているつもりはなくて，行きたくても行けないんだ。それなのに登校拒否なんて呼ばれるのは，とても嫌だ」と聞いたのを覚えています。

　そして，その後もますます不登校の数は増えていきます。1980年代までは，神経症的な不登校が中心で，登校時間になると頭痛や腹痛になり登校できない葛藤を抱える子どもたちが多かったように思います。こうした状況の中，文部科学省が1992年に出した報告書には，「不登校はどの子にも起こりうる」「やみくもに登校刺激を与えるのではなく，待つことが大切」という趣旨の提言が掲げられていました。これにより，"不登校には登校刺激をしてはいけない"という言説が学校現場にも広がることになりました。もちろん，不登校は"さなぎの時期"（山中，1979）といわれたように，学校から撤退し自分の殻にこもる中で自分探しをし，内的な変身を遂げるようなケースは，今もあります。こういう子どもたちには，安心して休める時間と場所の保障や"待つこと""見守ること"が必要とされます。

　ところが，その後も不登校の数は増え続けました。それと同時に，質の多様化も指摘されるようになりました。そういう状況の中，待っていてはいけないケースも出てきました。たとえば，いじめから不登校になったケースや，不登校の背景に虐待（とりわけネグレクトなど）が隠れているケース，発達的な生きづらさによる二次障害としての不登校などについては，待っていても解決には至らないどころか，初期対応の遅れが事態の悪化を生む場合も少なくありませ

ん。そのような中で2002年の9月に発足したのが文部科学省「不登校問題に関する調査研究協力者会議」でした。私が不登校関係の国の施策の決定に参加したのも，この委員会がはじめてでした。そこでは「待つ」ことの是非について，意見を戦わせたことを鮮明に覚えています。議論の結果，「ただ何もしないで待つことは，見守っているように見えて見捨てることになってしまう場合もある。まずは目の前の子どもを正しくアセスメントし，その子にあった働きかけをしよう」という方向に舵が切られることになりました。そのほか，学校での取り組みについても具体的な提言が出され，不登校数は減少していくことが期待されたのです。

　この委員会では，不登校の子どもをもつ保護者の意見も国の施策に反映させたいという意図から，全国4000人の保護者を対象とした調査も企画され，調査の実施から分析までが私の役目となりました。そのアンケートの自由記述に複数書かれていたのが，「"不登校問題"という言葉に対する嫌悪感」でした。確かに，自分の子どもが不登校である保護者にとって，"不登校問題"という言葉は，わが子が否定され学校から排除されるかのように響いたのでしょう。こうした保護者の思いは委員会でも報告され，「不登校である子ども自身を"問題"であると考えるのではなく，その子がおかれている状況や環境を"問題"と考えそれらを解決すべき」という趣旨の文言が報告書に加えられることになりました。

　その後，一度は減ったかにみえた不登校でしたが，小学校を中心に増加し始めると同時に，さらに背景要因の多様化が進みました。そうした状況に対応するため，2015年には，不登校のことを話し合う委員会が文部科学省により立ち上げられたのですが，その名称は「不登校に関する調査研究協力者会議」でした（"問題"という言葉が外されました）。そしてこの国の姿勢は，2016年に公示された「教育機会確保法」に明文化されることになります。つまり「不登校というだけで"問題行動"と受け取られないような配慮」が求められたのと同時に，「子どもたちの学習する権利（多様で適切な教育機会）の保障」が重視されたことは，本書のコラム0-1にも詳しく書かれています。

　この教育機会確保法の方針は，確かに，学校に行けないことで自責の念に苦

しむ子どもたちや，負い目を感じている保護者の苦しみを和らげることには
なったと思います。しかしその一方で，「問題ではないと言われても，心配な
状況は変わらない」「将来に対する不安は払拭されない」という声も聞こえて
きます。学校現場からも，「学校復帰に向けて頑張ってきたのに，じゃあこれ
からは，何に向かって支援していけばいいのか……」と戸惑う声も聞こえてき
ます。

　この不登校政策が大きな転換期を迎えた今，改めて不登校を見直す必要があ
ると考えました。それが，この1冊を企画した大きなきっかけです。本書は，
発達段階による不登校の特徴を概観したうえで，多職種連携の立場から，教育
機関以外にも医療や福祉，さらには新しい特例校まで，様々な支援の現場ごと
に，不登校の特徴が描かれる構成にしています。さらに，保護者支援と不登校
支援のこれからについても章立てをして，各先生方にご執筆いただくことがで
きました。これら各章については，不登校にかかわる様々な現場で広く深く実
践をされている先生方にご依頼することができました。さらに，本書では，不
登校にまつわる多様なテーマに関するコラムを，その道の第一人者でもある多
くの先生方にご執筆いただくことが叶いました。

　本書を手に取っていただいた学校教職員やスクールカウンセラー，スクール
ソーシャルワーカーの先生方，そして不登校当事者やその保護者の皆様，さら
にはこれから心理臨床実践を学ばれる学生・院生の皆様まで，様々な立場から
お読みいただき，本書が不登校のことを他人事ではなくわが身に引き付けて考
える機会になると嬉しいです。そして，次の一歩を踏み出す力になることを
祈っています。

国のデータからみた不登校——児童生徒の問題行動・不登校等生徒指導上の諸課題に関する調査結果（令和元年度）より

不登校児童生徒数の推移

文部科学省は，不登校を「何らかの心理的，情緒的，身体的あるいは社会的要因・背景により，児童生徒が登校しないあるいはしたくともできない状況にあるために年間30日以上欠席した者のうち，病気や経済的な理由による者を除いたもの」と定義（文部科学省，2003）し，毎年調査を行っています（図1）。それによると，2019年度の不登校児童生徒数は，小中学生合わせて18万人を超えました。2012年度以降増加傾向が続き，特に2015年度以降は急増しています。一方，高校生はこの数年5万人前後で推移しており，大きな変化はみられません。

小中学生の不登校

2019年度の在籍児童生徒数に占める不登校児童生徒の割合をみると，小学生は120人に1人，中学生は25人に1人です。さらに，学年別にみると，学年が上がるにつれて不登校児童生徒の数は増加し，また前年度から不登校状態が継続している児童生徒も増える傾向にあります（図2）。とりわけ，中学1年生の不登校生徒数は小学6年生と比べて約2倍と大きく増え，中学入学後に新たに不登校となる生徒が多く存在することがわかります。中学校では教科担任制が導入され，学習内容も難しくなるばかりでなく，部活動での先輩後輩といった新しい人間関係も始まります。いわゆる「中1ギャップ」（児島・佐野，2006）といわれる新たな環境変化に適応することが難しい生徒の存在がうかがえます。

2019年と2015年の不登校児童生徒数を比較すると，小学生は約1.9倍，中学生は約1.3倍と，小学生が大きく増加しました。また，出席日数が年間10日以下の児童生徒の割合は，小学生が6.8％から8.0％，中学生が11.5％から14.1％といずれも増加しており，不登校の低年齢化・長期化の傾向が示唆されています。相談・指導を受けた機関について（表1）は，「学内（養護教諭やスクールカウンセラー）」という回答は，小学生／中学生いずれも，実数では大きく増加しているものの，割合としては減少しており，不登校児童生徒の急増に学内の相談体制が追いついていない，またはうまく機能していない可能性も考えられます。「学外（教育支援センターや病院など）」と回答した割合は増加していますが，一方で，どこにも相談していない「相談・指導なし」とする割合も増加しました。2019年度では，小学生の約4分の1，中学生の約3割を占めています。

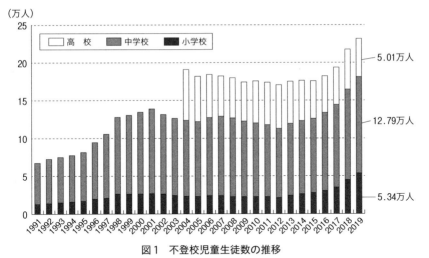

図1 不登校児童生徒数の推移

出典：文部科学省（2020）より作成

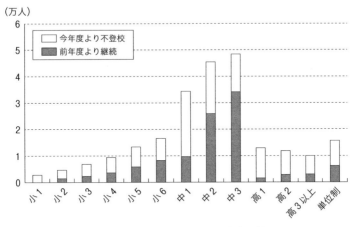

図2 2019年度学年別不登校児童生徒

出典：文部科学省（2020）より作成

表1　学校内外で相談・指導を受けた機関

		2015年度		2019年度	
		人数（人）	割合（%）	人数（人）	割合（%）
小学生	不登校児童生徒数	27,583	—	53,350	—
	学外で相談・指導	10,986	39.8%	21,885	41.0%
	学内で相談・指導	15,462	56.1%	27,371	51.3%
	相談・指導なし	5,786	21.0%	13,133	24.6%
中学生	不登校児童生徒数	98,408	—	127,922	—
	学外で相談・指導	30,027	30.5%	42,992	33.6%
	学内で相談・指導	49,666	50.5%	58,498	45.7%
	相談・指導なし	28,109	28.6%	40,460	31.6%

出典：文部科学省（2020）より作成

高校生の不登校

　高校生の不登校生徒に関する調査は，2004年度に開始されました。2019年度は，63人に1人が不登校となっています。図2によると，高校1年生の不登校生徒数は，中学3年生の約4分の1であり，前年度から不登校を継続している生徒も大きく減少しています。一番右側の「単位制」は学年のない単位制に在籍する不登校生徒であり，その中には新入生も含まれていますが，その点を考慮しても同様の傾向がみられます。近年，高等学校が多様化し，不登校経験のある生徒を積極的に受け入れて，その支援に力をいれる様々なタイプの学校が増えてきました。そのこともあり，高校入学をきっかけに不登校を脱して登校を始める生徒も多いと考えられます。しかし，高等学校で不登校となった場合，欠席日数や欠課時数の問題から原級留置（留年）や退学につながるケースもあり，2019年度は不登校生徒のうち約22%の生徒が中途退学しています。高等学校における不登校は，ひきこもりとの関連も指摘されており（八尋，2016），登校できなくても卒業できる小中学生とは異なる視点の支援，さらには卒業後の進路も見据えた「成人として社会参加するために必要な」（小野・保坂，2012）支援が必要だと考えられます。

（松下ひとみ・伊藤美奈子）

コラム 0-2　教育機会確保法

教育機会確保法成立までの経過から見えてくるもの

　教育機会確保法の正式名称は,「義務教育の段階における普通教育に相当する教育の機会の確保等に関する法律」です。2016年12月に超党派の議員立法で成立, 公布され, 同時に一部が先行施行されました (2017年2月完全施行)。平成28 (2016)年12月22日付の文部科学省から発出された通知によると, 同法は「教育機会の確保等に関する施策に関し, 基本理念」を定め,「国及び地方公共団体の責務を明らかにする」とし, 文部科学大臣が「基本指針」などを定めて「教育機会の確保等に関する施策を総合的に推進する」としています。また「夜間その他特別な時間において授業を行う学校における就学の機会の提供等に関する施策」についても規定しており, 附帯決議として「児童生徒の意思を十分に尊重して支援が行われるよう配慮すること, 不登校というだけで問題行動であると受け取られないよう配慮すること, 例えばいじめから身を守るために一定期間休むことを認めるなど児童生徒の状況に応じた支援を行うことなど」と明記されています。

　同法が成立するまでの過程については, 1980年代後半からの不登校児童生徒への支援に関する当事者グループからの要請や提言という流れに加えて,「政策決定構造の変化を背景に政策会議の1つ, 教育再生実行会議のもと, 急ピッチで審議が進められていった」(横井, 2018) と指摘されています。この経過は, これまで提起されていた義務教育制度についての論点 (就学義務制・教育義務制, 親の教育の自由, 宗教教育・オルタナティブ教育の自由, 外国人の子どもの教育を受ける権利, 学校体系の単線・複線, 学校設置者の種類, 就学・修学費の無償, 教育課程等の自由と統制など) の中の,「就学義務制, フリースクール等の学校外の学びの場の位置づけ, 不登校の理解と対応策のあり方, 学校の改革可能性など, わが国の義務教育を根本的に問う論点が呼び起こされ, 今後の義務教育制度のあり方について重要な示唆を与えるものともなった」のですが,「市場的規制緩和論と接合し, 能力開発・社会投資論の枠組みに位置付けられることによって法案化されたが, 最終的に不登校対策法として教育機会確保法が成立」し,「学校を超えることの困難を示している」とも指摘されています。つまり, 学校現場で直面する問題意識から発展した教育課題について児童生徒やその保護者, 学校内・外の資源を視野に入れた検討という枠組みだけでは, 課題解決には至らず, 制度にまで踏み込まなければならないが, それは当事

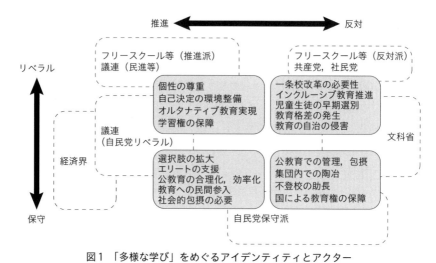

推進 ←——————→ 反対

リベラル

フリースクール等（推進派）
議連（民進等）

フリースクール等（反対派）
共産党，社民党

個性の尊重
自己決定の環境整備
オルタナティブ教育実現
学習権の保障

一条校改革の必要性
インクルーシブ教育推進
児童生徒の早期選別
教育格差の発生
教育の自治の侵害

議連
（自民党リベラル）

文科省

経済界

選択肢の拡大
エリートの支援
公教育の合理化，効率化
教育への民間参入
社会的包摂の必要

公教育での管理，包摂
集団内での陶冶
不登校の助長
国による教育権の保障

保守

自民党保守派

図1 「多様な学び」をめぐるアイデンティティとアクター

出典：勝田（2018）p. 18 より作成

者や関係者の思いだけでは実現できず，政治や経済，文化や歴史などの広範な環境
を視野に入れなければならないということです。

　同法の成立過程に，当事者や支援者などの関係者がかかわっていたことは，公共
政策や教育行政の専門家らによって肯定的に評価されています。紆余曲折の中で政
策案の変質を受け入れざるを得ませんでしたが，政策コミュニティに当事者等が参
加し，その主張が少なからず反映されたからです（勝田，2018ほか参照）。

　これらの指摘は，私たち心理臨床家や教員など教育・心理の専門職が見落としと
してしまいがちな重要なテーマの存在を教えてくれます。詳細は，参考文献にあたって
いただきたいと思いますが，勝田（2018）の「多様な学び」をめぐるアイデンティ
ティとアクターの図は，わかりやすく関係を示してあるので引用しておきます（図
1）。

教育機会確保法成立の意義とその後の動き

　同法が，不登校対策や夜間中学設置に集約され，当初想定されていたインターナ
ショナルスクールなどのいわゆるエリート教育も含む「多様な学びの場」を保障す
るものではなくなったことに対して，批判的な立場の人たちもいますが，同法の成
立には大きな意義があります。少なくとも，現行の学校制度になじめず，やむにや
まれぬ事情で学校外の学びの場を選択せざるを得ない人たちを否定したり排除した
りすべきでないことが明示されたことは肯定的に評価すべきだと思います。

同法成立を主導した「NPO法人フリースクール全国ネットワーク」「多様な学び保障法を実現する会」は，「不登校に関する新しい法律について」の中で，年間12万人以上の不登校の子どもたちに教育を受ける権利が十分に保障されてこなかったけれど，国が応援して保障しますという法律であると説明し，その基本理念を「すべての子どもが豊かで安心できる学校」にし，「一人ひとりにあった支援をすること」「子どもの意思を尊重し，年齢や国籍その他の事情に関係なく義務教育が受けられるようにすること」「国，地方公共団体，フリースクールや親の会等民間の団体その他の関係者がお互いに協力して連携していくこと」であると記しています。これらは，1980年代から不登校児童生徒やその保護者などの当事者が訴えてきたことでもあります。特に，いじめなどで苦しいときには学校を休んでよいことや休養が必要な場合があることが明記されたことを肯定的に評価しています。

　反対の立場の人たちは，「まずは学校改革が先である」「不登校を安易に助長してはいけない」とか，「学校教育法の体系を前提とする限り，一条校への復帰が目標となり子どもを追い詰める構図に変わりはない」「『特別に編制された教育課程』を設置することで，一部の子どもの排除につながりかねない」などと主張しました（勝田，2018）。

　確かに，これらの主張は理解できますが，同法成立後の動きをみると，地方自治体が不登校特例校設置や教育支援センターの充実を検討する等，理念の実現に向けた動きもみられています。学校外の学びの場の多くが民間施設であるので，利用するには，相応の負担が必要になり，経済格差が影響することや利用可能な施設が身近にないという地域格差も問題とされてきました。公的な学校改革や学校外の学びの場の創設などの取り組みが広がることは，不登校児童生徒の学習権が保障されることにつながります。この「子どもの学習権」という言葉が強調されていることも同法の意義の一つであることも認識しておかなければなりません。「義務教育」は，保護者が「子どもの学習権」を保障する「義務」を負うこと，学校などの大人は「子どもの学びたい気持ちを尊重して学習の場を提供しなければならない」ことを規定したものです。その義務が果たされているか，どうすれば果たされるようになるかなど根本的な問題は今後の課題となりましたが，すでに，日本教育学会などでは活発な議論が始まっているようなので，同法が起爆剤として機能したといえます。文部省が平成4（1992）年に，不登校は問題行動ではなく，誰にでも起こり得るとの見解を示してからも，状況は当事者グループが期待するほど大きく変化してはい

ませんでした。同法によって，学校は，「不登校は（児童生徒個人の）問題行動ではない」とすれば何がどう問題なのか，どのように学習権を保障するのかを考え，変革せざるを得ない状況になったのです。また，公立の夜間中学設置によって，いわゆる「みなし卒業」（不登校で学校生活や学習を全く，あるいはほとんど経験していなくても義務教育修了とみなされる）の生徒や外国にルーツをもつ生徒への教育機会の保障という課題が一歩前進したと考えられます。同法をどのように活かすかは，まさに私たち大人に託されているといえるのではないでしょうか。

教育機会確保法を受けた文部科学省の不登校対応指針の示すところ

　同法第7条に基づき，文部科学省は，「不登校児童生徒への支援の在り方について（通知）　令和元年10月25日」を発出しました。これは，「過去の不登校施策に関する通知における不登校児童生徒の指導要録上の出席扱いに係る記述について，法や基本指針の趣旨との関係性について誤解を生じるおそれがあるとの指摘があったことから，これまでの不登校施策に関する通知について改めて整理し，まとめた」ものです。当事者グループからの要請に応じて，誤解や混乱を生じないために発出されましたが，現場の教員の中にはこの通知の重要性を認識していない人や存在自体を知らない人もいました。現場感覚で言えば，あまりにも多くの新しい法律や通知が届くので，重要性や優先順位を吟味しているゆとりがないというのが本音かもしれません。

　しかし，この通知で，学校は，児童生徒一人ひとりにあった適切な支援をすることで児童生徒の学習権を保障する責任がより明確化されたことになります。この「児童生徒一人ひとりにあった」環境整備は，特別支援教育の理念と全く同じです。まさに「教育の基本の"き"」の再確認です。残念ながら，同法成立後も不適切な対応が続いている例も報告されています。「休む権利があるのだから」と特段の支援を行わない学校の例や，学校と学校外の学びの場が連携協力する必要があると過剰なまでに情報共有や訪問支援を行ってかえって安心感のある居場所を失ってしまったという当事者からの訴えもあります。これらは極端な事例だとは思いますが，対応が個々の教員に任されてしまうと個々人の理解の仕方や児童生徒との相性の問題などでうまくいかないことがあり得ます。学年や学校全体の態勢として，支援のあり方の検討や実施，振り返りができるようにしておくこと，チーム学校としての取り組みが必要です。

（植山起佐子）

第Ⅰ部

学校現場における不登校の現状と支援

第1章

小学校における不登校と支援

はじめに

　筆者はこれまで，教育・医療・福祉領域で活動してきました。現在は，主に教育領域でスクールカウンセラー（以下，SC）等として活動しており，幼稚園等の未就学児から中学生までの子どもを中心にかかわっています。小学校の子どもたちとのかかわりとしては，公立・国立の小学校や小中一貫校でのSC，幼小連携事業でのコーディネーターといった経験があります。

　SCは，1995年に中学校に配置され始め，近年では，SCという存在が，子どもや保護者，教師にずいぶん認知されるようになりました。学校に心理の専門家がいることについても以前より広く，自然なことと捉えられることが増えてきているように思います。小学校へのSC配置数は少しずつ増えてきているものの，筆者が活動している地域では，「中学校にはSCが配置されているが小学校には配置されていない」といった場合や，「一人のSCが複数の小学校を担当しているため1つの小学校には，月1〜2回程度の訪問となる」といったように，配置状況は様々で，十分に配置がいきわたっているとはいえない状況です。

筆者がある小学校へ配置されたときに感じたのは，SC という存在は学校に認識されており，心理の専門家として学校に来ていることは受け入れられているものの，「SC に何ができるのか」，「どういったケースに活用できるのか」という点について，学校側もまだまだ手探りの状態だということでした。また中学校では，個別の面接にはじまり，授業などの行動観察や，ケース会議やいじめ対策委員会などの各種会議への参加，教員との情報交換や助言など，カウンセリングからコンサルテーションまで様々な SC の活用が行われていますが，小学校では，会議への参加を申し出てはじめて，「そういった活動もあるのですね」という返答があったりと，SC がまだ十分に活用されていないこともありました。さらに，はじめて SC が配置されたという小学校もありました。そのため，まず SC にどのようなことができるのかを知ってもらうことから始め，それぞれの学校にどのようなニーズがあるのかアセスメントしながら，小学校において SC をどう活用してもらうと効果的か，また何ができるのか，試行錯誤しながら活動してきました。

　小学校で SC として活動する中で，不登校の相談や児童が「学校に行きたくない」と言っているがどうしたらよいかといった登校しぶりの相談が少しずつ増えてきているという実感があります。実際に，文部科学省（2020b）によると，小学校の不登校は増加傾向にあります。不登校の支援といえば，中学校への支援を中心に語られることが多いですが，小学校という段階における特徴や視点を考えながら，支援を模索していく必要があると考えています。

1　小学校における不登校の特徴と背景にある現代的課題

1　国のデータからみる小学校の不登校

　文部科学省（2020b）によると，小・中・高校における不登校の総数は2012年度以降増加傾向にあり，小学校では，SC が配置されているにもかかわらず，増加していることがわかります。2015年度と2019年度を比べてみると，小学校の不登校の総数は，２倍弱にまで増加していることがわかります（コラム 0-1

の図1参照）。そして，学年ごとの不登校数を比べると，小学校1年生から小学校6年生まで学年が上がるごとに不登校の数は増えています（第2章図2-1参照）。加えて，前年度から継続している不登校数についても，学年が上がるごとに増加傾向にあります（コラム0-1図2参照）。学年ごとに増加しているということは，長期継続のケースが多いと考えられます。

　以上のことから，小学校の不登校増加の背景には，どのような問題が考えられるのか，小学校という段階の特殊性および幼稚園等と小学校の違いという側面から小学校の不登校の特徴を考えます。

　また，文部科学省（2020b）によると不登校の要因としては，無気力・不安がもっとも多く41.1％となっています。次に多い要因は，親子の関わり方で16.7％です。この点についても，言及したいと思います。

2　小学校という段階の特殊性

　小学校は，6歳から12歳までの子どもたちが過ごしています。小学校の6年間で子どもたちはどのように変化するでしょうか。まずは，身体の発達という面から子どもたちの変化を考えてみます。文部科学省（2020a）によると，平均身長は小学校1年生男子が116.5cmに対し，小学校6年生男子は145.2cmと，6年間で約30cm伸びています。同様に平均体重は小学校1年生男子が21.4kgに対し，小学校6年生男子は38.7kgと，6年間で約17kg増え，2倍近くの増加になってます。このように非常に急激な身体の発達があり，6年間で幼児から大人の身体に近づきます。ランドセルが大きすぎて，大丈夫かしらと思う1年生から，ランドセルが小さく感じ，もう似合わないくらい成長したなと思う6年生までが一緒に生活している場が小学校です。

　次に学習面に関しても，小学校1年生でのひらがなを覚えるという段階から，高学年での長文の読解までどんどんレベルアップしていきます。1年生では，国語と算数を中心に学びますが，学年が上がるごとに教科も増えます。6年間で，学習の基礎から本格的な学習まで学びます。コミュニケーションや社会性の発達も同様で1年生の会話と6年生の会話では，内容も様子も全く違います。このように小学校の6年間を通して，子どもは身体面でも精神面でも著しい成

長をみせ，社会で生きていく土台ができあがります。

　不登校の様子も学年によってずいぶんと違い，小学校低学年にみられる幼稚園等との生活や環境の違いに起因する分離不安が背景にある不登校から，背景に学校生活や家庭生活・本人の問題等ある中で，不安などの情緒的な混乱により登校できない状態が続いているといった中学校でよくみられる不登校と同様の不登校まで多岐にわたり，小学校の不登校とはどのようなものか，ひとくくりにすることは非常に難しいと感じます。これが小学校の不登校の特徴の一つとも考えられます。

3　幼稚園と小学校という段階の違い

　現在多くの子どもたちが，小学校に入学する前に，幼稚園や保育所，認定こども園等に通い，集団生活を経験しています。ここでは，幼稚園と小学校について比較して考えます。

　幼児教育の目標をめぐっては，「幼稚園は，義務教育及びその後の教育の基礎を培うものとして，幼児を保育し，幼児の健やかな成長のために適当な環境を与えて，その心身の発達を助長することを目的とする。」（学校教育法第22条）となっています。保育とは，養護と教育が一体となった概念であり，保育を行う幼稚園等は家庭以外での集団生活をはじめて経験する場であり，本格的な集団での活動に向けての入口といえる場であると考えます。子どもたちは，幼稚園という環境のもとで健康かつ安全に活動できるよう養護されて生活しています。その中で，たとえば服を着替えるとか，ご飯を食べることが自分でできるようになる等，健全に発達することを目指しています。また，集団の中で家族以外の大人や子どもと接することで言葉やコミュニケーション能力を獲得し，社会性など対人関係の基礎も発達していきます。

　一方，義務教育の目標は，「義務教育として行われる普通教育は，各個人の有する能力を伸ばしつつ社会において自立的に生きる基礎を培い，また，国家及び社会の形成者として必要とされる基本的な資質を養うことを目的として行われるものとする。」（教育基本法第5条2）となっており，社会で生きていけるような力を獲得することが目標になっています。また，「小学校は，心身の

発達に応じて，義務教育として行われる普通教育のうち基礎的なものを施すことを目的とする。」（学校教育法第29条）となっており，小学校では大人になるための土台を様々な側面から築いていく時期であり，基礎部分をつくることが目標となっています。

　つまり，幼稚園も小学校も同じように集団で生活する場ですが，幼稚園は「保育」すなわち養護と教育を一緒に行う場であり，小学校は「教育」を行う場となります。つまり，養護するという要素がなくなり，ここに幼稚園と小学校との差があるといえます。

　もう少し具体的に考えてみると，幼稚園では，お箸が使えるようになるなど，集団生活の中で「できるようになること」そのものが目標です。教員や保護者も子どもを養護しながら，成長したことを喜びます。子どもたちも，自分で様々なことができるようになったことに満足し，嬉しそうにしながらどんどん「自分でできる」ことを増やしていき，成長していきます。

　一方，小学校入学段階では，ある程度自分のことは自分でできるようになっているものと考えられており，「できるようになったこと」を喜ぶ段階から次のステップへ移ります。たとえば，テスト，通知表という形で，「成績」という評価が加わります。また，自分でできることは当たり前で，それ以上に工夫し，発展させて活動するなど，幼稚園のときとは違う高度なことが求められます。一つひとつの細かな活動ができたことを教員と一緒に喜ぶ・認められるということよりも，自分で目的をもって行動し，達成しようとすることが目標になり，さらにそれらを周りから評価されます。幼稚園のときに，十分にできたことを認めてもらっていると，自分で目的をもって行動し，たとえ認められなくても達成感を得ることができるといったように主体性が育っています。十分に認められたり，主体性が育っていると，ステップをスムーズにあがることができます。このように「できたね」とできたことそのものを認めてもらう体験と「どうできたか」と評価する体験では大きな差があり，ここにも幼稚園等と小学校との差があります。

　ところが実際の現場では，どうでしょうか。授業中座ることが難しい・教員の指示が理解できないといった発達の遅れはないものの，経験不足だなと感じ

る子どもたちが増えているように思います。

　たとえば，友達とあまり遊んだことがないという経験不足により，思い通りにならないと友達に手が出て，トラブルとなり，学校に行きづらくなるといったケースを考えてみます。この場合，もっと前の発達段階で，友達と遊ぶということや，その中で小さなトラブルを繰り返しながら，友達との距離感を学んでいくという，実際の経験や失敗も含めて試行錯誤しながら友達と関わる体験などが不足していました。また十分に「できたね」と認めてもらう体験が育まれる必要がありました。つまり，このような体験が十分にできていないまま小学校に入学したと考えられます。その後学校生活で十分にその体験を行い，対人関係のルールの獲得などもあわせて支援することで，トラブルが減り，登校を渋ることも減りました。ほかにも勉強で，授業のペースに合わせてノートをとるためには指先の巧緻運動が十分にできることが必要ですし，集団で適度な距離感をとるためには，外遊びなどで培う空間認知や体をコントロールする力が必要です。経験不足により，そういったものが十分育っていないことで，集団活動で困難さを抱えたり，困る子どもが多いように思います。まずは，経験不足や試行錯誤していないことを補いながら，「できたね」という体験を十分得ることが必要になります。このような実体験の不足は，小学校のみならず，子どもにとっての現代的な課題の一つであるとも考えられます。

4　不登校における不安

①　子どもの不安

　本節1項で述べたように，小学校の不登校における主たる要因で一番多いものが，無気力・不安です（表1-1）。SCとして子どもと面接をしている場面でも，「なんとなくだるい」「やる気がでない」といった訴えや背景に不安がうかがえる相談が多くあります。また中学校での面接と比べて，保護者や教員といった周りの大人も不安が高いことが多く，この点についても小学校の不登校の特徴だと考えています。

　面接場面の中で，子どもの年齢によっては，自分の内面を表現することが難しい発達段階にいる場合もありますが，年齢的には内面を表現する言葉を獲得

表1-1　小学校における不登校の要因

区　分	不登校児童数	学校に係る状況								家庭に係る状況			本人に係る状況		左記に該当なし
		いじめ	いじめを除く友人関係をめぐる問題	教職員との関係をめぐる問題	学業の不振	進路に係る不安	クラブ活動等部活動への不適応	学校のきまり等をめぐる問題	入学、転編入学、進級時の不適応	家庭の生活環境の急激な変化	親子の関わり方	家庭内の不和	生活リズムの乱れ、あそび、非行	無気力、不安	
主たるもの	53,350	233	5,430	1,297	2,301	175	32	596	1,139	1,939	8,898	921	5,488	21,927	2,974
		0.4%	10.2%	2.4%	4.3%	0.3%	0.1%	1.1%	2.1%	3.6%	16.7%	1.7%	10.3%	41.1%	5.6%
主たるもの以外にも当てはまるもの		140	2,954	1,100	4,739	289	51	683	813	1,305	8,117	1,121	5,221	6,819	
		0.3%	5.5%	2.1%	8.9%	0.5%	0.1%	1.3%	1.5%	2.4%	15.2%	2.1%	9.8%	12.8%	

出典：文部科学省（2020b）「令和元年度児童生徒の問題行動・不登校等生徒指導上の諸課題に関する調査結果」より抜粋

している発達段階にあっても，うまく表現できない場合があります。子ども自身が不安な状態を感じて，もやもやしていたり，イメージはあるものの言語化できない状態にあるときもあれば，ネガティブな心の動きを体験したり，感じたりする経験が少なく，何か感じてはいるが，子ども自身よくわからないという状態になっていることもあります。内面の状態を察知する感度が未発達なため，子ども自身が不安や無気力になるとどんな感じになるのか，気分や気持ちといった心の内面はどうなっているのか，また身体の様子はどう変化するのかといった心や身体の動きを感じる体験を少しずつ積むことが必要です。また，内面の状態を察知する感度を育てながらそれらを表現するための「ことば」を育むことも同時に必要です。

②　周りの大人の不安

　小学校では子どもを取り巻く環境でもある周りの大人，すなわち保護者や教員も不安が高いことがみられます。このような場合，子どもにかかわりつつ，並行して保護者や教員の不安に対して，アプローチが必要となります。

　小学校の不登校について，なぜ保護者や教員といった大人の不安が大きくなるのでしょうか。一つは，保護者や教員は，「現状」だけでなく，「この先，子どもがどうなっていくのか」を考えようとする傾向が強いからです。小学校で，本格的な勉強と集団生活が始まったばかりです。中学校・高校と長く集団生活

が続くため，「不登校が続いたら，この先どうなるだろう」と不安が高くなります。不安とは未来へ向かう感情であり，「不安はあったが，結果として大丈夫な状態になった」と経験してはじめて，不安は解消されます。先のことを考えれば考えるほど，不安は解消されないまま，大きくなっていきます。

　SC との面接の中で，「今集団生活がしんどいとなれば，中学・高校と集団生活が続くのに……高校にいけないのではと不安です。」と話をされた保護者がいました。小学校の段階で，そこまで先のことを考えるのかと少し驚きつつも，このように先を考えれば考えるほど不安が解消するような「大丈夫と思える体験」が得られるのは，ずっと先になります。長い間不安を持ち続けることとなり，不安は大きくなります。

　保護者の場合，「学校に行かなくてもよい」と思いつつも，「学校に行ってほしい」，「学校に行かないとこれからどうなるかわからない」といった思いがあり，葛藤状態となります。葛藤状態が長くなると，葛藤を抱えることが難しくなり，不安が大きくなります。

　さらに，現代は解決志向が強く，それ自体はいい側面もありますが，解決できないものを抱えておく・待つといったことに慣れていません。また便利な社会では，たとえばネットで商品を注文すると次の日にはすぐに来るといった生活に慣れている私たちにとって，じっくりと待つといったこと自体がしんどいと感じるようになっています。そのため，不登校についても，この不安も今すぐ何とかしてほしい，解消方法を教えてほしいとなります。ところが，不登校はすぐに解消するものではないため，不安は大きくなり，対処できなくなってしまいます。このように，保護者や教員が，不安といったネガティブな感情をもちやすいということにも気をつける必要があります。

　そのため，小学校での不登校では，保護者と話をすることや教員と話をすることに重点をおいて，大人がもつ「不安」についてアプローチし，安心して子どもにかかわってもらえるよう支援することがあります。

2 小学校での支援における大切な視点と具体的な取り組み

　不登校とは，様々な要因や背景が複雑に絡み合い，結果として学校に行っていないという状態になっているものと考えています。子どもが，身体や心の悩みなどが積もり積もって抱えきれない状態となり，その結果としての表現が不登校ともいえます。そのため不登校になったときには，何か一つの大きな要因を解決したからといって，学校に行っていない状況を改善することは難しい状態になっています。ここに，不登校における支援の難しさがあります。

　また，不登校という状態がどの程度続くかは，子どもによって様々ですが，不登校という状態がある一定の期間続くと，それまで学校へ行くという生活が日常だった状態から，学校に行っていない状態が日常であるということになります。そうなると，今度は不登校状態という日常を変化させること自体に大きな抵抗が起き，不登校の状態をよりいっそう変えにくくなるということが続きます。

　そのことを理解しつつ，小学校での支援について求められる支援と具体的な取り組みについて考えていきます。

1 小学校における多職種連携

　中央教育審議会（2015），文部科学省（2020a）にあるように，現在複雑化・多様化した学校の課題に対応するために，また子どもたちの豊かな学びを実現するため，教員だけでなく専門家も学校教育に参画し，課題の解決にあたることが必要とされています。

　これまでも SC は，学校現場にいる心理の専門家として，教員との連携は，子どもの支援にとって当然必要でした。しかし，スクールソーシャルワーカー（コラム5-3参照）の配置やスクールロイヤーの配置など，学校現場に様々な専門家が参画することで，学校と専門家という連携だけでなく，教員も含めた複数の専門家との多職種連携がこれまで以上に求められています。

　不登校の要因は，複数の要因が複雑に絡み合っていることが多いため，多角

的なアプローチや総合的な視点が必要となるのです。

　小学校では，1節2項で述べたように，発達が著しい時期であるからこそ，その時々で適切と思われる支援が変わっていく可能性が高くなります。また，年齢が低いほどに，家庭を含めた周りの環境による影響が大きいため，たとえば，家族をサポートする社会的資源を活用するといった福祉的な視点が必要になるというように，多職種でかかわることや連携することが必要とされています。

　しかしながら，それぞれが専門性をもっているからこそ，時には批判的な意見がぶつかることがあります。専門性が違うからこそ，ケースや子どもに対する見方が違うことは，当然です。しかし，その違いが，時に溝を生んでしまうことがあります。多職種連携においては，まず，それぞれの専門性を理解すること，理解しようとする姿勢をみせることが重要となります。自分自身が，ほかの専門家の専門性を理解してこそ，SCの専門性を理解してもらえるのではないかと考えています。また，心理の専門性を生かして，円滑な多職種連携のために，チーム全体や他の専門家を丁寧にアセスメントすることと，ケースのことだけでなく些細なコミュニケーションをこまめに行い，他職種との関係性を大切にしています。心理の専門家だからこそ，多職種連携において，教員と専門家・専門家同士をつなぐ役割も重要だと考えています。

2　小学校の支援におけるアセスメント

　アセスメントとは，客観的に評価したり，分析したりすることをいいますが，心理学におけるアセスメントとは，①面接や観察・心理検査等を通して，様々な視点から状態を捉えつつ，そこにある課題を理解すること，②適切な支援を考えること，③予後や見通しを判断することです。

　不登校の子どもを支援するときに，まずはその子ども自身の状態やニーズを捉えます。そして，家庭や学校など子どもを取り巻く環境についても同様に，アセスメントします。丁寧にアセスメントをすることで，不登校という状態になっている子どもを理解するために役立つ情報が得られます。

①　発達的側面をアセスメントすること

　1節2項で述べたように，小学校の子どもは発達が著しい時期です。小学校

では，子どもの発達的側面をアセスメントすることが特に重要と考えています。子どもの年齢に応じた定型発達を考えつつ，今相談に来ている子どもの発達は，どのような状態か見立てます。そして発達的に気になる部分やもう少しのばしていきたい部分があれば，成長を促すようサポートする視点からアセスメントを丁寧に行っています。

　加えて，発達的側面のアセスメントは，一度行えばよいというわけではなく，子どもの成長に応じて適宜見直すことも必要です。SCが面接を継続する中で，子どもが成長していく姿がみられることがあります。その場合には，これまでのアセスメントや支援は子どもにとって適切だったと考えられますが，成長した結果，これまでのアセスメントは，子どもの姿とずれが生じます。そのため，再度アセスメントを行い，成長した子どもによりあった支援方法を考える必要があります。このように子どもの成長に合わせて，その都度アセスメントを見直しつつ，支援を考えていく柔軟な姿勢が必要となります。

②　ポジティブな側面をアセスメントすること

　アセスメントをする際に，その子どもは「何ができないのか」「何がしんどいのか，苦手か」といった，できていないところや苦手なところをみる視点に偏りがちですが，できているところや得意なところはどこかと考える視点にも気をつけています。

　誰でもできないことや苦手なこと，しんどいことに取り組むのは容易ではありません。逆に，できているところや得意なところは，子どもにとって取り組みやすいポイントです。不登校になるとできていないことや苦手なところを克服しようとしがちですが，こころのエネルギーが低下しているときには，元気なとき以上に容易ではありません。逆に，得意なことに取り組むうちに，苦手なところが以前より目立たなくなることがあります。また，できていることに取り組む中で，それが自信につながり，結果として子ども自身が，自分の苦手なところに意欲的に取り組むこともあります。得意なことに取り組むうちに子どもの主体性が生まれ，子ども自身が成長していくと理解しています。

　学校を休みがちになっていましたが，放課後や休日，たまに学校に来たとき

の休み時間に友達と楽しく遊ぶことができている子どもがいました。その中で，授業では，「あれはいや，これはいや」といろいろ発言しては，避けることを続けており，それは本人のわがままではないかという意見が教員から多く出たことがありました。授業を受けるのを嫌がるのはなぜかを中心に教員や保護者で話し合われましたが，なかなか支援方法を見つけることはできませんでした。その際，友達と楽しく遊ぶことができているというところに視点を移し，支援方法を考えてみると，それをもっと伸ばしていこうとか，そのときにもっと楽しめるようにしようという意見がでてきました。結果として，教員らの気持ちも楽になり，子どもの様子にも変化がみられました。

　これは，複数の事例をもとに加工を加えた仮想事例ですが，ケースの渦中にいると，どうしても子どものネガティブな側面に視点が向きやすくなります。できていないことに意識が向きやすいという傾向は，心理学的視点からみると，自然に起きやすい認知の一つです。ネガティブな側面をみることが不要といっているのではなく，ポジティブな側面も含め広く捉える視点をもち，バランスを保つことで，支援の糸口がみえてくることがあります。現場では，ネガティブな側面に意見が偏っていると，その雰囲気に影響を受けやすくなりますが，集団の力動に気をつけつつ，時々冷静にケースを見つめ，視点が狭まっていないか注意していくことが必要です。

3　不登校における肯定的側面

　もう一つ重要な視点として，子どもにとって，不登校という状態であることにどのようなメリットがあるかを考える視点があります。

　家族ともよくしゃべり，家では元気に過ごしている。勉強も割と好きで，家でもよく勉強している。けれども，学校へは行きたがらない子どもがいました。どうして学校へ行くのが嫌なのか聞いたけれども，何も答えないままでした。後になって，人がたくさんいるとしんどくなるということがわかりました。けれども周りの子どもたちは，普通に学校生活を送っているので，自分だけが頑張れていない，だめだとずっと思っていたようです。学校へ行かないことで，

その子どもにとってはしんどい思いをしなくてよいという状況になっており，それは子どもにとって大きいメリットのように感じました。学校へ行くメリットと学校へ行かないメリットを考えたときに，学校へ行かないメリットの方が大きいので，当然状況は変わりにくく，不登校状態となっていました。SCとの面接の中で保護者は，最初は再登校をあせっておられましたが，しだいに子どもの状況を理解し，それだけしんどいのであれば，何か良い方法を考えますということに至りました。

このように不登校を解消することだけに目を向けていると，表面上だけをみ
ていることになり，背景にある課題を見落としてしまうことがあります。「不
登校は，好ましくない状態である」と捉えがちですが，見方を変えると，不登
校であるという状態は，「このままではしんどい，悪化していく一方だ」「これ
以上はもう無理だ」と心と身体が判断した結果として，学校へ行けないという
選択をした状態と考えられます。つまり，これ以上心身を悪化させないために
自分を守っている状態であるとも捉えられます。

子どもにとって，自分の心と体を守ることは，学校へ行くことで得られるメ
リットよりも重要であり，喫緊の課題です。学校へ行かないことで得られるメ
リットが大きい状態では，不登校の状況を変えることは難しいと考えます。支
援を行う中で，最終的に不登校が解消する方向へ向かうこともももちろんあるの
ですが，「学校へ行くためにどうするか」を考えるよりも，子どもの心と体が
感じている「しんどい状態」にどう対応するかを考えることで，別の支援を探
す糸口がみえることがあります。このように学校へ行かないという状態が，そ
の子どもにとってどのようなメリットがあるのかという不登校の肯定的側面を
考える視点が必要です。

4 不安という感情へのアプローチ

本節1項でも述べましたが，面接では不安に丁寧に向き合い，整理するプロ
セスを大切にしています。不安は危険回避のために，人間に必須の感情です。
しかし不安が頻繁に起こったり，不安が大きい状況では，問題を冷静にみたり，
対処することが難しくなります。また，不安は他の否定的な感情を取り込み大

きくなりやすい性質があり，混乱したり，対処できなくなってしまうことも考えられます。そのために，まず不安を自分自身で扱える程度の大きさにすることが必要となります。

①　子どもの不安

　子どもの不安に対処するには，先述のように不安とはどういうものか知っていくことと，心や身体の動きを感じる体験を少しずつ積んでいくことや，それらを表現するための「ことば」を育むことが必要です。筆者はそのときになるべく簡単なことばを使ったり，絵にかいたり，たとえ話を入れたりとわかりやすくすることで子どもが理解しやすくなるように心がけています。

　イライラすると手が出てしまい，そのことで学校へ行きにくくなっている子どもがいました。イライラについて話をする中で，最初はイライラの内容を紙に書くということを続けていましたが，「イライラの虫みたいなものかな」という会話をヒントに，自分でいろいろな感情の虫の絵を書いて，自分の感情のムシ図鑑をつくっていきました。ネガティブな感情もポジティブな感情も自分の感情を絵で表現し，整理することで，しだいに年齢相応の感情のコントロールができるようになり，学校にも楽しんで登校するようになりました。その子どもは，絵で表現しましたが，パズルやボードゲームを通して，不安などの感情を表現する経験を積んでいく子どももいます。面接で，子どもが感じたことを自由に表現することを大切にしつつ，それを丁寧に受け取る中で，不安などの感情を少しずつ感じたり，コントロールできるようになると考えています。

②　周りの大人の不安

　また，保護者や教員の不安についてもアプローチが必要です。「できれば登校できるようにしたい」という思いは，子どもだけでなく，不登校にかかわる周りの大人も同様にもっていますが，小学校の教員は特にその傾向が強いように思います。時には，教員にくわえて保護者もその思いが強くあり，皆の思いに巻き込まれてしまい，SC 自身も「なんとかしなければならない」という衝動に駆られることがあります。こういう状態になると，視野を広く捉えることが難しくなり，皆の思いに巻き込まれる可能性があるので，まずは，SC としてそのような事態を冷静に捉えつつ，巻き込まれそうになっている自分も含め

て環境のアセスメントをしています。

　SC が巻き込まれるまで至らなくても，保護者や教員から，「この不安をなんとかして」「どう対応したらいいのか教えて」といったことを言われると，なんとか相手の要望にこたえなければいけないと思ってしまうことがあります。要望に応えようと，焦ってその場しのぎの方法を考えると，不登校の本質を見失ったり，子どもの状態が悪化する可能性もでてきます。

　このような場合，まずは，SC 自身もそのようなリスクや不安があることを自覚することから始めます。そして，不安があってもよいこと，不安というものはどういうものか，不安をどう扱うのかについて伝えます。必要な場合は，可能な範囲での見通しも伝えます。「小学校から中学校にかけてずっと不登校だった子どもが，元気に高校に行っているということもあります」といった例をお話ししたり，「今小学校で不登校だったとしても，それがずっと続くかはわかりませんし，進路については，このようにたくさん選択肢はあります」といったことを伝えます。先は真っ暗だと思うと不安になりますが，ある程度見通しがつくと不安は軽減されるからです。さらに，現代は情報社会であり，パソコンやスマートフォンを使えば，知りたい情報を簡単にたくさん手に入れることができます。非常に便利である一方，適切に情報をオフにしたり，取捨選択ができないと情報に溺れてしまい，どうしていいかわからなくなり，不安が大きくなったり，混乱してしまう状態に陥りやすくなります。面接の中で，そういった情報の処理や整理をすることも SC として必要と考えています。そして，SC も含む，子どもにかかわる周りの人がある程度落ち着いた状態であることは，子どもに良い影響を与えると考えていますので，SC 自身のコンディションを整えることにも気をつけています。

3　小学校における不登校をめぐるまとめ

　小学校の不登校についてその特徴や具体的な支援等について考えてきました。小学校の不登校に関して，今後いっそう議論や研究が積み重ねられ，よりよい支援方法や体制が構築されることが必要です。「不登校を解消すること」のみ

にとらわれず，どの子もその子どもに合った形で，社会で生きていく力を育んでいけるよう，SCとしてできることを積み重ねながら，小学校の子どもたちにこれからもかかわっていきたいと考えています。

　主体性を大切にする視点は，心理の専門性の中で重要なものの一つであり，どのようなときも，相手の主体性を大切にして，かかわっていきたいと考えています。しかし，この主体性を大切にするということは簡単なようで非常に難しいことです。「不登校という状態から変わろう」と子どもも大人も考えているのですが，「変わる」ことを本人の意思とかけ離れて，あまりにも強要しすぎると，「今ここにいるあなたはだめですよ」というような否定的なメッセージを送ることになりかねません。子どもも周りの大人も何とかしたいと思っているにもかかわらず，自分が否定されていると感じてしまいます。

　効率化が求められている社会の中で，じっくり時間をとって話を聴いたり，相手の主体性を尊重しながら，相手が動くペースに合わせて待つというプロセスは，その効率化とは反対側にある非効率的な作業のようにみえます。しかしながら，たとえ効率的でなくても，子どもが成長していくペースに合わせることが，不登校の支援には重要ではないでしょうか。

　一方で，現在の学校では，SCをはじめ専門家が学校にかかわることで，どの程度不登校が解消したのか？　何か変化があったのか？というように，いかに効率的にかかわっているかということも求められます。話をゆっくり聴くことや様子をみましょうといった対応は，時には，対応不足と捉えられる可能性があります。話をじっくり聴くことが必要なときでも，どういう目的で話を聴き，どのような効果を考えているのかといったことについて説明ができる必要があります。アセスメントを行い，その結果を伝えるだけでは不十分で，実践にどう取り入れるか，具体的にどう対応するかまで助言するといった高度な専門性も求められています。不登校に特効薬はないけれど，何気ない教員の声掛けや保護者のかかわりなど，周りの人からの些細なかかわりを積み重ねながら，時には戻ったり，立ち止まったりしてもいいので，その子どもなりの道を自分のペースで進んでほしいと思います。学校で求められる専門家としての責務も果たしながら，これからも臨床に臨んでいきたいと思います。　　　（房村利香）

　私はこれまで市区町村の教育相談室や民間のカウンセリングセンター，大学附属の臨床相談センターにおいて，臨床心理士・公認心理師として発達に課題をもつ子どもや不登校の子どもとかかわってきました。

　はじめに，なぜ発達障害の子が不登校になるのか，ということを考察した後，私が発達障害や不登校の子どもとかかわるときに心がけていることについて仮定のケースをもとにお話したいと思います。

発達障害の子は不登校になりやすいのか

　発達障害の子と不登校の関係について，山登（2014）は，発達障害の子どもは，知的能力障害（知的障害）があるかどうかにかかわらず，その障害の性質から学校場面において不適応を起こしやすいことを指摘しています。その理由として，自閉症やアスペルガー障害などの広汎性発達障害（自閉スペクトラム症などとも呼ばれています）の子どもは対人的なコミュニケーションがうまくいかず集団になじみにくいこと，また，ADHD（注意欠如多動性障害）の子どもは注意集中の持続が難しく，多動，衝動性を特徴としており，大人数の子どもがいる教室で長時間じっと座っていなければならない環境が，はじめから苦痛のもとであることを述べています。

　また，齊藤（2011）は，思春期の仲間関係の盛り上がりが，広汎性発達障害のある子どもに対するからかいや攻撃をエスカレートさせることを指摘しています。その仲間の攻撃に刺激されて，幼い時代からの被虐待的体験やいじめられ体験の記憶がフラッシュバックし，恐れ，怒り，困惑といった感情が渦巻く混乱状態を生じやすいとしています。さらに，ADHD の子どもは，その衝動性の高さや落ち着きのなさにより，幼い頃から様々な問題を引き起こしては叱られるという経験を繰り返していることが多いことから，自尊心が低くなり，貧しい自己像が形成されがちであること，そのような子どもが小中学校でさらに嫌な体験を重ねると不登校に近づいていくということを述べています。

　このように，発達障害の子どものもつ特性によって，学校の集団生活の中では困難さをもちやすいといえます。たとえば，友達とのコミュニケーションがうまくいかないことの背景の一つに，相手の立場に立って考えること，相手の気持ちを想像したりすることの苦手さがあると考えられますが，そのために，子どもが悪気なく発言したことで友達とのトラブルにつながることがあります。あるいは，友達と喧

嘩したとき，友達も自分も同じように先生から叱られたのに，自分だけがすごく叱られてしまったと被害的に受け取ってしまうこともあります。また，長時間じっと座っているのが苦痛な子どもだけでなく，光や音などに対して過敏さがある子どもにとっては，教室での騒がしさや，光の具合による黒板の見えづらさなど，教室という空間にいること自体，疲れてしまうといったこともあります。

　さらに，学校での学習場面において，宮﨑（2017）は，発達障害の児童が何らかの学習困難を抱えていることが多いことを指摘しています。その背景には，様々な学習の基礎となる「聞く・話す・読む・書く」のどこかにつまずきを抱えていることがあるといわれています。そして，発達障害の児童の中には，一斉授業において指導者の指示を正しく聞き取れないことで的確に行動や応答がとれない子どもがいること，また，この体験を繰り返すことで授業を嫌いになったり回避するようになり，その結果学習が遅れ，学習意欲を失うという悪循環に陥ることが指摘されています。

　このように，発達障害の子どもは，学校での学習場面においても困難さをもちやすいといえます。しかし，発達障害をもつことがすぐに不登校につながるわけではなく，その子どもに合った支援や環境が整わないとき，学校での居場所がなくなったときに，結果として登校しぶりや不登校につながると考えられます。

　そのため，発達障害の子どもが，どういった支援を必要としているのか，周囲の支援者がまず実態を把握して適切に対応し，支援者と子どもとが固い絆によってつながることで，学校での子どもの居場所を失わせないことが重要です。

　また，困っていることについて子どもと話をするためには，子どもとの信頼関係を築くことが大切ですが，そのために私が普段のカウンセリングの中で心がけていることが「波長をあわせる」「「好き」を見つけて共有する」ということです。

波長をあわせる

　私が発達の課題をもつ子どもや不登校の子どもとかかわる中で，保護者の方の会話や行動のテンポが早く，子どもがついていけていないなと感じることがあります。たとえば，自閉スペクトラム症の男の子，翔太さんとお母さんのスピード感の違いに驚いた出来事があります。

　翔太さんは，小学校6年生。ゆっくりなペースのお子さんでした。面接が終わり，会計に向かうお母さんに，翔太さんが携帯電話を貸してほしいというジェスチャーをしました。お母さんは「何？　あぁ，写真を撮るのね？」と，携帯を翔太さんに

貸しました。言葉がなかなか出にくいお子さんでしたが，お母さんは翔太さんが何をしたいのかすぐに理解されました。翔太さんは，待合のロビーにあった置物の写真を撮りたいようで，お母さんが会計を済ませたあとも，翔太さんは写真を撮ろうとしていました。お母さんは，「すいません，待たせてしまって……」と大変恐縮され，「はやくしなさい！　ほら」と声かけをされました。翔太さんのほうは，全くかまわない様子で，自分の納得のいくアングルを調整しているようでした。私は「大丈夫ですので，ゆっくり撮ってくださいね」とお声がけして，見守っていました。

　しかし，お母さんは待ちきれない様子で，「もう，貸しなさい！」と携帯を取りあげ，翔太さんの代わりにその置物の写真を撮ってあげました。「はい，撮れたよ。これでいいでしょ。先生，待たせてしまって本当にすいませんでした」とお母さんは私に謝ってくださいました。

　あっという間の出来事でした。翔太さんが写真を撮ろうとしてから5分も経っていなかったと思います。もちろん，お母さんは，子どもに一生懸命かかわっておられましたし，こちらへの気遣いが伝わってきました。それに，何か用事があって急いでいたのかもしれません。お母さんの根気強い，愛情のあるかかわりのおかげで，翔太さんは挨拶がしっかりできる子でした。

　ここでお伝えしたいのは，子どもとお母さんの感じている時間の流れというか，スピード感が全く違うことがあるということです。私は，その子が何を感じて，何に困っているのか，その子どもの立場になって考えてみるときに，その子の世界に入ってみること，波長を合わせてみることはとても大事だと考えています。

　具体的には，声のトーンや話すスピード，テンションの高さや雰囲気などを合わせてみるということです。たとえば，同じ「発達に課題をもち，不登校」という状態の子どもでも，面接室の中でゆっくり言葉を探しながら，ぽつりぽつりと話す子と，プレイルームの中で元気いっぱいに遊ぶ子とでは，私自身の話すスピードやテンションの高さは全く違います。

　日常生活の中では，子どものペースに合わせられる場面と，どうしても合わせられない場面があると思います。もし子どものペースに合わせられる場面や状況でしたら，支援者の方は，できるだけ合わせてほしいなと思います。

　私自身，うまくできないときや，失敗してしまうときもあります。そういうときは，なぜうまくいかなかったのか，何か焦りがあったのか，気持ちに余裕がなかったかなど，自分自身のことを振り返るようにしています。

子どものペース，子どもの波長に合わせていくと，自然と子どもとの距離感が縮まり，信頼関係ができてきて，その子にとって安心・安全な場の中で，その子に合った支援がしやすくなると感じています。

「好き」を見つけて共有する

　子どもとの波長を合わせることと似ていますが，子どもに好きなものや得意なものを教えてもらい，共有するということを心がけています。発達に課題をもつ子どもや不登校の子どもの多くは，挫折感や傷つき体験を抱えて自己肯定感が低くなっています。

　そこで，自己肯定感が下がるのをくい止める，できれば自己肯定感が少しでも上がるようにするために，その子の好きな世界を知り，共有することはとても大事なことだと思っています。具体的には，ゲームやアニメ，漫画，音楽，芸能人，ドラマ，よく観ている YouTube 動画など，その子が好きなものを教えてもらい，教えてもらったあとはできる範囲で調べたり，動画を観たりして，その感想を伝えたり，さらにこちらから質問して，もっと深く教えてもらったりしています。

　ゲームについては，面接の前の待ち時間に待合でやっている子がいて，そのゲームをやって見せてもらいながら，どういうゲームか教えてもらったこともあります。その子は，日常での会話はなかなかスムーズにいかない状態でしたが，自分の好きなゲームについては，こちらが驚くほどたくさん説明してくれて，こちらからの質問にもしっかり答えてくれました。そこで会話ができるようになり，徐々に他の話題でもスムーズに会話ができるようになっていきました。

　このように，好きなものや得意なことを教えてもらいながら関係性をつくっていくことで，その子の課題の部分にアプローチしていきやすくなります。また，学習支援をする場合も，まずは子どもの得意なものや興味のあるものから始めて「できた！」という達成感を感じてもらえるように心がけています。たとえば，不登校になってからの期間が長く，家庭でも全く学習の習慣がなかった子が，漫画の描き方や料理といった，自分の興味のある内容の本を読むことで，一定の時間机に向かう習慣ができ，そこから少しずつ教科の学習をすることにつながったということもありました。子どものまわりの支援者の方々には，ぜひその子の好きなことを見つけて，理解し，子どもの最大の味方になってほしいと思いますし，私もそうなりたいと思いながら，日々子どもたちとかかわっています。

（濱野美智子）

親子関係と不登校──小学校現場に支援の手は届くのか

小学校の現状

　私がスクールカウンセラーとして勤務するある地方都市の小学校では，教室に入れない児童の数が増えていきました。保健室登校もままならず，別室登校を余儀なくされる児童の増加が生じていました。「教室の授業は面白くない。頑張ってみてもわからない。でも，図工や音楽，体育は楽しいよ」「英語の先生が授業中急に質問するからドキドキして教室に入れない」などと子どもたちが小さな声でつぶやく中，その声に真摯に耳を傾け，寄り添う先生がいます。急増した別室登校での子どもたちの主な担当者は，コロナ禍において国の予算が充てられたために派遣された学習支援員さんです。そのため来年度は再任用されることはなく，子どもたちが別室登校を続けられる保証はありません。また同じ都市の別の小学校では，クラスの半数が母子家庭であるという現実を前に，若い男性教諭がその対応に頭を抱えていました。たとえば，早朝勤務をせねばならない母親は，子どもたちの登校を見守ることができません。朝食の準備はしておいても，それを食べて登校する子どもを確認することはできません。ましてや，多数出される宿題に一緒に取り組む時間的余裕を確保することなどできません。学校側から寄せられる多項目にわたる要請事項も，必死に生活費を稼ぎだす母親の視界には届く術もないのです。そういったひとり親家庭の子どもたちは例外なく，「お母さんはとても優しい」「お父さんは毎日とても忙しい」と，苦しむ親の立場に立って言葉を発信します。子どもたちにも母親にも父親にも，季節が大きく変わっても季節の花を愛でる時間的・物理的・精神的余裕がありません。そして経済的にも精神的にも追い詰められて，「集団不適応」から「不登校」への道を辿る子どもたちの数が増えているように思われてなりません。その現実に私たちは，どのように向き合っていけばよいのでしょうか。

　子どもの数が減少している昨今，少数クラスのまま学年を積み重ね，中学入学後も変わらずの定着したメンバーの中，義務教育課程を修了していく子どもたちも増えています。私が勤務した二つの地域では，1学年が平均2クラスという教育体制が組まれていました。子どもたちの集団のなかでの一人の個人としての位置づけは小学校時代で定着し，中学校時代で決定づけられていきます。

　小学校時代に意図せずして「いじめを受ける」側に回されてしまったあきらくんは，クラス編成で友人関係を調整しきれぬままに中学校に入学し，5月の連休明け

後に不登校となり，大型トラックの行き交う大通りの中へ飛び込み自殺を図りました。幸いにも一命はとりとめましたが，高次脳機能障害が残り，障碍者としての社会人の位置づけを余儀なくされました。小学校時代の「いじめを受けた」苦しみから中学生になっても解放されずに，中学3年間を暗い闇の中で生活することとなったのでした。

そして多様な課題を抱える子どもたちに直接関わる教職員の先生方の現状も深刻さを増しています。多岐にわたる教科指導，トラブルをめぐる人間関係・友人関係の調整，集団生活への適応指導，「いじめアンケートの結果」の対応や書類作成，保護者への支援や対応など，学校現場にかかわる教職員に課せられた負担は大きく，その心身の健康までもが懸念されています。小学校現場でも，睡眠障害や適応障害などの精神疾患を抱えて病休に入る先生方が急増している現実があります。

親子関係と不登校

小学校6年生のわたるくんは，「食事もろくにできない生活の中，不登校になってしまい，不憫でならない」という地域の方からの報告を受けたケースです。わたるくんの家庭は，離婚して間もない母と子ども二人の母子家庭で，3人暮らしです。母親と中学3年生の兄がいました。兄は中学の3年間を不登校で過ごし，高校受験間近の状態。地域の定時制高校が志願校でした。二人の兄弟の不登校には，家庭の状況が大きく影響していました。夫婦仲の悪さ，両親の離婚，父親の病死，そして孤立した母親の生活費を稼ぎだすための長時間就労など，子どもたちにとっては，思いもかけない出来事が矢継ぎ早に押し寄せたのです。少子化で両親や祖父母の愛情をたっぷりと受けた子ども集団への仲間入りがわたるくんにとって容易でなかったとしても，わたるくんや母親を一体誰が非難することができるのでしょうか。コロナ禍での子どもの貧困は，経済的な貧困のみならず，「不登校」や「いじめ・自殺」その他見えてくる多様な課題に直結しています。無料の学習支援を受けることになった面談の後，別れ際に母親が二人の息子につぶやいた「これから何か良いことあるかもしれないね」の一言が妙に胸に響きました。図らずも空にはいつの間にか色鮮やかな虹がかけられていました。良いことが起こりうるかも知れない「彩雲」を子どもたちと共に見上げるゆとりを，安定した具体的な支援体制の下で，まずは大人たちが率先してもちたいものです。

地域の方々と学校とが連携していくこと，学校が地域の中の共同体に組み入れられ，その中核としての機能を果たしていくことなくして学校の現状課題を克服して

いくことはできません。「今あらためて不登校を考える」にあたって，もう一度SC
として勤務していく中で見えてきた小学校の現状と向き合ってみたいと思います。
これまでに勤務した小学校でそれぞれ見えてきた重複課題のいくつかを次に提示し
ます。

<事例1> 特別支援学級と普通学級との交流に困難が生じていた。大介くんは，
担任の先生との関係が悪くなり不登校となっていた。個別対応が必要になって特別
支援学級の仲間に暫定的に入れてもらっていたが，大介くんの差別的な発言が元で，
支援学級にも通級できなくなってしまった。「大介くんの言動が問題だ」と，学校
は保護者に通告した。戸惑った母親が学校側と衝突し，親子で学年集団や学校から
孤立していった。

⇒ 集団生活に適応できない子どもが急増する中，不登校・ひきこもりを回避する
ために学校側の暫定的な措置が施されることがあります。本人の意思確認と保護者
の了解が得られれば，支援学級での学習支援が行われる場合が増えているようです。
しかし，その際に，本人の個別の特性に関するアセスメントが十分ではなかったり，
周囲の子どもたちや一保護者の理解が不十分であると，かえって当事者である子ど
もに大きな負担を強いることになるのです。子ども本人の状況に応じた個別の学習
プログラムの作成も，支援学級や学校全体の人員不足から困難な場合があるように
思われます。特別支援教育における教職員の研修や認識の熟成，保護者の認識の養
成も学校現場ではまだまだ浸透していない現実があります。

<事例2> さおりさんは，学校での集団行動や一斉授業に参加できずに問題行
動が多発していた。登校しぶりやクラスメイトへの暴力行為もあり，早急な対応が
求められた。母親との面談を通して母親の精神疾患が重篤化してきていることが認
められた。

⇒ 幼い子どもを抱えている家庭では，母親の養育環境は大きな意味をもちます。
子どもが小さければ，保健所などを通して支援の手が差し伸べられますが，就学し
た子どもの母親の心身の健康については，自己申告や要請がなければなかなかサ
ポート体制は届かない現状があります。うつ病やPTSDなどの母親自身の疾患が，
急増しています。子どもの登校しぶりや不登校，ひきこもりの背景に，周囲の大人
や家族の精神疾患の影が透けて見えることもあります。

このような子どもたちを取り巻く課題は，言うまでもなく大人を取り巻く課題で
あり，それはマクロ的に見ても解決せねばならない社会的緊急課題でもあります。

まぎれもない社会問題です。今現在学校で起きている「不登校問題」は疲弊している教職員の過重労働も含めて社会全体で抱えて解決の糸口を手繰り寄せねばならないものです。「社会全体で抱える」とは，最も身近な地域の中で解決に向けて努めねばならない社会問題であるとの認識を私たち大人一人ひとりがもつことではないでしょうか。「不登校問題」解決の糸口は，地域社会のネットワークの充実と子どもたちや保護者に向けての具体的な支援体制の確立であると断言したいと思います。

　このコロナ禍にあっても，それでも毎年訪れる故郷の春は，草木が芽吹き笑うように明るくのどかな様相を呈しています。未来を担う子どもたちにとって望ましい環境を大人自身が振り返り，もう一度再構築・創造していく必要があるように思われてなりません。

ピア・サポートルーム＆ハウス「ペンギン活動」の紹介

　私たちは「不登校問題」解決の糸口は，地域社会のネットワークの充実と子どもたちや保護者に向けての具体的な支援体制の確立であると考え，「ペンギン活動」を2011年から継続して実施しています。活動内容は「こころ支援」「学習支援」「居場所創り」です。対象は，不登校の子どもたち・集団生活に不適応を抱えている子どもたち・発達において困り感を抱えている子どもたち・母子家庭や父子家庭の子どもたち・経済的に困窮している家庭の子どもたちや保護者，そして義務教育を終えた若者たちです。「ペンギンルーム」では地域の支援スタッフ14人ほどが無料で「学習支援」を提供しています（毎週水曜日・土曜日）。「ペンギンハウス」では若者や地域の方々が集い，安心してくつろげる「居場所」創りに精を出しています（毎週月曜日）。

　義務教育課程における子どもたちの支援は，「学習支援」に限られたものではありません。「心理支援」「保護者支援」そして必要に応じては「生活・経済支援」にまで及び，時には福祉的な支援を地域の関係機関につなぐこともあります。そして重要なことはほとんどのケースが義務教育の9年間の支援体制では終われない継続支援になっている現状です。「ペンギンハウス」は，義務教育終了後の若者と集います。

　若者の中には，高等学校の中退を余儀なくされ，さらなるキャリアアップを目指して，高卒認定に臨むケースも出てきています。ここ数年の社会変動に伴い，大人も子どももその環境への適応を迫られ，学校現場も大きな変容を余儀なくされています。「不登校」「いじめ」「子ども・若者の自殺」そして「社会的ひきこもり」など学校現場に特定されていた課題は，今や大きな「社会問題」として浮上してきています。

（鈴木由美子）

第2章

中学校における不登校と支援

はじめに

　1995（平成7）年，文部省（現在の文部科学省）は中学校を中心にスクールカウンセラー（以下 SC）の配置事業を始めました。SC が対応する相談内容は，配置当初から現在に至るまで，不登校に関する相談が一番多いことに変わりはありません。不登校は，現象として見えていること，比較的長期間にわたること，休んでいる本人・保護者・教員・関係機関とかかわる人も多くいること等の理由から相談されやすい案件といえます。相談回数も，1回で終わるのではなく，複数回にわたることが多く，時には学年を超えて継続することもあります。SC にとっては，一番多く対応する案件でありながら，ケースが遅々として進まないように感じたり，時には卒業という形で終結せざるを得ない場合もあり，スッキリといかないこともあります。それでも生徒の成長を感じ，親子の関係性の変化を見続けることは，SC として嬉しく感じることでもあります。

　著者は，1999（平成11）年から SC として中学校に勤務をしていました（現在は小学校所属）。ここ数年は，スクールカウンセラースーパーバイザーとして困難ケースや緊急支援にかかわることも増えています。ここでは，いろいろな

立場で不登校にかかわった経験をもとに，実際に出会った不登校生徒，保護者，教員，関係機関の対応等について，事例を交えながら書き綴っていきたいと思います。なお，事例については，事実を変えない範囲で加工してあります。

1　中学校における不登校の特徴と背景にある現代的課題

1　中学校の不登校生徒数

　文部科学省は，毎年，その前年度の「児童生徒の問題行動・不登校等生徒指導上の諸課題に関する調査」の結果を公表します。2019（令和元）年度の中学校の不登校生徒数は127,922人，これは前年度よりも8,000人以上増加したことになります（文部科学省，2020；コラム0-1参照）。在籍者数に占める不登校生徒の割合は3.94％と示されており，これは生徒25人に1人が不登校の状態にあることを表しています。言い換えれば，ひとクラスに1人以上は休んでいる生徒がいることになります。

　小学校の不登校児童数は53,350人（前年度44,841人）と報告されており，在籍者数に占める割合は0.8％，これは児童120人に1人が不登校の状態であることを表しています。学年が3～4クラスある学校では，学年に1人は休んでいる児童がいることになります。

　このように小学生と中学生の状況を比べると，中学生の不登校生徒数がいかに多いかが数値からわかります。

　学年別でみると中学3年生が一番多くなっています（図2-1）。よく話題にのぼるのは，小学校6年生と中学校1年生の不登校児童生徒数の差，いわゆる「中1ギャップ」による不登校生徒の増加についてです。

　近年では「中1ギャップ」という言葉が知られるようになり，休みがちな児童生徒に対しては，小学校から中学校への引き継ぎがていねいに行われるようになってきましたが，依然として，差が大きいことも事実です。この差を縮めるために，さらなる工夫が求められていると感じています。

　また，中学1年生から中学2年生にかけて，不登校生徒が1万人以上増加し

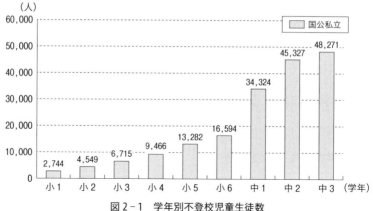

図2-1　学年別不登校児童生徒数

出典：文部科学省（2020）

表2-1　不登校の要因

	1	2	3	4
小学校の要因	無気力・不安 41.1%	親子の関わり方 16.7%	生活リズムの乱れ あそび・非行 10.3%	友人関係* 10.2%
中学校の要因	無気力・不安 39.5%	友人関係* 17.2%	あそび・非行 8.6%	学業不振 8.5%

出典：文部科学省（2020）を参考に著者作成
注：友人関係はいじめを除く

ていることにも注意をする必要があります。学校には，新たな不登校生徒を増やさない取り組みが求められています。

2　不登校の要因

　不登校の要因としては，表2-1のようなことがあげられています。

　「無気力・不安」が小学校，中学校において，いずれも不登校の要因の中で1番多くあげられていますが，2番目に多くあげられている要因として，小学校は「親子の関わり方」，中学校は「友人関係」となり，この違いに子どもたちの成長を感じることができます。中学生の頃は，親との関係が変化し，友人がもっとも大切な存在と思う時期であり，友人関係の悩みやトラブルが学校を

欠席する理由になっています。また，中学生になると，学業不振も不登校の要因としてあげられています。授業がわかること，授業についていけることは，不登校を防ぐことにもつながります。では，授業についていけない生徒にどのように対応していけばいいのか，このことは，不登校を未然に防ぐ意味でも大きな課題といえます。

3　不登校生徒の指導の結果

　不登校生徒への指導の結果，登校できるようになった中学生の割合は22.8％，指導中の生徒数の割合は77.2％と報告がされています。不登校になってしまうと，学校へ登校できるようになることはなかなか厳しいといえます。また，学校外の施設である教育支援センターや医療機関とつながっている生徒や，学校内で養護教諭やSCとのつながりがある生徒がいる一方で，どこともつながっていない，相談・支援を受けていない生徒が約40,000人います。これは，中学生の不登校数の約3分の1にあたります。不登校になってしまうと，なかなか人とのつながりをもつことが難しくなりますが，まずは，誰かとつながりをもつことが大切ではないでしょうか。対面でのつながりばかりではなく，最近は，SNSを利用した相談もできるようになっています。中学生が相談しやすい方法を提示し，人とのつながりを実感してもらうことが大切だと感じています。

　毎年，児童生徒数は減り続けているのに，不登校の児童生徒数は，増え続けています（コラム0-1参照）。不登校に関するデータをていねいに読み解きながら，不登校児童生徒にどのように接したら良いのか，未然防止のためには何が必要か，1つずつ対策を考えていくことが求められています。

2　発達的視点からみた中学生

　中学校の入学式。1年生男子は，少し大きめの制服に身を包んで，式に臨みます。そして，3年後，卒業式の頃には，身長が10〜15cmほど伸び，すっかり成長した姿をみることができます。中学生の3年間ほど，身体の成長，そして心の変化が大きなときはないと感じます。身体は大きくなりますが，心はまだ

まだ幼さをもっている，そんなバランスの悪さが中学生の特徴といえます。相談室では，次のような中学生と接することがありました。

1　他者の目が気になる・失敗できない

中学生は，他者，具体的には友人たちからどのように見られているのか，とても気にしています。そのため，まずは外見を少しでも良く見せようとします。朝，登校まで時間がないのに，髪の毛を整える時間だけはしっかりキープをしています。友人と話すときの立ち位置，声の大きさ，笑顔など，ひとつひとつにとても気を遣っています。相談室で語られる言葉は「嫌われたくない」「ぼっち（一人ぼっちのこと）はイヤ」「気を遣って疲れる」など。そしてある女子生徒は，「私は女優だから。友達の前では，演技をしている。部屋に入って一人になったとき，やっと自分になれる」と語ってくれました。

また，人の目を気にしすぎて，失敗ができない生徒が多いように感じています。一度の失敗で，立ち直れなくなり，学校に来られなくなったケースもありました。ある教室には，「学校は失敗をするところ」，そんな言葉が掲示されていました。相談室でも，「失敗してもいいんだよ」と伝えることが多くなっています。

2　つながり

携帯電話やスマートフォンがなかった時代，「バイバイ」と別れれば，翌日に学校で顔を合わせるまで，「一人」の時間がもてました。しかし，現在は24時間，ずっとオンラインでつながっている状態です。それまで学校で一緒に過ごしていた友人と，真夜中までオンラインゲームの同じ空間にいることもあります。

LINE の既読がつかなかったとき，友達から「見捨てられた」と，訴えてきた生徒がいました。また，小さなトラブルからすぐに「（関係を）切る」生徒もいます。

一人ぼっちになることが不安で，常に誰かとつながっていたい。反面，自分と合わないと感じたら，すぐに関係を切る。表面だけでつながっているような

友人関係をみることができます。

3　親子関係

　中学生の頃は，親からの自立がテーマとなる時期です。反面，まだまだ甘えたい気持ちもあり，自分自身の中でどのように対処したらいいのか，迷いながら過ごしているように感じます。その戸惑いが「反抗」という形で現れます。子どもの発する反抗的な言葉は，翻訳して受けとるのが良い，といわれます。つまり，「黙れ！」「うるせー！」は「かかわってくれて，ありがとう」なのかもしれません。

　相談室に親子が一緒にやってきたとき，必ず「親と一緒に話をしていいか，それとも，親には席を外してもらうか」と子どもに尋ねることにしています。最近は，「一緒がいい」と応える子どもが多くなっています。子どもは親の顔をのぞき見る，するとそれに応えて親が言葉を発する，という場面があります。子どもは親がしゃべってくれるから自分はしゃべらなくていい，と思っているのでしょうか。「自分のことだから，自分の言葉で話そう」，そんな言葉をかけることがあります。親離れできない子，子離れできない親，相談室ではそんな親子関係がみられます。

　「うちの子は反抗期がありませんでした」と語る保護者がいます。反抗はエネルギーの表れでもあります。子どもたちにエネルギーがなくなってしまったのでしょうか。反抗しても無駄，と諦めているのでしょうか。しかし，見方を変えれば，不登校は子どもたちの自己主張であり，反抗なのかもしれません。

　次節では，不登校について時間経過をたどりながらみていきます。

3　不登校の時間経緯と対応

　不登校の状態は，時間の経過によって様々に変化していきます。ここでは一つの事例について，（1）休み始めたとき，（2）家に引きこもってしまったとき，動きがみえにくくなったとき，（3）動き出そうとするとき，動き始めるとき，（4）再登校へ向かうとき，の4つの段階について，生徒本人，保護者，

学校・支援者（SC 等）の三者の様子について表しつつ，SC の対応についても述べていきます。

1 休み始めたとき

① 生徒本人

「休みたい」と言うよりも，「学校に行きたくない」と訴えることが多いです。学校に行きたくない理由は，勉強がわからない，宿題・課題が終わらない，友達と上手くいかない，いじめがあった，先生と合わない，部活に行きたくないなど様々です。ただ，休み始めの頃ははっきりと理由を言わないことが多いです。ここで無理に理由を聞き出すと，生徒は「何か言わなければ……」と思い，時には「うそ」の理由を話すこともあります。ここでついた「うそ」が生徒自身を苦しめてしまうこともありますので，「理由が言えるようになったら，教えて欲しい」と理由探しから距離をとることもあります。不登校の対応では，時には，原因や理由探しよりも，これからどのように対応していくか，と考えることが大切になります。

頭痛や腹痛，微熱など身体症状を欠席の理由にすることもあります。生徒本人は，「学校に行きたくない。でも，行かなくちゃいけない」と葛藤した様子がみられ，苦しむ時期です。夜になると体調が良くなり，「明日は，必ず学校に行くから」と準備をしてから就寝することもあります。しかし，朝になると身体が重くて動かない，起きられない，といった症状を繰り返します。

② 保護者

だんだん欠席が多くなることが多いのですが，保護者は夜になると元気になる様子を見て，「怠けているのではないか」と疑い始めます。保護者から「学校に行きなさい」と登校を促す時期です。毎朝，学校へ行く・行かないの「バトル」が繰り返されます。ある保護者は「疲れました」「朝になるのが怖い」と話してくれました。保護者の方にお伝えしていることは，人とのつながりを切らないで欲しい，つまり，友人と出かけることや習い事などはできるだけ続けて欲しい，と伝えています。また，朝の子どもの様子から「起き上がるまでに時間がかかる」「めまいを訴える」などの症状が続いているときには，起立

性調節障害の疑いもありますので、早めに医療機関の受診を勧めることもあります（第6章、コラム6-1参照）。診断名や原因がわかることで、ホッとされる保護者も多いです。

③ 学校・支援者

「欠席が3日続いたら家庭訪問」と早めに家庭を訪れ、様子を確認する体制をとる学校が増えています。早期対応の大切さは、不登校を防ぐことになります。不登校の未然防止としては、遅刻・早退の日数を把握することも必要です。不登校の前には、遅刻・早退が増えてくることから、遅刻や早退を0.5日としてカウントし、統計を出してみることも不登校の予兆を知ることに役立ちます。また、日頃の学校生活の中で、友人関係を把握しておくことも大切です。友人からの声かけがきっかけとなって登校できることもあります。

学校によっては、SCが生徒全員面接を実施しています。全員面接の利点は、生徒に「相談できる人＝SC」がいることを知ってもらうことにあります。いきなり知らない人に相談することはハードルが高くなりますが、一度でも話したことがあると、ハードルは下がります。広い意味で、全員面接も不登校の未然防止に役立っていると考えています。

2 家に引きこもってしまったとき、動きがみえにくくなったとき

① 生徒本人

昼夜逆転生活となり、家族さえ顔を合わせにくい状況となります。起きているときはゲームや動画配信を見て時間を過ごしているようです。お風呂に入ることも面倒くさくなり、時には一週間ほど入浴しないこともあります。食事も自室に持ちこみ、一人で食べるようになります。学校のことを話題にすると「うるさい！」「黙れ！」と大声を出して怒ったり、暴力行為がみられることもあります。それまでSNSでつながっていた友人とも、連絡を取らなくなることもあります。

後日、生徒本人にこの頃のことを尋ねると、「どうしたらいいかわからなかった」「イライラしていた」「ほっといて欲しかった」「消えたいと思ったこともあった」「ゲームをやっていたが、面白かったのは数週間で、後は惰性で

やっていた」と話してくれました。本人自身もどうしていいかわからない，そんな時期です。

② 保護者，学校・支援者

この時期，担任の先生も生徒本人と連絡が取れなくなります。保護者は，自分の子どもにどのように接したら良いか，わからなくなる時期です。学校・支援者は，保護者を支えるというスタンスでかかわることが中心となります。

子どもと会話もできないという保護者には，メールや LINE のやり取りを勧めたこともあります。また，食事のときに付せんを利用をしてメッセージを添えてみましょう，とアイデアを出したこともあります。保護者自身が子どもに振り回されて疲れてしまうので，「しっかり睡眠をとってください」「ご自身の生活リズムを大切にしてください」とお伝えすることもあります。

子どもに何かを伝えるときは「I（私）メッセージ」で伝えると良い，といわれます。たとえば，何かをして欲しいとき，「○○しなさい」ではなく，「私（I）は，あなたに○○をして欲しい」と「私（I）」を用いて伝えます。日本語は会話の中で主語が省略されてしまうことが多い言語です。あえて，「私（I）＝主語」を用いることで，相手がイヤな思いをせず，しっかりと伝わるといわれています。また，子どもが話しかけてきたときはしっかり応じること，子どもの返事はなくても「おはよう」「お休み」などの挨拶はすること，このような具体的な接し方を伝えることで，保護者自身が安心して子どもとのかかわりをもつことができます。また，最近は，この時期に医療機関（児童精神科や心療内科など）の受診を考える保護者も増えています。

3 動き出そうとするとき，動き始めるとき

① 生徒本人

自分の部屋から出てきて家族が過ごしているリビングにいる時間が増える，家族と会話ができるようになる，一緒に買い物に出かける，友達との SNS 上でのやり取りが復活する，など少しずつ生活が戻ってくる時期です。この頃になると，休み始めたきっかけを語り出してくれることもあります。「学校に行こうかな」と言い出すこともあります。ただ，「学校へ……」と言ってから，

実際に動き出せるまでには時間がかかります。

② 保護者

　子どもが「学校へ行こうかな」と言うと，保護者は嬉しくなって，つい焦って準備を始めようとします。その時「焦らないでください」とお伝えすることが多いです。

　家庭の中で何かできること，具体的にはお手伝いを勧めるのもこの頃です。家族のために何かをする，そして家族から「ありがとう」と言ってもらうことで，少しずつ自信が生まれてきます。また，家事を覚えることは，将来，自立して生活を送るときにも役立ちます。

③ 学校・支援者

　電話や家庭訪問で生徒本人と直接かかわれるようになることで，様子が見え始めます。先生方としては，ホッとするときです。学校内・外で利用できる機関や施設を確認し，登校再開を準備する時期になります。いきなり学校への登校や，教室へ入ることが難しそうなときは，校内や校外の適応指導教室や教育支援センターの利用，民間のフリースクールの活用を考えることがあります。また，お休みしていた習い事や塾を再開することもあります。

　最近では，生徒が「一人一台」のパソコンや iPad をもてるようになり，休んでいるあいだの先生との関わり方にも変化が生まれてきています。この頃にケース会議を開けると，再登校をスムースに進めていけます。

4 再登校へ向かうとき

① 生徒本人・保護者

　再登校にはエネルギーが必要です。本人は「学校へ行くなら，教室で，朝から帰りまで，みんなと一緒に過ごしたい」と高いハードルを設定しがちですが，「リハビリが必要」と説明し，徐々に学校に慣れるようプログラムを提示することが必要です。休んでいた期間や本人の状況にもよりますが，ゆっくりと復帰をする方が，再び休んでしまうというリバウンドが少ないように感じています。また，再登校を促すためには，タイミングもあります。学年・学期の始めや，行事の前後など，学校ならではの時間の流れを大切にしたいです。

生徒と保護者には，「疲れたら休んでもいい」「できたこと・上手くいったことを続けていく」「学校に行くだけでエネルギーを消耗するので，しっかり睡眠をとって欲しい」，この3点を伝えています。

② 学校・支援者

登校を始めた生徒は学習の遅れを気にします。どのような形で休んでいた間の学習を補っていくのか，検討が必要になります。中学校は教科担任制ですので，多くの先生方の協力が必要となってきます。

SCは，学校に登校できるようになってからも定期的に生徒や保護者と会えるといいと思います。むしろ，時間が経過してからの方が，振り返りができることもあります。また，本人の物事の考え方や他者との接し方を一緒に考えていくことが，これからの本人の成長に役立つと考えられます。

最近は，学校に登校させなくてもいい，と考える保護者もいます。多様な学習のあり方もうたわれており，学校への再登校だけがすべてではないのかもしれません。それでも，学校という場で子どもたちが成長できることは多いと感じています。「再登校＝ゴール」ではありませんが，「学校に行きたい，でも行けない」と葛藤している生徒がいたら，本人にとって無理のないやり方で，登校を目指していいのではないか，と考えています。

4　不登校支援の取り組み

1 多機関連携の必要性

この数年，不登校の背景に家庭の問題があることや，家族に巻き込まれて不登校になるケースが増加しています。また，医療機関との連携が必要になるケースも多くなってきました。

家庭・家族の問題としては，虐待やDV，親の離婚による子どもの精神的不安や混乱，保護者の病気や高齢者の介護などで家族の世話を余儀なくされて学校を欠席するケース，いわゆるヤングケアラーの問題もあります。

このような場合，学校だけでは対応が難しく，他の機関との連携が必要にな

ります。スクールソーシャルワーカー（SSW）や，福祉関係の機関，児童相談所，医療機関等が一緒にケース会議を行うことで，多面的な支援を行い，家庭を支えながら生徒を支えることができます。SCは，福祉的な支援についてはわからないことも多く，SSWに教えてもらいながら，協力してケースを進めていくこともあります（第5章参照）。

2 多機関とつながる拡大ケース会議

　ケース会議には，校内の関係者だけで行う校内ケース会議と，校外の関係者を交えて行う拡大ケース会議があります。拡大ケース会議は，多機関連携そのものです。ここでは，ある市が取り組んでいる拡大ケース会議の取り組みについて紹介します。

　この市では，不登校生徒のケース会議を，教育委員会が中心となって，学校ごとに行っています。会議の参加者は，学校側からは管理職，学級担任，学年主任，生徒指導または長欠担当教諭，養護教諭，SC，教育委員会からは，担当指導主事，教育支援センター指導員，子育て支援課職員，市カウンセラー等です。資料として，これまでの欠席状況や家庭の状況，学校での様子，現在の支援方法等をA4用紙1枚にまとめて参加者に配ります。会議は1時間以内，目的の一つに学校と学級担任を支援することがあります。

　休みの期間が長くなると，学校側は「打つ手がない」「これまでも家庭訪問はしている」と，どこか対応が手詰まりになることがあります。そんなとき，外からの意見や異なる見方は，新たな視点を提供し，膠着した状況を動かす役割をはたします。

　ケース会議を行うときのポイントは，会議が終わった後，事例提供者（多くの場合は学級担任）が元気になることだと思っています。決して，事例提供者を責める場ではありません。また，ケース会議は一回で終わるものではなく，継続することで支援の方向性や流れがみえてきます。会議の終わりに，次回の会議の設定をしておくことも大切です。

3 学校以外の居場所

　不登校生徒にとって，学校以外の居場所として教育支援センターや適応指導教室，フリースクールなどがあります（第7章，第8章参照）。「家から外へ出られるところ」「安心していられる場所」「ひとりぼっちではなく，誰かがいてくれるところ」という意味で，これらの機関のもつ役割は大きいものがあります。最近では，学校長が認めれば，フリースクールの登校も，学校の出席としてカウントすることもできるようになりました。高校入試を考えたとき，出席日数・欠席日数はやはり気になることです。不登校生徒の活動を評価してもらえることは，とても有り難いことだと感じています。

　学校の先生方には，できるだけ不登校生徒が通っている機関へ足を運んでほしい，とお願いしています。生徒たちは，照れながらも，先生が来てくれたことをとても喜びます。また，そのことを保護者に伝えると，表情が穏やかになります。生徒にとっても，保護者にとっても，学校に行っていないことで負い目を感じていることがあります。「あなたのことを忘れていない」「あなたは大事な生徒」というメッセージを伝え続けてほしいです。

5　おわりに──不登校生徒の5年後

　2014（平成26）年，文部科学省は「「不登校に関する実態調査」～平成18年度不登校生徒に関する追跡調査報告書（概要版）」を発表しました。これは，2006（平成18）年度に不登校であった生徒の5年後の状況等を追跡調査した報告書です。この調査から，次のようなことが報告されています。

- 中学3年生のとき（2006年度）に受けていた主な支援
  学校にいる相談員（SC等）34.0%，
  学校の先生　29.5%
  教育支援センター（適応指導教室）19.7%
- 中学卒業後の高校進学状況──高等学校進学　85.1%

• 20歳現在の就学先 ── ┬─ 大学・短大・高専　22.8%
　　　　　　　　　　　└─ 専門学校・各種学校等　14.9%

　この報告書は不登校生徒の保護者とお話をするとき，とても役立っています。保護者は「中学校にも行けないのに……」とその先を見通せないでいることが多いです。また「ひきこもりになったらどうしよう」「仕事にも就かず，ずっと家にいたら困る」と心配されることもあります。そこで，この報告書のことをお話しすると，安心されることがあります。実際，中学校で不登校であっても，高等学校ではまるで別人のように学校生活を楽しんで送っている生徒を何人もみてきました。「高校で生徒会長になった」とわざわざ SC のところへ報告に来てくれた，元不登校の生徒もいました。

　インタビュー調査では，不登校によって「成長した・視野が広がった」「人とは違う経験をした」「人に優しくなった」という報告もあります。SC としては，生徒自身が，不登校という経験を前向きに捉え，考えられるような支援を心がけていきたいです。

　中学校で SC として勤務していると，なんとか中学校在籍のうちに不登校を解消したい，登校できるようになってほしい，と急ぎすぎてしまうことがあります。しかし，彼らが大人になったとき，自立した生活を送れるようになっていたらそれでいいのかもしれません。不登校という今の現象だけをみず，少し先の未来をみながら，支援し続けることが大切だと感じています。

＊

　以前，大学で教えていたときに授業の中で，不登校について自由に記述をしてもらったことがありました。その中に中学生の頃不登校で学校に行けなかった，という学生がいました。その学生が「友達に声をかけてもらったとき，一人ではないと感じた」「学校に行けたとき，嬉しかった」と記入してくれました。そして「やっぱり，学校は楽しかった」と。そんな不登校の先輩の言葉を大切にしていきたいと思っています。

（山﨑さなえ）

不登校という状態像

　不登校とは，"学校に行っていない"という状態を表す言葉です。

　たとえば，発熱という状態の原因が，風邪や感染症，炎症等いろいろあるように，また平熱が何度かによって発熱による体への影響が違うように，さらに新生児と高校生では，同じ38℃の発熱でも対応が違うように，"学校に行っていない"状態である不登校への対応においても，子どもの年齢，普段の出席状況，きっかけ等，その子どもへの多角的な理解を踏まえることが必要です。

いじめによる重大事態としての不登校

　そのような捉えの中で，"学校に行っていない"状況の要因の一つにいじめ事案があります。この不登校は，欠席が続くと重大事案認定に発展していくこともあります。これについては2013（平成25）年9月施行のいじめ防止対策推進法の「第5章　重大事態への対処（学校の設置者又はその設置する学校による対処）」（第28条〜33条）で述べられています。

　いじめ問題が発生すれば，迅速に被害側をサポートし加害側を指導することは学校にとっては当然のことであり，事実関係の明確化，同じようなことが二度と起こらぬよう，問題点や留意点は何かを省み，予防につなげることも重要です。被害を受けた子どもが学校を休んでいるのであれば，学習の保障問題等，いじめ事象への対応だけでなく不登校としての対応も合わせた支援が求められます。

いじめは何が問題か

　しかし，"不登校は何が問題なのか""いじめはなぜいけないのか"を改めて考えると，この問いは簡単には解けないことに気づきます。前者の問いは本書の各章の執筆者にお任せするとして，ここでは後者の問いについて考えてみましょう。

　いじめ防止対策推進法だけでなく，様々なハラスメントや暴力行為にまで広げた視野でいじめ行為を捉えると，いじめがいけない理由は「心身に苦痛を与える」からだけではなく，「その人自身であることの尊重，つまり自分が自分らしく主体性をもって生きることが妨げられる」から，つまり Identity（アイデンティティ，自己同一性）が脅かされる，そこが一番重要な問題ではないでしょうか。

　筆者が緊急支援で学校派遣される中で"被害を受けた子ども"に出会うとき，"支援"の意味を改めて自問自答することがあります。被害の子どもに対し教職員や

保護者等の大人は，（被害に遭った子どもは）「かわいそう・傷ついている・弱っている」，だから（大人が）「助け・支援・守り」等を与えてやらねばと考え，その配慮を続けることによって，その子どもがますます落ち込み調子が悪くなる場合があります。当の子ども本人からすれば，いつまでも自分への心配や配慮が続くと「自分はずっと（助けてもらう・支援される・守ってもらう）配慮される存在」と感じ，それによって「私が弱い・一人では何もできないダメな子だから」と自己肯定感が損なわれていく可能性が生じます。つまり，子どもへの大人の思いと支援が，子どもの自尊心や主体性を奪い，期せずしてその子どもの傷つきをさらに深めてしまっているのです。

　同様に，"いじめられる"状態も，（本人の意思とは関係ない）不本意・理不尽な立場に受動的に置かれた，まさに"被る（被っている）"状態です。つまり，いじめ問題は，いじめられた者が（被害者の場合と同様）受ける実際のダメージだけでなく，わが身に受け身の形で振りかかった行為により主体性（また Identity）が奪われることが大きな問題だといえます。

重大事案の不登校の児童生徒にできること

　不登校の子どものいじめ問題について重大事案として調査が始まると，そもそもは子どもの間で生じた問題が，大人間（学校・教員と保護者，保護者と保護者等）の問題になってしまい，肝心の子どもはどう思っているのか，どうしたい・どうしてほしいと思っているのかなど，子ども自身の気持ちが置き去りになってしまっている場面に出くわすことがあります。

　不登校は，"学校に行っていない"状態像ですが，それは（理由は明確ではなくても）「行かない」「行きたくない」という本人の意思なのか，「行きたい・行かなくては」という気持ちに体や行動が伴わない状態なのか，その見極めも対応時の重要な視点の一つです。法的視点を無視することはできませんが，調査という名のもと，大人が事実確認に追われ，この視点のみであれこれ論じるのは，教育の場において主体である子どもの思いが置き去りになり，"枝を矯めて花を散らす"【小さな欠点にこだわって，かえって大事な部分をなくしてしまうこと】，釈根灌枝【末節に心を奪われたりこだわったりし，物事の根本を忘れること】になってしまう危険性があるのではないでしょうか。

　いじめ問題の解決や登校の状態だけにこだわるのではなく，まず，子ども自身が「自分はどうしたいと思っているのか」についてしっかりと取り組めるよう，そこを教員や保護者等の大人がサポートする，これが大切です。　　　　　　　（良原惠子）

　不登校とインターネット

子どもたちのインターネット利用の現状

　総務省（2020）の『令和2年版情報通信白書』によれば，13〜19歳の子どもたちによるインターネットの利用率は飽和状態（98.4％）に至り，6〜12歳においても8割を超えたことが報告されました。

　わが国の子どもたちのインターネット利用の特徴として，自分自身のパソコンを持っておらず，ネット利用はもっぱらスマートフォン（スマホ）で行われている点があげられます。YouTube で動画を見て，SNS で友人とおしゃべりをし，アプリゲームに興じる。楽しいことはすべてスマホの中にある，それが子どもたちの今です。原田（2020）が2019年に13歳以上を対象に行った調査によると，1日の SNS 利用が平日休日を問わず約50分，YouTube の視聴が平日約60〜90分，休日約90〜120分，動画配信アプリ視聴が平日約50分，休日約50〜70分と，平日ではあわせて3時間弱，これにゲームをしている時間を加えたら4，5時間にもなりえます。子どもたちが生活時間のうち，睡眠時間や学校にいる時間を除いたほぼすべてをスマホとともに過ごしていることがわかります。

教師が報告するインターネットトラブルと不登校

　学校がこの事態を憂慮しているのは言うまでもありません。筆者が2020年に教師を対象に実施した子どもたちのインターネットや SNS 利用に関するトラブルの調査において，89名から150件を超えるトラブルが報告されました。トラブルの内訳を示した表1をみると，小学生の SNS 関連のトラブルが中学生・高校生と変わらず多数発生していることに驚かされます。回答を寄せた教師に小学校教師が多かったことも一因にはありますが，筆者が2014年に小・中・高校生約2000名に対して行った調査では，小学生の SNS 利用者は約25％，トラブルの報告はほぼありませんでしたので（若本，2016），年を追うごとに加速度的に状況が変わってきていると推測されます。一方，中学生，高校生へと年齢が上がると，性的な搾取や誘惑にさらされやすくなることが見て取れます。

　教師の回答の中で，不登校と関連するものの一部を紹介しましょう。

　「不登校児童Aが友達Bとオンラインゲームをしていた。ゲームに入ってきたクラスメイトCに対してAが「入るな」「死ね」とメッセージを送った」（小学生）

表1　教師が報告する子どもたちのインターネットトラブル

	小学生	中学生	高校生	計
SNS が関連する友人間の対人トラブル	32	35	12	79
危険なサイトの閲覧／ポルノグラフィ等のコンテンツの送信・拡散／個人情報漏洩トラブル	9	18	21	48
オフラインでの接触や出会い系でのトラブル	3	6	7	16
オンラインゲームにかかわるトラブル	6	6	3	15

注：N＝89（複数回答）
出典：筆者が収集したデータに基づき作成

「不登校の男子とクラスメイトが，禁止されている LINE のやり取りをしていた」（小学生）

「インスタグラム・ストーリーズに嫌いな人に対する暴言を書き込んで，周りから総スカンされて不登校になった」（中学生）

「SNS やオンラインゲームにはまり学校に来なくなった／YouTube の動画を見たいからと学校をたびたび休む生徒がいる」（中学生）

「コロナでの休校の頃から昼夜逆転でオンラインゲームにはまり，学校を休みがちになっている」（中学生）

「LINE での悪口が本人に伝わり，不登校になった」（高校生）

どの例も思い当たるものばかりではないでしょうか。スマホを使ったインターネット上のやりとりが不登校のきっかけにもなる一方，不登校になった子どもがクラスメイトとのつながりを保ち続けるためのライフラインとして機能している様子もうかがわれます。

スマホ依存？　ゲーム依存？

わが国でもベストセラーになった『スマホ脳』（ハンセン，2019/2020）では，子どもの過度なスマホ利用がもたらす悪影響について警鐘を鳴らしています。

スマホ依存とは「スマホの使用を続けることで昼夜逆転する，成績が著しく下がるなど様々な問題が起きているにも関わらず，使用がやめられず，スマホが使用できない状況が続くと，イライラし落ち着かなくなるなど精神的に依存してしまう状態」のこととされています。昨今，何かを過度に使用するとすぐに「依存」と表現する傾向にありますが，医学の専門用語ですので使い方には注意が必要です。また，

スマホは多種多様な楽しみを所蔵していますので，スマホから離れられない子どもたちにも多様な状態像が含まれていることにも留意が必要です。

アメリカ精神医学会の診断マニュアルである DSM-5（2013/2014）によれば，「インターネットの過剰使用は，ゲーム，アルコール，薬物などの依存にみられる脳内の報酬系の機能が活性化され，ハイといわれるような快感や興奮がもたらされることに端を発し，耐性がつくことでより多くの物質摂取が必要になり，それを入手しようとして日常生活に悪影響が出てもやめられない状態に該当しないため，インターネットゲーム障害とは類似のものとはみなされない」ことが明記されています（傍点は筆者）。つまり，インターネット自体の過剰使用は依存とはいえない一方，インターネットゲームの場合には快感や興奮が報酬となり，さらにその報酬を求めてゲームをし続けることになります。これは依存の典型的状態像です。「ゲーム中の言葉遣いが乱暴で驚いた」という保護者の話をよく聞きますが，先にあげた事例での乱暴な言葉遣いも，この興奮状態によるとみなすことができます。

ところが，SNS のコミュニケーションや閲覧を理由にスマホから離れられない場合には，返事をしないと自分だけが取り残されるのではないか，嫌われるのではないかといった現実の対人関係に関する不安が根底にある例，および誰かに自分のことを認めてほしいという承認欲求を SNS 上のリプライや「いいね」で満たそうとする例が多くみられます。Twitter で日常のささいな出来事や所感をもっとも多くつぶやき，誰かに承認してもらおうとする傾向は，10代のツイッター利用の特徴としてこの数年来指摘され続けています（北村・佐々木・河合，2016；原田，2020）。思春期から青年期にかけての自己意識の高まりと，ありのままの自分を受けとめてほしい願いが，SNS 上での行動につながっているのだと考えれば，ごくありきたりのティーンエイジャーの姿である（ボイド，2014/2014）という示唆はもっともであると思われます。

スマホの過剰使用がもたらすリスク

しかし，子どもがスマホを過剰に使用することでもたらされるリスクがあることもまた事実です。その例として，精神科医であるハンセン（2019/2020）が指摘している，睡眠の悪化，他者との比較による自己評価の低下のうつ，さらにスマホ利用の影響が使用者によって二極化していることなどが挙げられます。これらについてもう少し詳しく説明しましょう。デジタル機器が発するブルーライトが睡眠の質を下げることはよく知られていますが，よい睡眠を十分にとれないことは，子どもの

体や脳の発達に深刻な影響をもたらします。また，睡眠リズムが崩れることは生活習慣の乱れに直結し，それが登校しぶりから不登校へと発展することも十分にありえます。また，「インスタ映え」などの言葉からもわかるように，特にSNS上には虚実入り混じった幸せ自慢の情報があふれています。ハンセン（2019/2020）は，特に女子において，それらの情報と自分を比較し，外見や生き方などの自己評価を下げ，うつ的傾向が顕著にみられたことを報告しています。女子のほうが他人に関心があり，つながっていたいという意識も強いことから，わが国の女子中学生・高校生たちにも，SNSを見てうつ的になったり，SNSに対する反応への不安を訴えたりするなど，同じような傾向が見出されています（原田，2020）。

　そして，ハンセン（2019/2020）は，スマホによる影響は人によって異なり，社交的で現実での人間関係がよかったり，学業優秀だったりする子どもはそれらの利点をより伸長させると示唆しました。わが国でも同様で，健康な子どもたちは友人との楽しいやりとりの時間と空間を延長するためにSNSを使っています（若本，2018）。ハンセン（2019/2020）は，大半の子どもたちにとってスマホは害にしかならないと述べていますが，不登校の子どもは傷ついていたり，自信を失っていたりする可能性が高いことから，スマホの過度な使用が心理面に対する悪影響をもたらすであろうと考えざるを得ません。

　上述した事例にあったように，SNSやゲームが友だちとの絆を断ち切らないためのライフラインになっていることもありますが，心身の状態悪化につながる可能性を考慮すると，不登校の子どものスマホ利用には一定の制限をかけることが必要になると思われます。SNSでの現実の友人とのやりとりは継続したほうがむしろいいと思いますが，見知らぬ「誰か」の情報を漫然と眺めたり，自分の状態と比べたりするのは望ましくありません。生活習慣の立て直しが不登校からの回復につながることはよく知られています。ハンセン（2019/2020）の言を借りるなら，「スマホを置いて，友だちや会いたい人に会う，体を動かす，大人が見本となり手助けをする」ことが求められているといえるでしょう。

（若本純子）

コラム 2-3 　**私立中学校に通う生徒の不登校**

　文部科学省（2020）の「児童生徒の問題行動・不登校等生徒指導上の諸課題に関する調査結果」によると，2019（令和元）年度の中学校生徒数は約325万人，そのうち約24万人，約7.5％にあたる生徒が私立中学校に通っています。

　ここでは，なかなか表に現れることが少ない，私立中学校の不登校の様子について取り上げたいと思います。

　上記の調査結果によると，病気や経済的理由を除く私立中学校の不登校生徒は4894人と報告されており，生徒数の約2％にあたります。しかし，ここには遅刻・早退は含まれておらず，実際は，もっと多くの生徒が，学校に登校することに困難を抱えていると推測されます。

　ちなみに，小学校の在籍児童数は約64万人，そのうち私立小学校在籍者は約7万8千人，不登校児童数は299人と報告されています。報告数が少ないこともあり，実態と現状の把握は難しくなっています。

私立中学校と地域の公立中学校

　私立中学校と地域の公立中学校の大きな違いは，自分で選んだ学校の入学試験を受けて合格し，その学校に入学してくることです。公立中学校であれば，自宅から徒歩または自転車等を利用して通える範囲に学校がありますが，私立中学校の場合，多くの生徒が電車やバスを利用して通学してきます。中には数回の電車・バスの乗り換えをしながら2時間以上をかけて登校してくる生徒もいます。順調に学校生活を送れているときには，遠距離でもさほど苦にならないようですが，学校へ行くことが苦しい，行きたくないと感じると，この物理的距離が大きなネックとなり，登校することが難しくなります。いつもの時間通りに家を出たが，学校に行くのが苦しくて，駅のトイレに数時間にわたって隠れていた，というケースもありました。

　また，区市町村が運営している教育支援センターや適応指導教室は，公立中学校に通う生徒を対象としていることが多く，私立に通う生徒を受け入れてくれないこともあります。民間のフリースクールに居場所を求めることもありますが，そこには通うための費用が発生します。学校に授業料を払い，さらにフリースクールにもお金がかかることで，家庭には経済的な負担が大きくなっているようです。

私立中学校の特徴

　私立中学校受験のためには，小学校3～4年生頃から塾に通い，友達との遊びも

制限し，受験勉強に打ち込みます。そこには，本人の努力もさることながら，保護者の熱意もあります。そのため，せっかく入学した中学校で学校へ行きにくくなると，本人も保護者も現実を受け入れるまでに時間がかかることがあります。また，子どもたちは思春期を迎え，家族との関係性が変化するときでもあり，子どもも家族も困難な状況を抱え込んでしまうこともあります。

私立中学校にみられる不登校の背景・要因としては，下記のようなことが考えられます。

- 入学後「燃え尽き症候群」のような状態になってしまう。中学校合格が「ゴール」と感じ，その後，目的や目標をもちにくくなってしまう。
- 入学後「こんなはずではなかった」と気持ちが乗らなくなってしまう。
- 学習が思っていた以上に大変。学習の進度が速い。成績が伸びない。宿題，課題が多すぎて，終わらない。提出できないから学校へ行きにくくなってしまう。
- 登校時間が長くかかるため，早起きをしなければならない。そのため，慢性的な睡眠不足に陥り，疲労がとれなくなってしまう。
- 周りの生徒は学習も運動も良くできる。自分は，「どうせ，何をやってもできない」と自信をなくし，やる気を失ってしまう。
- 学校をやめたいが，地域の中学校にも戻りたくない。地元に戻ったら，何を言われるか，どのように見られるか，怖い。行き場所がない。　　など

私立中学校に通う生徒が不登校になった場合，そのまま学校に在籍することができる場合と，欠席が増えたために在籍できなくなり，地元の公立中学校への転校を考えてもらう場合があります。難しい判断・決断を迫らなければならないときでもあり，私学の不登校の厳しさを実感するときです。

＊

私立中学校に通っている生徒は，目的意識の高さをもっている生徒が多いと感じています。学校に行けなくなったとき，初心に戻って，本人のやりたかったことを確認していくことから，動き出すための一歩が始まっていきます。

(山﨑さなえ)

　今から6年ほど前の2015年，Twitter に投稿された鎌倉市図書館のツイートが大きな注目を集めました。

　　「もうすぐ二学期。学校が始まるのが死ぬほどつらい子は，学校を休んで図書館へいらっしゃい。マンガもライトノベルもあるよ。一日いても誰も何も言わないよ。9月から学校へ行くくらいなら死んじゃおうと思ったら，逃げ場所に図書館も思い出してね。」

　このツイートに込められた「緊急的な避難場所としての図書館」というメッセージの背景には，同年，内閣府より発表された「平成27年度版自殺対策白書」がありました。自殺対策白書の中で，18歳以下の自殺は夏休み明けが一番多くなるという結果が発表されたのです。当時このツイートには賛否両論ありましたが，多くの人に学校に行くこと以外の選択肢もあることを知ってもらう良いきっかけになったのではないかと思います。

　不登校もゴールデンウィークや夏休みなど，長期の休み明けに増加する傾向があります。高い就学率を誇る日本において，学校に行くことは当たり前となり，「学校に行かなければならない」という風潮は根強く残っています。そうした中で，様々な理由で学校に行くことに苦痛や不安を感じている児童生徒にとって，学校に行けない状況は，自分自身への罪悪感から大きなストレスへとつながります。

　これまで，不登校への支援として，「居場所づくり」が文部科学省より提唱されてきました。現在，子どもたちの居場所は学校だけでなく，教育支援センターおよび適応指導教室をはじめ，フリースクールや放課後デイサービス等でも見つけられるようになっています。そうした施設を利用する多くの不登校児童生徒たちは，様々な体験活動の中で人とかかわる機会を得て，自分の居場所を見つけています。しかし，人とのかかわりに不安や苦痛を感じる児童生徒はどうしたら良いのでしょうか。

　以前，筆者が勤める学園の児童生徒の一人がこんな話をしてくれたことがありました。「通っていた学校の授業の中で図書の時間だけは誰かと話す必要がなく，安心して参加できる授業だった」と言うのです。その子は「誰とも話さなくても変じゃない」ということに安心感を得ているようでした。不登校を経験したことのある児童生徒の中には，人と接することにストレスを感じたり，周りの人から自分はどう思われているのかと周囲の目を気にしたりする傾向をもつ子も少なくありませ

ん。中には，道ですれ違う見ず知らずの人の視線さえも怖いと話す子もいました。学校や家庭が生活のほとんどを占める子どもにとって，他に逃げ場のない学校では同級生の目が気になり，「周りと違う」と思われることに大きな不安と恐怖を感じることでしょう。そうした子どもたちには，一人でいても不自然に思われず，安心して過ごせる場所が必要になります。「居場所」の心理的機能の研究の中で，杉本・庄司は「「自分ひとりの居場所」で得られる心理的機能から，精神的なバランスを回復することも，ストレスフルな学校や社会に生きる現代の子どもたちにとって重要なことといえるのではないだろうか」と提唱しています（杉本・庄司，2006）。人とのかかわりの中で居場所を得られることも大切ですが，一人でいられる場所があることも，心の安定を保つことにつながると考えられます。

　では，「一人でいられる居場所」とはどこでしょうか。一番はじめに思いつくのは自分の部屋です。しかし，自分の部屋つまり家に居ると家族との摩擦も生まれやすく，トラブルにつながることがあります。家庭や学校以外で，安全でかつ一人でいられる空間が必要なのです。そこで注目したいのが図書館です。

　図書館は元々，利用者の多くが学習コーナーや読書スペースなどを使い，静かに一人で過ごすための施設です。最近では，CDやDVDを視聴することのできる図書館もあります。そして，周りには自分と同じように図書館を利用する人や図書館で働く職員がいて，同じ空間を共有していますし，そうした人たちと無理にかかわる必要はないのです。学校や家庭から離れながらも，大人の目があり安全に見守ることができるため，自分の好きな世界観を大切にできる「心の安全基地」として，図書館は環境が整っているのではないでしょうか。

　当学園の初等部では，毎年4月に市内の図書館を訪れ，その利用方法について学んでいます。子どもたちが本に親しむきっかけづくりだけでなく，身近な公共施設の一つとして，図書館を知ってもらう意味も含まれています。また都道府県によっては，教育支援センターと連携し，ボランティア活動や図書館での職業体験を行っていたり，フリースクールや適応指導教室に積極的に図書を貸し出したり等，図書館を利用した不登校支援が様々な形で展開されています。多様性が求められている現代社会において，気軽に図書館を利用できるよう，図書館と学校，相談機関が連携して不登校にかかわらず子どもたちへの支援を行えるようなしくみを，より強固にしていくことが求められているのではないでしょうか。

（下垣佳央里）

コラム 2-5　　コロナ禍の不登校

　2020（令和2）年は新型コロナウイルス感染症の感染拡大に振り回された1年でした。ここでは，コロナ禍でみられた学校の様子と不登校についてみていきたいと思います。

学校の様子

　まず簡単に，学校に関する出来事を振り返ってみます。

2020（令和2）年 ─────────────────────────────

2月27日	全ての小中高等学校，特別支援学校に臨時休校が要請される
3月2日	一斉臨時休校が始まる
4月7日	東京や大阪などに緊急事態宣言が出される
16日	全国に緊急事態宣言が出される。多くの学校が休校となる
6月1日	緊急事態宣言の解除後，徐々に授業が再開される

　首都圏などでは，2020（令和2）年3月2日から約3か月にわたって学校が休校となりました。ちょうどこの時期は，卒業式や入学式など，学校にとって大切な行事を控えている時期でしたが，式典の中止や縮小という形をとる学校が多かったようです。休校中は，オンライン授業や動画配信による授業など，対面によらない授業が行われた学校や地域もありました。学校が再開されても，密を避けるためにクラスをいくつかに分けた分散登校から始まり，クラス全員が揃ったのは7月になってから，という学校もありました。学校生活の中では，マスクの着用，三密の回避，手洗いの徹底，アルコール消毒など，これまでとは全く違った学校生活が待っていました。給食中は「黙食（＝黙って食べること）」が求められました。給食中の楽しいおしゃべりの時間は消え，静かな教室の風景が広がっていました。生徒からは「友達と会えて嬉しいが，学校が楽しくない」といった声も聞こえてきました。

コロナ禍でみられた不登校の様子

　このような状況の中，不登校の生徒はどのように過ごしていたのでしょうか。また，前例のない3か月の休校の後，不登校は増えたのでしょうか。

　以下は，コロナ禍の学校で著者が出会った不登校や登校しぶりの生徒とその保護者の様子です。

①子どもが不登校の母親の言葉

　子どもは1年以上不登校を続けており，外出することもままならない状態の中でコロナ禍となりました。「うちは，何も変わらない。これまでも，ずっと休んでいた。むしろ，周りが休みになってから子どもの表情が良くなった。外出するな，と言っているが，うちの子は元々外に出ない。何も変わりません。今までのままです」。この母親からは，「休校が続いてくれれば，子どもは元気になるかもしれない」といった言葉も聞かれました。

②コロナ禍の前，登校しぶりをしていた男子生徒

　分散登校について「僕はこれが良い」と言い，週2回，3時間ずつの登校期間は休むことなく学校へ来ることができました。課題も終わらせ，提出することもできました。「毎日だと疲れるけどこれなら学校に行ける。ずっと，このままがいい」。

　この生徒は，分散登校が終わり，通常登校になったとき，以前と同じような登校しぶりの状態に戻りそうになりました。本人や先生方と相談をし，分散登校の日程を継続することで，登校を継続できました。

③オンライン授業を受けて

　不登校の中3男子生徒。休校中，オンライン授業には出席して授業を受けていました。家にいながら授業を受けられること，自分のペースで勉強ができること，チャット機能で質問ができることも本人には合っていたようです。学校再開後，登校は難しい状態が続きましたが，オンラインの機能を利用して，先生と話ができるようになりました。中学卒業後の進路についても，オンラインで授業が受けられる通信制高校の進学を考えるようになりました。家族も，「久しぶりに勉強をする姿を見ました。楽しそうでした」と報告をしてくれました。

　中学校卒業後，本人の希望通り通信制高校へ進学していきました。

④ゲーム依存→睡眠不足→不登校

　休校中，オンラインゲームと動画視聴にはまってしまった男子生徒。もともとゲーム好きで，「休みの日は15〜16時間ゲームをしている」と話していました。学校が休みとなり，ゲーム中心の生活，昼夜逆転した生活となってしまいました。

　学校再開後，生活のリズムが崩れており，学校に登校しにくくなりました。親に

車で送ってもらって登校しても，授業中は居眠りが目立ち，先生方から注意を受けることが多くなりました。それまで参加していた部活動にも参加できなくなりました。体調不良を訴え，保健室で過ごすことや，早退も増えていきました。その後，欠席が増え，家では好きな時間に好きなだけゲームをする，ゲーム三昧の生活を送るようになりました。家族がゲーム機を取り上げようとすると，暴れて，手がつけられない状態となりました。家族からは「ゲームをしているときも，いつもイライラしているようだ」との話もありました。食事も不規則となり，家族と一緒に食事を摂ることもなく，ゲームをしながら一人で食事を食べていました。

　「まずは生活を整える」ことを目標とし，本人，家族，担任と話し合いを繰り返しています。本人も，学校へ行かなければ，と思っているのですが，ゲームの世界からなかなか抜け出せずにいます。

⑤家族の単身赴任

　父親の仕事の関係で，海外で生活していましたが，中学校入学を控えて，母親と本人が先に帰国しました。父親は，仕事の引き継ぎを終えてから帰国の予定でしたが，新型コロナウイルス感染症の拡大によって，帰国ができなくなってしまいました。高校生の兄は，数年前に高校入学のため一人で先に帰国しており，寮生活を送っていました。

　本人は，父親との関係がよく，父親と二人で出かけることを楽しみにしていました。しかし，父親が帰ってこられない，いつ帰国できるかもわからないことから不安感が強くなりました。中学入学という新しい環境にも馴染めずにいました。加えて，母親との二人暮らしは，お互いがイライラをぶつけ合い，ぎくしゃくしたものになっていました。本人は，「一人になりたい」と部屋にこもり，だんだんと学校から足が遠のき，不登校状態となってしまいました。

　母親は，SC に相談。さらに，オンライン機能を利用して，父親と本人が画面上で顔を見て話せる環境を設定しました。父親の顔を見られるようになったことで，本人は少し落ち着いた様子を見せるようになりました。寮生活をしていた兄も自宅に戻り，家族3人の生活となったことも，母親と本人の安定につながっていきました。その後，本人は，週に1回，学校への登校を始めました。

　父親からのリクエストで，SC も父親とオンライン機能を利用して面接を実施しました。画面上では，離れていて何もできない，と話す父親の姿がありました。

①の母親の言葉には，不登校の子どもをもつ家庭からは，共感の声が聞こえるかもしれません。②，③のケースは，コロナ禍の変化を，逆にチャンスへとつなげ，動き出したケースといえます。一方，④のケースは，これまで学校に登校できていた生徒が，休校を機に，それまで以上にゲームや動画視聴にはまり，登校ができなくなったケースです。生活そのものが大きく崩れてしまったことで，今後の生活の立て直しに時間がかかることが予想されます。⑤のケースは，コロナ禍の影響で予期せぬ家庭環境となってしまったことが，子どもの精神的な不安定さを生み出し，不登校状態を作り出してしまいました。先の見えなさは，子どもだけではなく大人も不安にします。大人の不安は，イライラへとつながり，子どもにも伝染しているように感じています。

今後について

コロナ禍では，人との新しいつながり方として，急速にオンラインの利用が進んだことが特徴として挙げられます。オンラインは国境を超えることも可能です。もちろん，守秘義務や環境整備は必要ですが，これからは，対面だけではなく，オンラインを利用した面接を取り入れることも検討していく必要を感じています。

著者は2011年3月11日に起きた東日本大震災後の子どもたちのこころのケアの支援にかかわってきました。このコロナ禍の状況は，どこか当時の状況を思い出させるものがあります。あの時も，休みがちだった生徒が，突然，学校に登校し始めたり，逆に，不安感から欠席を重ねる生徒が現れたりしました。また，時間が少し経過してから，悩みや不安を話し始める生徒もいました。

*

コロナ禍で子どもたちが見せる姿は，むしろ，これからかもしれません。学校でコロナの感染者がでたため，登校をしぶるようになった生徒，手洗いが止められなくなってしまった生徒，自分自身がコロナに感染し，「食べ物の味がしない，食べてもおいしくない」といい，やせはじめてしまった生徒など，コロナ禍の影響は子どもたちにあらわれ始めています。子どもにかかわる支援者たちは，「これはコロナに関係しているか，関係していないか」を念頭に，子どもたちにかかわっていく姿勢が必要だと感じています。

（山﨑さなえ）

第３章

高校における不登校と支援

はじめに

　筆者自身，大学で国文学を学んだ後，高校の国語科教諭として，私立高校で６年間，教鞭をとりました。その時，担任クラスでの不登校生徒との出会いが，この心理臨床の世界に踏み込む一つのきっかけとなりました。そういう意味で，私自身の研究や実践の原点は高校にあり，現在も，スクールカウンセラーとして高校現場で実践を続けています。

　本稿では，高校で出会ったケースをベースにしつつ，調査研究データからみえてくる不登校生の姿について考えてみたいと思います。

1　高校における不登校の特徴と背景にある現代的課題

1　国のデータからみる高校における不登校

　文部科学省（2020a）によると，小・中学校における全児童生徒数に対する不登校児童生徒の比率は，2012（平成24）年度以降，一貫して増加傾向にあり

ます（コラム0-1の図1参照）。ところが，高校においては，統計を取り始めた2004年以降，その比率は1.5％前後で安定しており，近年の増加傾向も小・中学校に比べると緩やかです。中学3年間で急増し続けた不登校人数が，中学3年生では45,213人であるのに対し，高校1年生では13,481人と大きく減少しています。コラム0-1でも指摘しましたように，学年のない単位制の不登校17,313人を合わせたとしても，中学3年時から約3分の2に減少する背景には，何があるのでしょうか？

　1つは，後述するように，新しいタイプの高校が増えると同時に，少子化や高校授業料無償化政策も追い風となり，たとえ中学校で不登校経験があっても，高校進学時点で復帰する生徒が増えた点をあげることができます。他方，中学卒業後に就職したりどこにもつながらなかったりという形で，高校に進学しない生徒たちが少数います。一方，高校は義務教育ではないため，不登校のまま在籍し続けることはできません。その結果，不登校になった高校生たちは，ある年限（欠席日数や在籍年限の上限）が来れば，一部は中途退学（中退）という形で高校から去っていきます。そんな背景事情により，高校における不登校は，小・中学校に比べると実数は減るようにみえるのですが，そこには高校特有の事情が絡んでいることがわかります。

2　高校という段階の特殊性

　高校という時期には，それまでの小・中学校という義務教育段階とは異なる特徴がいくつかあります。それらについて考えていきたいと思います。

①　義務教育ではないが，ほぼ「義務教育化」

　高校は義務教育ではありません。しかし，今や高校進学率は98.8％（文部科学省，2020d）と，中学3年生のほぼ全員が高校には進学する時代です。大学・短大や専門学校への進学率もどんどん上昇し（コラム3-5参照），子どもたちが学校という場で学び続ける時間はますます長期化しています。進学率が低かった時代であれば，「なぜ高校に（あるいは大学に）行くのか？」という問いが成り立ちましたが，今では高校進学を選ばない場合にのみ，「なぜ高校に行かないのか？」に対する答えが必要な時代になったといえます。こうした事情によ

り，「せめて高校だけは卒業したい（させたい）」という思いが，子どもにも親にも強くなり，それが中学で不登校になった子どもたちへの大きなプレッシャーとなっている（しかし一方では，それが次の変化に向かうきっかけになる場合もある）といえます。

　他方，高校がほぼ「義務教育化」することによる影響は，高校側にも大きな変化をもたらしました。その一つが，"希望する者のうち適格性が認められたものだけが入学するという枠組みから，学力のレベルにかかわらず個々のニーズに応じた高校教育を提供するという枠組みへの転換"（小野，2012）です。ここでいう個々のニーズとは，不登校に加え，いじめや虐待，発達の偏りや学習の遅れ，貧困や対人関係の苦手さなど多岐にわたります。これらの"多様なニーズを抱えた生徒たち"を多く受け入れているのが，定時制・通信制高校および一部の全日制高校です。そしてこれらの学校の教職員には，多様なニーズをもつ生徒たちを高校入学から卒業まで，学業だけでなく精神保健面でも支えるという息の長い支援が求められることになりました。そして，こうした個別のニーズに合わせた支援の充実は，高校段階にとどまらず，短大・大学にも広く求められるようになっています。

②　欠席や欠課が，留年や退学，その後の進路やキャリアに直結しやすい

　先述したように全入に近いとはいえ，義務教育ではない高校では，欠席や欠課が，進級や卒業の要件に即，影響してきます。全日制の多くの学校では「欠席日数が，年間の授業日数の3分の1を超える」と，留年規定に引っかかります。高校現場では，レポートや試験を追加して何とか留年せずに済む対応を考えようとしていますが，その効果なく留年が決定すると，原級留置（留年）という形で，ほかの同級生たちより1年遅れることになります。その時点で，転学や中退などの進路変更を考えるケースが出てきます。つまり，高校では，休みながらでも卒業できた義務教育段階と異なり，学校に行かないことがそのまま卒業やその次の進学・就職にも影響を与えます。さらに，小学校の場合は次の中学校に，中学校の場合は次の高校に支援のバトンを渡すことができるのですが，大学に進まない場合は，就学者という守られた立場でいられるのは高校が最後になります。この"授業料を払う立場から，報酬をもらう立場に替わ

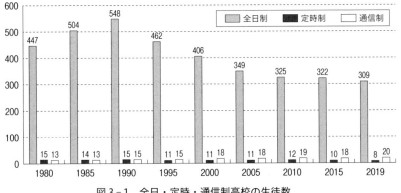

生徒数（万人）

図 3 - 1　全日・定時・通信制高校の生徒数

出典：文部科学省（2020c）

る"時点で，一気に支援が減り厳しい現実に直面することになるのです。

③　新しいタイプの高校の増加と転校・転学という形での再スタート

　少子化の影響により1990年以降高校生（特に全日制高校生）の数は急激に減り続けています。その一方，図 3 - 1 に示したように，通信制高校に在籍する生徒だけは少数ながらも増加しているのです（文部科学省，2020c）。さらに，校種別に「入学前に不登校経験がある生徒」の比率を調べたデータ（文部科学省，2020c）によると，全日制では1.6％（文部科学省，2020a）とごくわずかですが，定時制高校では39.1％，狭域通信制高校で48.9％，広域通信制高校になると66.7％と，３人に２人が不登校経験者であることがわかります。このデータからも明らかなように，中学で不登校を経験した生徒たちの多くは，定時制・通信制高校に進むことになるといえます（高校の種類については，本章２節参照）。

　こうした事情を背景に，定時制課程に進む生徒の層にも変化がみられています。昔のような勤労青年はごく少数になると同時に，定時制課程生徒の平均年齢が若年化し（文部科学省，2020c），その一方で，不登校や様々な不適応を抱えた子どもたちが増えています。"夕方から始業"という旧来の定時制課程に加えて，朝から・昼から・夕方からという３部制を敷いている学校では，夜間以外のコースが人気だといいます。他方，高校入学後に不登校になり，朝から

毎日通うことができなくなっても，自分に合った高校やコースに転校・転学し，高校生活を再スタートするという進路選択へのニーズは増えています。"定時制課程は卒業までに4年かかる"という従来の常識とは異なり，3年での卒業が可能になった結果，高校入学の時点で定時制・通信制高校を選ぶ生徒が増えただけでなく，年度途中で転学を希望する生徒たちの背中を押すことにもなっています。不登校になったら進学できる学校がごく限られていた時代とは異なり，進学先を選べる時代になったことにより，進学や転学にあたっては，子ども本人とのマッチングが重要となり，不登校生にもその保護者にも，教育・支援の質を見極める目が求められるようになったといえます。

④ 思春期～青年期的な課題や精神病理を抱えたケースの増加

　このように，不登校経験者にとって，高校進学・高校卒業という希望がもてるようになった一方で，臨床の現場にかかわっていると，高校という年代には思春期～青年期特有の難しさもみえてきます。その一つが，高校3年間を含む10歳から25歳あたりの年代は，様々な精神障害の好発時期でもあるという事実です。たとえば，統合失調症やうつ病，摂食障害や対人恐怖症など，高校生年代に発症する精神障害は多岐にわたります（図3-2）。思春期～青年期になると，それまでは顕在化することが少なかった心理的・精神的な問題が，具体的な不適応行動や病理として現れやすくなるといえます。不登校と括られるケースの中には，こうした精神障害の前駆症状（前兆）として，情緒不安や人間関係のトラブル，外出困難などの症状から不登校という状態像を示しているケースも一部含まれます。不登校生徒のすべてが医師による治療を受けなければならないわけではありませんが，不登校となる背景に何があるのか，専門的なアセスメントの力が求められるケースもあるのです。

　このような難しい課題を孕む高校という現場は，見方を変えると"大人になる前に，それまでケアされずに積み残されてきた課題に向き合う最後のチャンスである"（小野，2012）と考えられます。そんな学校の中でも，とくに心身に問題を抱えた生徒たちが集まってくるのが保健室です。高校という守られた枠の中で心身両面からかかわることができる保健室は，多様なニーズを抱えた子どもたちにとってきわめて重要な位置を占めているといえます。この保健室に

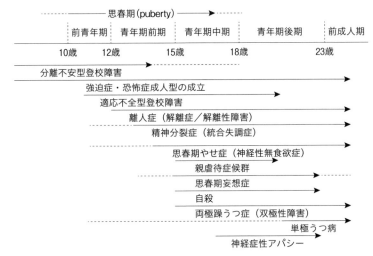

図3-2　青年期好発病態の発現年齢

出典：清水（1990）をもとに筆者作成

ついて，国の高等学校設置基準では，（学校内に）「備えなければならない」と規定されています。ところが，高校における養護教諭の配置については「置くことができる」（努力義務）（学校教育法第60条）とされているのです。特に通信制高校には，養護教諭を配置している学校は多くありません（高校全体では83.6％の配置であるのに対し，狭域通信制高校では61.9％，広域通信制高校では55.6％の配置：文部科学省，2020c）。一方，SCの配置は，高校全体では80.1％であるのに対し，狭域通信制高校では73.2％，広域通信制高校では74.4％と，大きな差はありませんでした（文部科学省，2020c）。それでも通信制課程では，SCを配置していない学校が4校に1校に上ることになります。多様なニーズを抱えた生徒が増えている高校，特に不登校経験のある生徒が多く通う通信制高校では，心身両面から支えてくれる養護教諭やSCの配置拡大は急務であるといえるでしょう。

　さらに，自殺の多さも高校生年代の特徴です。2021年2月に文部科学省が示したデータによると，2020年に自殺した小学生は14人（前年6人），中学生136人（同96人），高校生329人（同237人），合計479人と，前年の339人に比べて大幅に増えています（時事ドットコムニュース，2021）。2020年はコロナ禍による

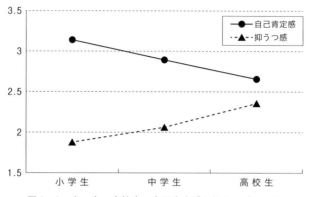

図 3-3　小・中・高校生の自己肯定感と抑うつ感の平均

出典：伊藤（2018）

影響が大きいため，今後の動向には注意する必要があるといえますが，ここ最近は，学齢期の自殺のうちほぼ 7 割近くを高校生が占めていることがわかります。若年者（15歳から30代まで）の死亡原因の第 1 位が自殺である（阪中，2015）ことからも，高校生の自殺の多さは看過できません。その自殺の背景にあるといわれるのが抑うつ気分であり，自殺を抑制する要因と考えられるものに自己肯定感があります。この 2 つの特性を測る得点を，小・中・高校生で比較したのが図 3-3（伊藤，2018）です。これによると，高校生は，小・中学生に比して自己肯定感は低下する一方で，抑うつ感は高まっていきます。この結果からも，高校生が学齢段階の中でも危うい時期であることがわかります。

　身体的には，大人と同じくらい十分に成長を遂げる一方で，精神的にはまだ未熟な面が残る高校生。社会の中での位置づけも，保護者の庇護のもとにある「子ども」の立場にありつつも，自己イメージの中では「もう大人」という認識が強まっていきます。さらに，先述したように，子どもから大人への過渡期にある高校生という年代は情緒的にも不安定で，様々な精神病理にも陥りやすいという脆弱性も抱えています。そしてその不安定さは，脳科学の分野からも明らかにされています。高校生を含む思春期〜青年期の年代には，ホルモンの影響を受け，強い衝動性や欲求を駆り立てる辺縁系は活性化するのに，それを意識的に制御する前頭前野が未成熟という不均衡が生じています（明和，2019）。

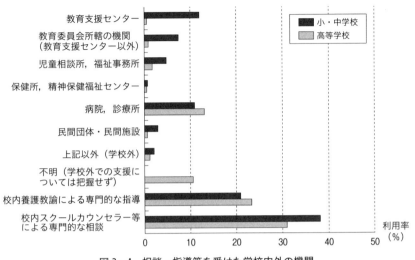

図3-4　相談・指導等を受けた学校内外の機関

出典：文部科学省（2020a）より作図

この脳機能上のミスマッチが，反抗期や情緒不安，様々な精神病理の背景にあるのであり，子どもと大人の過渡期にあたるこの時期が心身ともにアンバランスを抱えたリスクの高い時期であることを示唆しています。

⑤　高校になると，少なくなる支援の場

　義務教育の間は，不登校を対象とした公的な相談機関も民間施設も多いのですが，高校段階になると，支援の場が途端に減ってしまいます。図3-4は，文部科学省（2020a）による「不登校児童生徒が相談・指導等を受けた学校内外の機関」から作図したものです。病院や診療所の利用は，小・中学生も高校生も1割強と大差ありませんが，教育支援センターや児童相談所，民間団体・施設は，いずれも高校生の利用が一気に減ることがわかります。市区町村の教育委員会所轄の相談機関は，その多くが義務教育段階の児童・生徒とその保護者を対象としているためです。

　一方，学校内の支援では，養護教諭による専門的指導は，高校生の方が若干多いようです。先述のように，年齢とともに精神病理を背景にもつ不登校も増えていくため，保健室での支援が重要になるのだといえます。SCについては，校種にかかわらず，不登校への相談や支援を受ける割合の中では学校内外を通

じて一番多いことがわかります。しかし，高校での SC 配置は，義務教育段階に比べ，配置校数も勤務日数もまだ十分には足りていないのが現状です。高校における不登校支援の再検討が求められるゆえんです。

2　高校における具体的な支援

1　高校段階における多職種連携

これまで述べてきたように，高校段階に固有の難しさもありますが，義務教育段階と同様に，高校においても教育的支援だけでなく，心理的支援・医療的支援・福祉的支援をフル活用することが求められます。医療機関が重要なのは義務教育段階と同じです。しかし，小・中学校に比べて高校では，全診療科をカバーする小児科につなげることが難しくなるので，心因性の症状がある場合でも，内科がいいのか心療内科なのか，それとも精神科で診てもらうべきなのか等，判断する必要がでてきます。またケースによっては産婦人科との連携が必要になる場合もあります。一方，福祉的支援が必要な場合，児童相談所は18歳未満を対象とするため高校生も支援対象となるのですが，特に虐待事案については，18歳の誕生日とともに支援の枠から外れてしまうという法規定に阻まれることもあるのです。

こうした学外の専門機関を選ぶ際も，学校内の SC やスクールソーシャルワーカー（SSW）の協力が得られれば，事前アセスメントや個々のケースに必要な専門機関選びから情報共有まで，スムーズに事が進むことが多くなるといえるでしょう。

2　新しいタイプの高校とは？

ここで，最近多様化が進む高校の種類について整理してみたいと思います。

まず高校は，その通い方により，大きく全日制課程・定時制課程・通信制課程に分類することができます。全日制課程は，一番多くの高校生が通う課程で，朝から夕方までの6～7時間授業，3年間での卒業が基本です。次に，夕方か

ら登校し4時間授業，4年間での卒業を基本とするのが定時制課程です。先述のように，以前までは，昼間は働きながら夜に高校に通う夜間高校のイメージが強かったと思いますが，最近は，朝・昼・夜間の三部制も増えており，それらを組み合わせることで3年間での卒業も可能になっています。さらに，近年，急増しているのが通信制課程です。最近では，通学型の通信制高校もありますが，通信制課程は自宅学習が基本で，レポート（添削指導），スクリーニング（面接指導），テスト（単位認定試験）で単位を修得するものです。自宅での自学自習は難しいという事情もあり，それを補助するサポート校に籍を置きつつ通信制課程での卒業を目指すパターンが多くを占めています。

　また全日制課程の中には，大学への進学実績を上げて進学校としての地位を確たるものにしようと奮闘している高校がある一方で，不登校クラス（不登校経験者が通いやすいように，履修制度にも配慮がある場合が多い）や特別支援クラスを新設した高校，特色のあるコース（たとえば，プログラミングや声優，国際，特別進学など多様なコース）が準備されている高校も増えています。

　しかし，全日制課程は「朝から毎日通うこと」が原則のため，高校で登校できなくなった場合には，毎日朝から通わなくてもいい定時制課程や通信制課程に転学・転校していく生徒も少なくありません。ここ数年で校数を増やしている私立広域通信制高校の中には，制服もあり，毎日朝から通えることを魅力にしている学校がある一方で，年に数日の出席で卒業に必要な単位が取れることをアピールしている学校もあります。多様化する高校の中から，生徒自身が，「制服の有無」「大学進学実績」「部活動の種類」「特色ある学びが可能か」「卒業までのサポートの有無」等々のポイントから，何を重視したいかを考え，自分に合った高校を上手に選択することが求められているといえます。

　さらに，もう一つのキャリアパターンとして，高校を卒業できなくても「高等学校卒業程度認定試験」を受け必要な単位数の試験に合格すれば，高校卒業と同等の資格が得られ，大学を受験することが可能となる道もあります。もちろん，進学以外にも，就職したり，専門学校等で将来生きていくための技を身に着けるという道もあります。ただし，どの道を選ぶにせよ，平坦で楽な道ばかりではありません。選んだ道をより充実したものにするにも，その子ども自

身の力だけでなく，家族の理解や学校・社会のサポートなど多くのサポートが必要になるでしょう。

3　不安を抱えながらの前進

　以上のように不登校の進路は多様化しているのですが，高校に入学することが不登校支援の最終ゴールではないということは明白です。学校に復帰できたからといって，その後，すべてが順調に進むというわけではないのです。

　ここで，中学時代はずっと不登校を続けていたある高校３年生将志さん（男子）の体験談に耳を傾けてみたいと思います。将志さんは，中学３年の夏に保護者の勧めでフリースクールに通い始め，その後，広域通信制高校への進学をはたしました。その高校の雰囲気が合っていたのか，その後は「皆勤」で高校生活を送りました。２年生の秋には，先生の薦めもあり生徒会長に立候補し，みごと当選しました。人の眼が怖くて家にこもっていた中学時代があったとは想像もつかないほど，将志さんは生き生きと高校生活を送っているようにみえました。しかし，将志さんは次のように語ったのです。

　　「僕は，高校に上がってからは休むことなく，今では生徒会長として大勢の人の前で話ができるようになりました。でも，まだ僕の気持ちは"まだら"なのです。つまり，今の僕の気持ちは，ひきこもっていた時の"真っ黒"ではないけれど，不安もストレスもない"真っ白"でもない。気持ちのどこかに"いつ，またあの時の（不登校をしていた時の）自分に戻るか分からないという不安"があるのです」と。

　不登校だった子どもたちも，自分に合った高校につながることで，見違えるように生き生きと休まず登校できる生徒もいます。一方，この「まだら」と表現した将志さんのように，表面的には適応しているようにみえて，"心のどこかに不安を抱えながらどうにか前に進んでいる"というパターンもあるのです。学校に復帰したからもう大丈夫と，すぐに支援の手を引っ込めてしまうのではなく，目立たない形で見守り続ける息の長いセーフティネットのしくみが必要

とされるゆえんです。

3　データからみえる高校での出会いがもつ意味

1　不登校であった中学生の「その後」

　中学時代に不登校になった子どもたちは，その後，どんな人生を歩んでいるのでしょうか。中学3年生で不登校になった5年後にアンケート調査をした文部科学省「不登校生徒に関する実態調査〜平成18年度不登校生徒に関する追跡調査報告書〜」（文部科学省，2014）によると，中学卒業後の進路については，「就学のみ」が80.9％と圧倒的に多く，「就業のみ」は6.0％，「就学＋就業」は4.2％と少数派でした。一方，学校にも仕事にもつながっていない「就学・就業せず」が8.4％を占めることがわかります。これより，調査当時，中学生で不登校になっても，その後9割を超える人たちは学業や仕事を始めて歩きだしている一方で，1割弱は就学・就業ともにしていないニート状態を続けていたという事実が浮き彫りになりました。

　では，この20歳になった時点で，不登校であったことはどのように捉えられているのでしょうか。不登校時代を振り返ったときに「行けばよかった」と後悔しているという回答が37.8％，「しかたがなかった」と消極的に受容している回答が30.8％，「行かなくてよかった」と答えた人は11.4％，「なんとも思わない」との回答は17.0％でした。不登校であった過去に意味を見出す人がいる一方で，後悔の念を抱き続ける人も4割近くいるのです。このように，不登校に対する気持ちは，5年経った時点でも，まだ揺れていることがわかります。

　さらに，不登校経験者の語りを分析する中で，中学卒業から5年後の語りは，その人が"今"をどう生き，今の生活にどのくらい満足しているかによって大きく左右されることがあらためて確認されました。20歳になった現在，希望通りの進路に進み，自分でも満足できる生活を送っている場合は，次にあげるように，不安や後悔はありつつも，過去の不登校についても前向きな語りが多く聞かれました。

「学校に行けなくて，勉強できなかった時のことは，"今，勉強ができて幸せ"ということにつながっていると思う。自分自身が傷ついたので，周りの人にちょっと声をかけることを覚えた」「今は，その（不登校の）時期があってよかったと思う。その時期があったから今こうして夢もできた」

　一方，今の生き方や生活が自分の望む内容ではない場合は，どうしてもその「根拠（うまくいかない理由）」を，過去の不登校の中に見出し，後ろ向きの発言につながりやすいことがわかります。

「不登校していたことを後悔している。逃げ出さずに学校に行けばよかった。普通の高校に行っていたら，学生生活をきちんとしていたら，別な人生を歩めただろう」「いろいろな経験をできる貴重な時間を無駄にしてしまったと思う。（学校に）行っていれば，いろいろな人と話ができただろう。行っていないので想像がつかないが，いろいろなことがあっただろうなと思う。時間は戻ってこないので，もったいなかった。思い出がない」

　しかも，その語りの多くは一色ではなく，いろいろな感情が混じり合っており，気持ちも揺らいでいることがうかがえました。語り手自身，その時々の様々な経験やできごとにより，自らへの評価を変動させているのでしょうし，それに伴い，不登校に対する語りも変化していくであろうことは十分に考えられます。不登校を経験した子どもたちは，その後の人生の節々で，自分の過去と向き合い，自分なりに折り合いをつけながら，あるいは，折り合いがつかずに悩んだり後悔を重ねたりしながら，不登校をした自分と"ともに生きていく"という課題を抱え続けていくことが再確認されました。

2　不登校という過去の捉え直し

　ここで，著者自身がある通信制高校で調査した結果（伊藤（2013）を参考にしつつデータを再分析した結果）を紹介したいと思います。この通信制高校では，生徒の4分の3が中学時代に不登校を経験していました。この不登校経験者に，

自分の不登校をどのように思うか，「プラスだった」「どちらかというとプラスだった」「どちらかというとマイナスだった」「マイナスだった」という4択で尋ねました。その結果，肯定派が多めでしたが，不登校への捉え方は個人差が大きいことがわかります（図3-5）。そこで次に，不登校経験者に「この高校での学校生活を通して自信

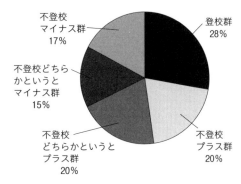

図3-5 不登校への認識によるタイプ分類
出典：伊藤ら（2013）の再分析

が持てましたか？」と尋ねたところ，肯定派が55％（1,345人），否定派が45％（1,106人）と分かれました。この肯定・否定それぞれの群で，不登校への評価の回答を比べると，その比率に違いがみられました（図3-6）。「高校で自信が持てた」生徒たちの方が不登校を「プラス」と回答する人が多く，「マイナス」と回答した比率は少ないことがわかりました。これより，自分に合った高校にめぐり合い，そこでの生活を通して自信が持てたと思えたときには，自分が不登校をしていたという「過去」に対する評価が，より良い方に変わる可能性があるといえるでしょう。さらに，不登校への捉え方による4群で，将来に対してどんな気持ちをもっているのかを比べたのが図3-7です。「自分の未来は明るい」「将来に対して自信がある」などへの回答からなる「将来への自信」得点を比べたところ，不登校を「プラスだった」と前向きに捉えている場合は，

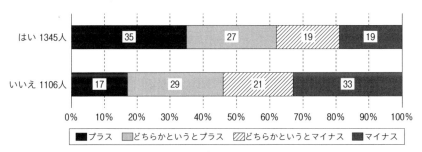

図3-6 「学校生活を通して自信が持てた」の回答による不登校の認識
出典：伊藤ら（2013）の再分析

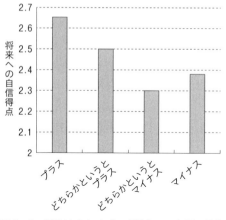

図3-7　不登校4タイプの「将来への信頼」得点
出典：伊藤ら（2013）の再分析

将来に対しても自信を持っている生徒が多いのですが，「どちらかというとマイナス」「マイナス」と答えた2群は，将来に対する自信が低いことが明らかになりました。これより，高校生活（"今"）を通して「自信が持てた」と受け止められている場合は，不登校という"過去"に対しても肯定的な見方ができ，さらには，"将来"に対しても明るい展望が抱ける場合が多いことがわかりました。自分が不登校であったという過去は，消し去ることはできませんし，その時間を取り戻すことは不可能です。しかし，その後の人生の中で過去に対する捉え方（認識）を変え，その過去に対し自分なりの意味づけをすることは可能です。そのためにも，高校に進学する時点で，その子どもに合った進路につながることが重要であり，それに向けての支援が，学校・家庭・社会全体に求められることになるといえます。

4　おわりに──その後の人生におけるターニングポイント

　以上のように，不登校も高校になると，その内実からも支援の点でもいろいろ難しい面が増えてきます。しかし，先述のように，不登校生徒が選べる新しいタイプの高校も増え，高校進学率はさらに高まってきています。高校側にとっても「できるだけ入学者を獲得したい」「入学した生徒を，最後まで面倒見たい」，そんな気持ちから，不登校に対する受け入れ態勢はずいぶんと広がりました。

　不登校の子どもたちにとっても，「それまでの（中学校での）人間関係やしがらみを捨て，新しい気分で学校生活を始めたい」と決意し，高校進学をはたす

生徒も少なくありません。遠方の高校を選ぶことで，「不登校であった自分＝"過去"」を忘れ，新しい環境で新しい自分に生まれ変わろうと考えている子どもたちもいます。子どもから大人への移行期に当たる高校段階は，"リスクが高い一方で，それまでの不適応が修正されるチャンスを提供することもある"（小野，2012）のであり，支援のタイミングとして非常に重要な意味をもつ時期であるといえるでしょう。しかし，この段階で必要な支援につながらなかったり支援の梯子が外されてしまったりした場合，長期の社会的ひきこもりに陥る危険性もゼロではありません。その意味でも，義務教育ではなくなる高校という段階は，不登校にとっても大きなターニングポイントになるといえます。

　不登校を経験した子どもたちにとって，高校という時代が社会的自立に向けての第一歩となるためにも，中学から高校への進路指導や高校での転学や編入学指導，さらにその時々の丁寧な支援や出会いにつながることを願わずにはいられません。

（伊藤美奈子）

　東京都のチャレンジスクールは，不登校経験者や高校を中退した生徒等を対象にした総合学科，単位制，定時制の都立高等学校で，公立高校としては比較的早く開設されました。柔軟なカリキュラムと手厚い教育相談によって，基礎基本の定着から進学指導までの幅広い進路選択に対応しています。特に入学選抜については学力試験がなく，面接と作文等で行うことになっており，生徒・保護者の期待を集めてきました。学習指導では，1クラス15人程度の少人数であることを生かして，教員が随時，机間指導を行って生徒の理解度を把握し，アドバイスをすることで「指導の個別化」に取り組んでいます。一般的には不登校を経験すると，積み上げ科目である算数・数学や英語を苦手とするケースが多くなりがちです。そのためには，スモールステップで指導する教員の工夫が欠かせません。たとえば，方程式の学習では，「移項するとき，－が＋になるのはなぜか」を説明できないまま，作業的に解を求めがちです。「理屈はともかく，やり方を覚えてしまおう」とする生徒たちに，『等式の性質』に触れながらじっくりと説明することによって，理解することの喜びと大切さを指導しているのがチャレンジスクールの特色です。分数や少数の理解が覚束ない生徒も，作業としてこなすのではなく「理解したい」という要望を必ずもっているのですから。逆に，課題として指摘される点は指導の継続性です。公立高等学校では転勤があり，転入してくる教員は必ずしも教育相談の専門的教育を受けているわけではありません。転勤してから校内研修もありますが，教員の授業力や教育相談の能力の維持と向上が一つの課題です。生徒全員の個別指導計画を作成し，生徒指導に活用している学校もありますが，記入できる力を教員が十分身につけるまで時間がかかります。保護者自身も支援を必要としているケースや，高校入学まで支援機関とかかわってこなかったケースもあり，ベテラン教員でなければ対応が難しいものです。

　他の道府県でも，埼玉県のパレットスクールや神奈川県のクリエイティブスクールなど，チャレンジスクールと同じタイプの学校が設置されていますが，自治体や学校ごとに経営方針や指導方法に違いがあります。ただ，これら公立の高等学校の特徴は，主として対面での取り組みを重視してきたことです。行事や部活動，地域奉仕を通じて社会性を醸成していくよう促していますが，集団になじめない生徒には，教職員による面接や心理的ケアなど教育相談を手厚くすることでお互いの信頼

関係や自己肯定感が高まるよう指導しています。少人数の生徒を指導する手作りの教育を標榜する高等学校もありますので、ぜひ参観して確認することが大切です。

　これに対して、現在数を増やしている広域通信制高校は、より柔軟なカリキュラムを用意しているのが特徴です。生徒の要望に応じて週あたりの登校（スクーリング）の日数を増やしたり、欠時数が多い生徒には補習を行ってカバーすることもあります。最近はインターネットを活用した動画配信や技能向上の指導を標榜する学校があらわれ、人気を博しています。以前から、サポート校の一部では、音楽やCG、ダンスなどビジュアル系の選択科目が充実していることをPRした学校もありましたが、現在はオンラインを使った著名な人物の講演や授業を配信する学校もでてきました。ICTを使用した進学指導に力を入れることを前面に打ち出す学校や部活動に力を入れている学校もあり、広域通信制高校は百花繚乱の状態といえるでしょう。強いて広域通信制高校の共通項をあげるとすれば、「個人としての学び」を伸ばそうとする傾向が強い点です。生徒在籍者数が多いことや、学習場所が点在するなど、まとまりよりも個としての対応がどうしても優先されるため、生徒自身が、学びに対してはっきりとした意識をもって取り組むことが、学力を伸ばす条件の一つといえると思います。

　新学習指導要領では「個に応じた教育」が提唱され、一斉授業方式から生徒一人一人のニーズに応じた指導に切り替わっていくのが現在の潮流です。その手法として、少人数指導による個々の生徒の指導とICTの活用が、大きな流れになってきています。それぞれにも課題があり、たとえば個々の対応ができる授業力をもった教員を育成するためには、相当時間がかかります。また、ICTを利用する際には、ファシリテーター役の教員がアドバイスをしていかないと、モチベーションが十分でない生徒は置き去りになってしまう危険があります。これらを融合させた取り組みが今後の高等学校教育に求められているといえるでしょう。

　かつて、一部の広域通信制高校での授業内容が指摘されたことがあります。居場所としての学び舎はとても大切ですが、高等学校教育として、「何を学んだのか」がしっかり担保されることが必要です。近年、「履修と習得」についての議論が立ち上がっていますが、エビデンスに基づく教育の成果が求められていることを、高等学校教育にかかわる関係者は真摯に受けとめていく必要があります。その意味では、今後ますます多様な学校が登場してくることはまちがいないはずです。

（大場　充）

　新たな高校に転入学・編入学して，環境を変えたい人へ

　大阪府には府立桃谷高等学校通信制の課程という，高校を変わりたいという人の希望に応えられる学校があります。

　私は桃谷高校通信制の課程に5年間教諭として勤めました。その中で"高校を変わったことで状況が好転した生徒"にたくさん出会いました。現在，不登校で苦しんでいる人や"通う高校を変わりたい"と思っている人もいるでしょう。

　環境を変えるという選択肢は決して「逃げ」ではなく，有効な改善策になり得るものだと私は思っています。その一方で，安易に選択をしてしまうと，後になって後悔するかもしれません。これまでの私の経験から，"高校を変わりたい"と思っている人やその周囲で支えている人に対して，2つお伝えしたいことがあります。

転入学と編入学の違いを正しく理解しよう

　「転入学」と「編入学」の違いを理解すれば高校を変わるハードルが下がります。

　桃谷高校では入学希望者対象の学校説明会があるのですが，その場で「自分は転入学になるの？　編入学との違いは？」といった質問を受けることが多くありました。この質問に答えるために，今の状況を尋ねるのですが，中には「わからない」と答える人もいます。地図があっても現在地がわからなければ進むことができないのと同じで，現状がわからなければ前に進みようがありません。このような人にとって高校を変わることのハードルは，とても高く感じられると思います。

　現状を把握し，このハードルを下げるために，まず「入学」「転入学」「編入学」の3つの違いを理解しましょう。そうすることで，自分が「どの方法で高校を変わるのが最良か」がわかるようになります。

　まず「入学」とはシンプルに「高校に入る」ということです。中学校を卒業後，すぐに高校に入ることも「入学」です。卒業するには，「入学」後，3年以上在籍することに加えて，必要な教科・科目（「卒業に必要な単位」と呼びます）を全て修得する必要があります。

　次に「転入学」とは，現在所属している高校から別の高校に学籍を移すことです。つまり，「転入学」をするためには移すための学籍が必要です。どこの高校にも学籍がない人（たとえば，高校を退学した人）は，「転入学」をすることはできません。一旦高校を退学し，学籍がない状態から，再度高校に入学することは，「編入学」といいます。「転入学」「編入学」とも，前の高校での記録（在籍年数や取得した単位

など）が引き継がれます。そのため「入学」とは違い，途中からのスタートになるので，これまでの在籍年数や取得単位の状況等によっては，たとえば転入学１年後に卒業できるといったこともあります。

　ただし，「転入学」と「編入学」では，取扱いに異なる部分がありますので注意が必要です。先に述べたとおり「転入学」については前の高校の在籍年数や取得した単位が引き継がれるとともに，連続した在籍になるので，成績や出欠状況も引き継がれます。一方で「編入学」については，一旦在籍期間が「切れる」ため取得した単位は引き継がれますが，成績や出欠状況は引き継がれません。

　現在学籍が高校にあるのかないのか，この学籍の有無をもとに，自分が「転入学」「編入学」のどちらの資格をもっているのかを判断します。まず現状を理解し，自分にとっての最良の選択は何かを考えましょう。

高校卒業後の進路に見通しをもとう

　先ほど，「転入学」は前の高校での成績や出欠状況が引き継がれると説明しましたが，一点注意が必要です。大学等への進学や学校斡旋での就職を希望する際，進学先等に「調査書」の提出が必要になりますが，ここには転入学後の記録だけでなく，前の学校での成績や出欠状況も記載されます。たとえば，前の学校で欠席が多い場合など，不利になるのではといった不安を感じる人も少なくありません。そういった場合，「転入学」ではなく，あえて「入学」をするという選択肢をとる人もいます。前の学校での取得単位を放棄することにはなりますが，出欠状況等をリセットし，一から学び直すことができるからです。

　私が桃谷高校に勤めていた当時，高校を退学した後，桃谷高校に「入学」してきた複数の生徒を担任しました。その中のある生徒は，退学した高校では欠席が非常に多かったのですが，桃谷高校で一生懸命努力した結果，本人の希望通り指定校推薦の条件をクリアし，大学へ進学することができました。

　なお，通信制の課程では，全日制や定時制のような出席停止や欠席日数の記録はありません。

まとめ

　自分の状況を理解し，高校卒業後の進路に見通しをもつ。高校を変わり環境を変えたい人は，まずこの２つを意識してみましょう。新しい高校は，きっとあなたに新たなエネルギーを与えてくれるでしょう。

（村雲　拓）

　私が校長を務める立花高等学校は，金印が発見された福岡県志賀島へ続く海の中道の入り口に位置する全日制単位制普通科の私立高等学校です。眼下には玄界灘，正面には堂々とした立花山の威容を仰ぐ絶好のロケーションの中，現在では約580名の生徒たちが在籍しています。かつては生徒数が激減し，学校経営の危機的状況が長く続いたのですが，ただひたすら「セーフティネット」のような学校でありたいという方針を真摯に貫いた結果，定員を大きく上回る生徒たちが本校を求めるようになりました。この「セーフティネット」という感覚が，本校の教育活動のすべての発想の根幹をなしています。

　本校の生徒たちは，その多くが不登校の経験者であり，全日制でありながらこれだけ不登校生徒の自立支援を学校教育の中枢に据える学校は大変珍しいと思っています。今回は学内での様々な取り組みの中から，就労支援，特に卒業生の支援に絞ってお話をしたいと思います。

　校舎3階のエントランスには，「Mama's CAFE」と名付けられたカフェラウンジがあります。生徒たちの学食としてはもちろん，一般の方々も気軽にランチに来ていただけるような場所なのですが，実はここで働いているスタッフは全員本校の卒業生なのです。就労継続支援A型事業所として，「卒業しても社会に出れない」卒業生たちが，一般就労に向けて調理・配膳・接客・校内清掃等に取り組んでいます。

　この「卒業しても社会に出れない」という表現，ここに逆説的な考え方のヒントがあると思っています。高校卒業後は必ず社会に出なければならない，という決まりがあるのでしょうか？　そもそも高等学校も，必ず行かなければならない場所ではありません。自分のペースでの自己実現が許されるはずなのに，多くの人が実現していくことを「当たり前」だとする価値観の中で，息苦しい思いをしている方も多いのではないでしょうか。ですから本校では「卒業しても社会に出れない」のではなく，「もう少し時間をかければ社会で活躍できる」とポジティブな表現に変えて，安心してその時間を使える場所として，自校内にその機能を設けたのです。

　要となるのは，「できないことを嘆くのではなくできることを大切にする」という，本校の基本方針です。ポジティブな言葉かけを意識することで自己肯定感を高め，自尊感情の回復，自己有用感の伸長を通して少しでも自信を深めてもらいたいのです。そのためにも「できる手段を準備する」ことが必須だと考えています。階

段の一段目が高すぎて「登れない」ならば、それで終わらせるのではなく、スモールステップを積み重ねて少しずつ登るという発想はとても自然ではないでしょうか。

　かくあるべきという到達点で待ち続けるだけでなく、一人ひとりの現在地に応じた「できる手段」まで到達点を寄せていくことができれば、「できる」「できない」の二極化で物事を考える必要がありません。できることが増えるのです。社会には、そのような安心感がもっと必要だと思いますし、そのために時間を使える「居場所」が必要だと思うのです。止まり木がなければ飛び続けることはできません。

　本校は従来型の教育を何ら否定するものではありません。ただ純粋に、従来の教育の隙間からこぼれ落ちそうな子どもたちのセーフティネットでありたいだけなのです。校内ではこの考え方をすべての基本としています。たとえば、なかなか学校に登校できない生徒たちには学校外教室を開設し、地域の公民館等で授業を行っています。彼らは「学校に来れない」のではなく「学校外教室に来れる」のです。またデュアルシステムを導入しており、2年生全員と3年生で就職を希望する生徒たちは長期の職場実習を経験します。そこで生徒たちはたくさんの失敗をします。失敗という経験から何かを学ぶことができるのですから、それは立派な成功体験だと思うのです。入試等でも問題用紙の漢字にはルビがふってあります。「漢字が読めない」のではなく、「平仮名が読める」のであれば、その手段を準備することで解答を書ける可能性は格段に高まります。ごく一部の紹介ですが、このような小さな取り組みのすべてが、同じ理念の上に成り立っているのです。

　Mama's CAFE では、かつてこの校舎に通った卒業生たちが恩師の眼差しに見守られ、一生懸命に「自分にできること」に取り組み、自分自身で決心がついたときに、彼らの良さを十分にご理解してくださる一般企業へ就職をはたしていきます。社会ではこれを「回り道」と捉えるのでしょうが、私には、彼らは各々の最短距離をさわやかに走り抜けているようにしかみえません。

　本校の就労支援の要は「システム」ではありません。ゆっくりと時間をかけても良い居場所をつくることで、そこで得る安心感を大切にしながら「できることを大切に積み上げていく」という「考え方」こそが、本校の就労支援の要です。不登校という現象を取り巻く考え方にも、そのまま生きるものだと思っています。2022年5月には Mama's CAFE 2号店が新築の博多区役所にオープンし、さらに校内に「フリースクールたちばな」が開校しました。学校の当たり前を疑ってかかれば、まだまだできそうなことがたくさんあって、とてもわくわくしています。（齋藤眞人）

居場所としての保健室

「大人が自分の話を聞いてくれたと感じる経験ができた子どもは、大人になってからも他者に相談することができる。だからこそ、私は社会に一番近い高校が最後の砦だと思い、保健室での子どもとのやり取りを大切にしてきた」。ある先輩養護教諭の言葉です。そして、私の仕事の糧となっている言葉でもあります。

みなさんは保健室を利用した経験はありますか。また、どんな理由で利用しましたか。「ケガをしたとき」「体調不良だったとき」「さぼりたかったとき」「話を聞いてほしかったとき」「教室にいるのがしんどかったとき」「ただ何となく」など、色々な理由が浮かび上がったと思います。同時に、当時の保健室の先生（養護教諭）のことを思い出した方もいるのではないでしょうか。

元々、保健室や養護教諭の印象といえば、「体位測定や救急処置などをする場所とそれを担当する先生」が一般的だったと思います。しかし、1998年の中央教育審議会答申で、「保健室は子ども達の「心の居場所」」と位置づけられて以降、養護教諭には、「不登校対応」「発達障がいのある児童生徒への支援」「多様化・深刻化している子どもの現代的な健康問題に対応するための学校内外でのコーディネーター」などの役割が求められていきました。これだけを読むと、子どもたちを取り巻く社会や生活の変化に伴って、養護教諭に求められる役割も変化していったようにみえます。しかし、これらの役割は、従前より多様な生きづらさを抱え、学校や教室に心理的居場所感をもつことができないことから保健室を訪れる子どもたちに対して、養護教諭がはたしてきたものばかりです。常日頃から、日本全国にある保健室に子どもたちは様々な理由で訪れています。その子どもたちに共通しているのは、自分の生きづらさや心理的居場所感をもつことができないつらさを言葉ではなく、多種多様な言動を通して「私（僕）の本音に気づいて」「私（僕）のつらさを受け止めて」と訴えている姿だと思います。幾度となく行われる子どもと養護教諭のやり取りを通して、子どもは本音を言葉で吐いてもいい場所なのかを探り、養護教諭は子ども自身が本音を吐き出してもいいという実感を得ることができる関係性の構築に努めています。当然ながら、この関係性の構築は一朝一夕にできることではありません。

次に、私自身が養護教諭として携わった1人の生徒支援を通して、居場所としての保健室、居場所とは何かについて考えてみたいと思います。

保健室登校

　新卒3年目の私が高校1年生の桜さんを知ったのは，桜さんの担任からの相談で
した。「入学式以降，遅刻も欠席もなかった桜さんが，GW明けからピタッと登校
しなくなったこと。保護者から中学時代に不登校経験があったことを聞いていたの
で，高校生活に対する緊張と疲労が原因だと思い様子をみることにしたこと。3週
間後，登校再開したが，教室には入れなくなったこと」という内容でした。そして，
「教室には入れないが，毎日登校する桜さんを保健室で過ごさせてほしい」という
お願いでした。勤務校では保健室登校は認められておらず，教室以外の場所に登校
しても欠席になります。それでも登校して自学自習している桜さんの話を聞き，教
室復帰までのワンクッションとして受け入れを承諾しました。保健室登校初日，担
任と一緒に来た桜さんの表情は硬く，一目で緊張していることがわかりました。自
己紹介の後，2人で過ごす日々が始まりました。当時の私は養護教諭としての使命
感から，1日でも早く桜さんとの関係性を築こうと積極的に声掛けを行っていまし
たが，桜さんからは軽くうなずく以外に返答はなく，一人空回りする日々が続きま
した。毎日，保健室で黙々と自学自習する桜さんを見て，「私のことが嫌？　嫌な
ら保健室に来ないと思うし……。何を思ってここにいるのだろう」と考えてみても，
答えが見つからないのはもちろんのこと，桜さんとの距離感が縮まる気配もありま
せん。しだいに私は，保健室で1日中，桜さんと一緒にいることに苦痛を感じるよ
うになっていました。私自身の気持ちのしんどさがピークに達したとき，私は桜さ
んに対して挨拶など必要最低限の声掛け以外はしないことを決めて実行に移しまし
た。しばらくして，沈黙の空間が気にならなくなり，心に余裕が生まれてきた頃，
不思議なことに，桜さんから挨拶をしてくれるようになり，2人の会話が増えてい
きました。少しずつ2人の距離感が縮まっていた頃，桜さんと同学年で隣のクラス
に在籍していた心のしんどさを抱えた葵さんが頻繁に保健室に来るようになり，し
だいに1日の大半を保健室で過ごすようになりました。真面目な印象の桜さんと比
べると，葵さんは化粧や服装で指導を受けるなど派手な印象をもつ生徒でした。最
初の頃，桜さんは葵さんに対して距離を置きかかわらないようにしていました。葵
さんはそんな桜さんの態度など気にしていない様子で，葵さんのペースで桜さんに
絡んでいくうちに気づけば2人で課題をしたり，お弁当を食べたりする仲になって
いました。保健室という空間を通して，桜さんと葵さんと私の関係性を築くことが
できていました。1年次に桜さんは教室に戻ることはできませんでしたが，桜さん

の学校生活を送る姿勢から特別配慮で進級することができました。桜さんの担任は，進級のタイミングで教室復帰できる方法を模索し，桜さんに提案していましたが，桜さんは頑として拒否し，2年生になってからも保健室登校を続けていました。ある日，ふらっと保健室に来た葵さんの「私と桜の教室隣同士やったで。私と一緒に教室見にいけへん？」の誘いで，桜さんはすっと教室に入ることができました。どんなマジックがあったのか，担任と私は驚くしかありませんでした。それをきっかけに，桜さんの教室と保健室の行き来が始まり，徐々に教室で過ごす時間が増えていきました。3年生になってからの桜さんは，時々，休憩時間に保健室に顔を出し，深呼吸してから，「やっぱりここは楽やわ」と声に出していました。時計を見て，「じゃあ行ってくるわ」と自ら教室に戻っていく後ろ姿に向かって，「いってらっしゃい」と声をかけるだけでした。

　卒業式が目前に迫ったある日，桜さんが保健室に来て，「私，実は保健室におるのが嫌やってん」と突然話し出しました。私は「そうやったんや」と返しました。少しの沈黙後，「なんで私は普通やのに。保健室におるって普通やないやろ。病気でも何でもないのに，保健室にいる私っておかしいやろ。でもな。教室に行かれへん私がおるねん。病気でも何でもないのに，何で保健室におらなあかんのかなと思ったら，それがすごく嫌やってん」と保健室登校を始めた頃の気持ちをはじめて打ち明けてくれました。私は，「そやな。保健室はケガした子や病気の子が来る場所やもんな。熱もないのに，1日中保健室におらなあかんかったのはしんどかったな」と返すと，桜さんはふっと笑って，「でもな。保健室にいたからいろいろな理由で保健室に来る人がいることを知った。保健室でいろいろな考え方があることを知った。先生は私の話を絶対に否定しなかった。厳しいことを言ってほしいと思ったこともあったけど，心がしんどいときに厳しいことばかり言われたらへこむもんな。先生が私に厳しいことを言わなかった理由も何となくわかった。保健室にいたから葵と出会えた。私も保健室にいていいんやということがわかった」と3年間の気持ちの変化を教えてくれました。桜さんの話を聞きながら，桜さんと私は関係が築けていたのだということに気づくと同時に，3年かけて真の意味で保健室が桜さんの居場所になっていったのだということを実感しました。

　私は桜さんから，大人が居場所という名の空間を与えても，子どもにとっては居場所にならないことを教えてもらいました。高校1年生の時に教室に心理的居場所感をもてなかった桜さんは，教員によって保健室という居場所を与えられました。

その場所にいた私は桜さんの立場に立って考えることを忘れて、「共感しないといけない」「寄り添ってあげないといけない」「傾聴してあげないといけない」「沈黙は気まずい雰囲気だからつくってはいけない」という養護教諭としての思いだけを桜さんに押し付けていました。当然、桜さんにとって保健室は居心地の悪い場所だったと思います。そのような中でも毎日保健室に登校し、次第に自分の居場所をつくっていったのは、桜さん自身の力であったと思います。桜さんの心の成長をみることができたことは、私にとって大きな学びになりました。

居場所って何だろう

　国語辞典で居場所を調べると、「居る場所。すわる場所。」と書かれています。しかし、居心地の良い場所、居心地の悪い場所という言葉があるように、同じ場所であっても私たちの感じ方は異なります。これが居場所づくりのポイントになるのではないでしょうか。私が考える居場所とは、その場所に子ども自身が安心や安全を感じることができ、自分らしく過ごせ、自分が必要とされているという存在意義を見出すことができる空間です。そのためには、子どもが安心してネガティブな言動を出すことができる空間と、それらを積極的に受け止めてくれる人の存在が必要です。そこを出発点に子どもと対話しながら一緒に考え、見守る中で、子ども自身が自分の抱えている生きづらさについて向き合い、新しい受け止め方ができるようになる力が育つのではないかと思います。そして、それらの経験を通した他者とのかかわりを通して、自分の存在意義を見出すことができるようになっていくのではないでしょうか。もしかしたら、居場所とは空間を指すのではなく、子ども自身が自分にとって居心地のよい居場所を作り上げていく過程を見守り、時にはサポートする大人の存在を指すのではないかと思えます。

　勤務校では、不登校など、学校生活に不安を抱える生徒と保護者を対象に入学前面談を実施しています。私は面談の最後に、生徒に必ず伝える言葉があります。「今までは不安やつらさを誰にも言わずに抱え込んできたと思います。高校生になったら、自分の素直な気持ちを話すことができる、SOS を出すことができる大人を見つけてくださいね。そんな大人と出会える3年間が過ごせるよう応援しています。」

　1人でも多くの子どもが、自分の素を出せる大人と出会えますように。

（的場恵美）

大学生における「不登校」
──意味の変遷と否定に着目して

　こころの問題と社会・文化的な背景は密接にかかわっており，時代の変遷とともに状態像が変化することや問題が包含する範疇が広がることは当然の事由として捉えられています。「不登校」についても，「学校恐怖症」といった病理の発見以後「登校拒否」という状態像や「ひきこもり」との関連など，不登校の多様な在り様と結びつき展開し（賀須井，2021），「不登校」状態に対してその時々の社会構造に根付いた動機を構成する現象の一つとして捉えている論（森田，1991）もあります。こうした多様な在り様においては，「登校すること・出席すること」の否定の表現としての「"不"登校」という前提自体を覆さざるを得ません。ここではこの事象について大学生における「不登校」といった点から考えてみることとします。

　そもそも大学は高等教育機関に位置づけられており，登校するか否かにかかわらず主体的に学ぶ場であるという共通理解が「不登校」概念を大学生活と結びつけることに対して馴染みにくくする要因となっています。そのような点から小柳（1994）により提起されるまでは大学生に対して「不登校」という言葉は用いられず，留年の背景にある一様態として取り扱われていました。大学生の教養課程留年をはじめて分類した丸井（1968）は，①留年中の諸活動が人間形成のために有効に働いている旧制大学時代にもあった「旧来型留年」，②「学力不足型留年」，③意欲減退による不本意な留年である「意欲喪失自滅型留年」，④中高生に見られるのと同様な「通学拒否型留年」，⑤「学生運動，クラブ活動中心型留年」の五型に分類しています。丸井（1968）では大学相談の場において通学を「拒否」するという否定の表現を示す学生が，教養課程留年が社会問題化した当初より存在していたことを指し示すとともに，自分とは何か，何が必要かといった青年期の課題である自己確立の模索の一過程としてのモラトリアムな状態像など大学生の主体性を軸に論じられています。大学生の主体性については，藤井・古賀（1975）が特に教養課程留年について入学前と大学入学後の非連続性に適応できない結果として留年が起こると解釈しているように，高校時代の受動的な学びのスタイルから大学時代の主体的・能動的な学びのスタイルへの変換が，いかに大学生活への適応に影響するかといった点も議論の前提としてあげられています。

　大学生における「不登校」という言葉が提起され，社会的にもクローズアップされた1990年代後半においては，問題事象というよりも学生自身の成長のために必要

な作業という視点で論じられています。田中（2000）は，不登校の学生がきっちり物事に取り組んでいるという印象から，内的イメージと現実生活との差異である自分の中での違和感と外的世界との違和感とを学生が抱いていること，違和に取り組み考えることによって"生きるスタイル"を変更するためには，不登校という「立ち止まる」時間が必要であることを説いています。

　さて，このように大学生における不登校は，自己確立という青年期の課題と相まって，単純に"問題"として扱われる状態像ではなく，自分自身や違和感に向き合い模索する積極的な意味合いで語られてきました。しかし2000年代に至る教育事情と情報革新はさらに不登校の様相を変化させつつあります。まず大学への進学という進路に対する選択肢の主体的な意味合いが希薄化したことがあげられます。2020年度文部科学省の「学校基本調査」によると大学・短期大学への進学率は58.6％，専門学校等も含めた高等教育機関への進学率は83.5％と年々増加しており，高等学校卒業後の「進学」が既定路線であり，むしろ就職することこそ既定路線を否定し自らの道を主体的に選んでいるという印象を抱かせます。また，学生相談の場において内省的に内面の情動を扱うことが難しい「悩めない」学生の増加やひきこもり等によって社会に出ることを先延ばしにする「巣立てない」学生（高石，2009）や情報革新とともに自己の統一や一貫性への志向が脆弱していても，ある程度容認され機能する「格子型自己感」（広沢，2015）など，従来の自己感とは異なる自己感が見出され，従来的な自己感を前提とした不登校の意味が見出し難くなってきています。

　さらに，2020年の新型コロナウイルス感染症とそれに伴う予防措置を機に多くの大学で入構規制がなされ，対面授業にかわってオンラインやオンデマンドでの授業が行われることとなりました。大学という場の機能はインターネット上に移され登校せずとも授業を受けられることにより，不登校という字義通りの状態像は喪失し，包含していた意味の変容も強いられています。たとえば家と学校が地続きとなる点では，登校を否定することや大学と距離をとることで，従来のような内的な作業を行うことはできなくなってしまうかもしれません。またインターネットを介した個人同士のやり取りによって，直接的なやり取りは可能になったものの，大学に対する所属意識など緩やかに自己感に影響を与えていた要因は排除され，前提となる自己感に揺らぎが生じている可能性もあります。このような背景の中で「不登校」はどのような意味合いを包含するのか，また従来の「不登校」がもっていた意味がどのような事象に代替されるのか注視していく必要があります。　　　　（加藤奈奈子）

第Ⅱ部

支援の場からみた不登校

第4章

スクールカウンセラーからみた不登校とその支援

はじめに

　国内の公立学校にスクールカウンセラーが配置されたのは1995（平成7）年度からですが，筆者は1997年度から千葉県のスクールカウンセラー（以下，SC）として勤務し始め，その後20年間，主に公立中学校複数校の SC を務めました。また，後半の10年間には，県教育事務所を基地にしたスクールカウンセラースーパーバイザー（SCSV）もあわせて受け持ち，管内の学校支援と，管内 SC を支える役割を担っていました。その後，2018年度から千葉県が新たに設置した「不登校児童生徒支援チーム」の一員として，県内の市町村や小中高等学校，特別支援学校等からの派遣要請に応じ，不登校にまつわる支援に携わっています。

　これまでかかわってきた小中高校生やその保護者への支援と，学校の先生方と一緒に取り組んだ経験，そして不登校児童生徒の理解と支援のために外部支援チームとして出向いている実践をもとに，SC としての「不登校」へのかかわりを紹介していきたいと思います。

　なお，事態の見立てや対応に際しては，家族や組織をシステムと捉えるシス

テムズ・アプローチの視点を大切にしており,「○○が悪い」と悪者はつくらず,出会う相手の持ち味を大切にするかかわり方を継続しています。

また,筆者は,学校に派遣される SC は,《補助自我》的な役割を担うのではないかと考えています。モレノ（Moreno, J. L.）が創始した心理劇の5つの道具の中に,「舞台」「主役」「監督」「観客」とともに,《補助自我》という役割があります（Fox, 1987）。《補助自我》は,主役の相手役となって主役の自我を補助する役ですが,《補助自我》の自発性によって,主役の自発性も引き出されてくることがあります。学校に出向く SC は,学校という場に参加し,児童生徒の困り具合に気づき,安全で安心できる環境であるかに配慮しながら,成長のきっかけになることがあれば傍に付いて応援する役割をとります。

不登校に関しては,長欠・不登校関係の校内会議や,担任など主にかかわる先生からの話により,支援の必要な児童生徒の情報が伝わってきます。学校全体のその時々の様子を感じ取り,「この学校」「このクラス」という場で起こっている「○○さんのこと」として事態を見立て,必要な支援について先生方と共通理解を図っていくことが多いように感じています。

学校の外にある医療・相談機関の心理職と SC の違いを一つあげるとすると,学校の中では,「個」へのアプローチと,学校全体のシステムへのアプローチのどちらからもかかわることができる点かと思います。

1　スクールカウンセラーと「不登校」との出会い

1　SC の役割

SC が引き受ける役割については,公立学校の場合,各自治体等の SC 取扱要綱等にもとづき,勤務校の必要性に合わせ,どの部分に力を注ぐかを決めていきますが,「不登校児童生徒への支援」は,どの学校でも SC に期待される重要なテーマかと思います。

SC は,学校に来ることが難しい児童生徒の理解者になり,支援を行う役割を担うとともに,学校システムの一員としては,「学校に来てほしい」と願う

校内の先生方の理解者でもあり，その児童生徒や家庭と先生方をつなぐ役割も期待されます。

　学校に来ることが難しい児童生徒に，「校内の相談室で会いましょう」と誘いかけても，学校の敷地内に入ることはできず，代わりに保護者のみ相談室に訪ねてこられることも多いです。しかし，その時も保護者には，「学校の SC のところに行ってくる。親の話を聞いてもらう」と，ご家庭でそのお子さんに伝えることを勧めています。何回か SC のところに来談して保護者の気持ちがすっきりし始めると，子ども自身も保護者に付いて校内の相談室に来るようになることがあります。また，子どもにとって，学校が安全で安心な場所であり続けるよう心がけ，状況によっては SC だけに会って帰ることもありますし，養護教諭や担任などにも会ってみることを提案し，校内の先生方と短時間出会う機会につなぐこともあります。また，放課後などに児童生徒や保護者が先生に会いに来たときに，SC を紹介してもらい，安全な人のひとりに加わることもあります。

　不登校は，複数の要因が重なって，どの児童生徒にも起こり得ると考えると，学校に在籍する児童生徒全員と SC が一度会っておく機会をつくるとよいと思います。新しく入学した 1 年生の各クラスに，給食やホームルームの時間帯等に訪ねて身近な存在になっておくことや，1 年生全員と SC が短時間の面接をしておくと，困ったときに関係づくりがしやすくなると感じています。

2　様々な不登校

　ここでは，SC が出会う不登校について，2 つのケースを紹介します。学校に通いにくい時期に SC と出会い，その後成長を続ける多くの児童生徒がいますが，そうしたケースを通じて校内の先生方や保護者と SC が，早い時期に本人を理解しようと話し合い，役割を分け持ちながら支えるとよいと感じることが多いです。以下の 2 つのケースとも，そういった願いを含めた架空のケースです。

① 休み始めの理解と支え

【ケース1】小学6年男子・海音（かいと）さん ────────

家族：父（穏やか），母（教育熱心），妹（小学2年生，自由奔放）

　　　　車で30分ほどの距離に父方祖父母が住んでおり，海音は小さいときから祖父母にかわいがられて育った。

経過：海音は，勉強や学校生活にまじめに取り組み，誘われると友だちと一緒に過ごす，優しい性格の持ち主。小学校5年生まで欠席はほとんどなかった。6年生になり，学校行事の実行委員の一人に選ばれたが，皆の前で大きな声で伝えることは苦手で，元気な女子に「もっと大きな声を出さないと，みんなが動かない」と言われた。その後1か月の間に体調を崩して休む日も何日かあったが，学校行事当日はなんとか出席することができた。翌日から欠席が増え，親に学校まで送ってもらっても教室には入れない日も多く，保健室や別室で過ごすのが精いっぱいの様子。

《状況把握と支援についての検討》

　　海音さんについて，できれば複数の先生方で話し合うことができると，海音さんへの理解がふくらみ，かかわりを始めやすくなるかと思います。話し合いでは，たとえば次のような話題が出ることが考えられます。

- 海音さんに会って話すとしたら，どんな内容なら話しやすいだろうか？
- 行事が終わってからの不調をどう理解すればよいだろうか？
- 頑張るように励ましてよいのだろうか？
- 家族はどのように受けとめ，何を期待しているだろうか？
- クラス内の雰囲気や人間関係はどんな様子で，海音さんを支える友人は誰だろうか？
- 海音さんのよいところ，自信のありそうなことは何だろうか？

　　先生方の意見交換により，海音さんを柔軟に受け取めやすくなると思います。一方で，家庭と連絡をとりながら信頼関係をつくっていきます。親御さんから，家庭での様子や海音さんの困り具合を聞き，元々どんなお子さんか，これまで

の成長も教わることができるとよいと思います。学校と家庭が連絡をとり合いながら，本人を双方から支える構図をめざします。

　海音さんは，家族の期待を受けて育ち，学校で頑張ってきたと思いますが，思うような満足を得ることができず，自信を失いそうになっているのかもしれません。エネルギーを消耗して休養を必要としているともいえます。気軽な誘いに応じて，教室の仲間と過ごす時期がほどなく来るかもしれませんが，同年代からの指摘をきっかけに，本人の中で何かが起こっているのかもしれません。言葉で語ることは少ないと思いますので，海音さんの立場に身を置いて感じとり，支えたいと思います。

　子どもから大人に成長するまでのある時期，学校での集団生活に参加せずに，エネルギーを蓄えていくことが必要になることもあります。大人の性急な方向づけを子どもに届けるより，子ども自身のペースで気持ちの立て直しが整うのを待ち，時々，きっかけとなる誘いをかける支え方がよいのではないかと考えます。

②　人間関係の難しさ

【ケース2】中学2年女子・由衣さん ──────────

家族：母（多忙），姉（高校3年）

経過：由衣は，姉が中学時代に活躍した運動系の部活動に自分も入り，熱心に練習に励んで力をつけてきた。2年時にクラス替えがあり，同じ部の風美と里良と同じクラスになった。風美と里良の二人は，練習には参加するが片づけはするりと抜け，身勝手な発言が多く，他生徒の悪口を平気でSNSに書きこむことなどがあり，由衣にとっては苦手な相手だった。

　　　3年生が部活動を引退した夏の終わりからは，2年生中心の新チームで練習を開始した。少し前に顧問から由衣に，チームリーダーにならないかと話があり，自分からも希望してリーダーになったのだが，部員をまとめていけるかどうか自信がないままだった。

　　　9月，由衣は朝起きられず休み始めるようになり，登校しても，腹痛で保健室に行くようになった。保健室で話を聞くと，風美と里良を

中心に，SNS 上で新リーダーへの不満や身勝手な書きこみをされ，誤解を解こうと思って書いた言葉も逆にやり込められ，これまで仲の良かった部員も味方をしてくれず，誰も信じられなくなったという。自分を外したグループで悪口を言われているに違いないと，涙ぐんでしまう。

《状況把握と支援の留意点》

　部活動などに所属すると，チームの活動を通じて，大きく成長する魅力がありますが，チーム内の人間関係を保つのは大変です。特に，新チーム編成の時期などは，部員がその活動に求めているものが個々に異なり，リーダー役も不慣れであるため，チームがまとまるまで先生方の支えが重要です。

　普段から，部活動やクラスの生徒と先生方が気軽に話せる関係があれば，周囲の生徒に個別に話を聴くのがよいように思えます。「いじめ」として捉えるかどうかの事実確認や抑止の指導が必要かもしれません。

　支援策としては，「仲良く協力する」という呼びかけで全員が歩み寄ることは難しいと考えられるため，不満を言う生徒から話を聴き，チームがどうなっていくことを望むのか，自分でできることは何かなどについて個別に話す時間をとるとよい場合があります。由衣の支え役と他生徒の話を聴く役など，複数の先生方で支え，同時に，チームの活動が目標に向かって活性化していけば，生徒間での傷つけ合いが少なくなっていくように思います。SC も，複数の生徒からそれぞれの思いを聴き，「あなたはどうしていきたい？」と尋ねて支える役割を担うことがあります。

　安心できる人間関係をつくるのは難しいことですが，一人ひとりの生徒を受けとめ，力を信じようとすると，関係をこじらせずに済むようにも思えます。そして，由衣さんが安全で安心感を持てるか，心身の不調も合図と受けとめながら，教室での生活や部活動の参加の仕方について，本人の希望に合わせて支えていくことが大切に思えます。

③　児童生徒の状態や家庭環境に合わせての支え

校内で不登校について情報共有する中で，支えようとしても本人や家庭が応

じてこないケースや，SCとの相談にもつながりにくいケースもあります。支援の難しいケースについては，先生方と誘いかけの糸口を探します。

たとえば，「無気力」な状態が続き，働きかけても応じてこない児童生徒には，本人が好んでできそうな小さな課題や誘いは何か，先生方との話し合いで見つけ，誘ってみるよう提案します。

また，家庭環境の調整が必要なケースにも多く出会います。家庭内にDVや虐待の可能性がある場合には，スクールソーシャルワーカー（以下，SSW）や他機関との連携を進める必要があります。親の病気や経済的に不安定な生活が続き，親を支える役を担っている児童生徒（ヤングケアラー）がいる場合などは，学校に来ている間に，本人の生活の様子や今後の希望を聴く機会をつくることも大切になります。

2　学校の「場」でできる不登校支援

1　新たな不登校を増やさない工夫（未然防止と初期対応）

学校が，どの児童生徒にとっても「安心して落ち着ける場」であり，一人ひとりが「主体的に取り組める活動がある場」となり，「互いに認め合っている」ことが保障できれば，新たな不登校が生まれにくくなると考えられますし，一旦休んで，しばらくエネルギーを貯めた後に登校しても，疲れにくい場になるかと思います（図4-1）。

どの児童生徒にとっても「安心して落ち着ける場」をつくることは容易ではありません。学年やクラスの一部の児童生徒だけが満足していて，他の児童生徒は我慢しているというしわ寄せが生じないよう，全員の満足度を尋ねるアンケートを年に何度か実施することや定期的な面談なども必要です。

これまでに不登校・別室登校を経験している児童生徒は，再登校や新たな学校に入学した際，緊張を保って頑張ると思いますが，疲れをためないような働きかけも必要です。校内の先生方に，SCとして不登校経験者への支えを提案する一例を図4-2にお示しします。

```
┌─────────────────────────────────────────────────────────────┐
│   ╭──────────────────────╮    ╭──────────────────────────╮    │
│   │  安心して落ち着ける場所  │    │  主体的に取り組める活動がある場  │    │
│   ╰──────────────────────╯    ╰──────────────────────────╯    │
│              ╭──────────────────────╮                         │
│              │   互いに認め合っている   │                         │
│              ╰──────────────────────╯                         │
│                                                               │
│   どの児童生徒にとっても落ち着ける場所                           │
│        ⇒  先生方主導で安心安全な場を保障                        │
│                                                               │
│   日々の授業や生活で，一人ひとりの児童生徒が活動し，              │
│            互いが認め合える場面をつくる                         │
│        ⇒  児童生徒が主体。先生方は場と機会を設定する             │
└─────────────────────────────────────────────────────────────┘
```

図4-1　「安心できる居場所」と「主体的に取り組める活動の場」

出典：国立教育政策研究所　生徒指導・進路指導研究センター（2017年）資料をもとに改変

```
┌─────────────────────────────────────────────────────────────┐
│          不登校や別室登校の経験のある児童生徒を支えるには……      │
│  1．入学後の緊張をほぐし，1週間，1か月と登校が続くよう，身体とこころのスト │
│    レッチを勧めてください。息を抜かず，肩に力が入ったまま，周囲の人間関係にも │
│    過敏になると，頭痛・腹痛・眠れないなどの体調不良が現われやすくなります │
│        ⇒  疲れを取る方法を SC からも提案します                 │
│  2．何にとまどい，困っているかを言えるように，児童生徒との関係づくりをお願い │
│    します                                                      │
│  3．疲れ切ってしまう前に，担任や SC との面接を早めに予定してください │
│  4．入学式翌日以降，連休明け，6～7月，行事の前後，病気やけがで休んだ後に気 │
│    をつけてください                                            │
│        ⇒  3日連続の欠席で対応開始                             │
│  5．校内で，休み始めた児童生徒について情報共有し，複数の先生で登校のきっかけ │
│    をつくり，親子に具体的に提案してください                      │
└─────────────────────────────────────────────────────────────┘
```

図4-2　先生方に不登校経験者への支えを提案する例

① 校内研修などで「不登校の未然防止と初期対応」について共通理解を図る

年度の前半に，校内の先生方と研修しておくことが大切かと思います。

内容としては，その年度の校内の雰囲気に合わせ，不登校についての最新の理解とかかわり方のヒントを SC から伝え，次に，どのクラスでも出会いそうな架空事例を提示して，グループ協議をすることが有意義かと思います。

研修に使う架空事例は，教育相談担当の先生等と話し合って決めますが，ここでは中学・高校の校内研修に使う一例をあげます。

【架空事例】

　普段は，何を考えているか，何がおもしろいのか，あまり言葉や表情で伝えない生徒です。個別の面談で夢中になっていることを聞くと，ネットにつながったゲームや動画に詳しく，活き活きと語ってくれます。あまりにも詳しく，他の生徒は付いて行けないだろう，とも思えます。

　1回目の試験ではよい成績がとれず，今回の期末試験に集中しなければならないのですが，試験2週間前になって，遅刻が増え，授業中の居眠りも多くなってきました。心配になって話を聞くと，どうやら，夜中にネットの世界に夢中になり，朝方まで起きている生活で，学校から帰ると眠ってしまい，夜9時頃から活動が始まるとのこと。

　生徒自身もこのままではまずい，と思っているようなのですが，朝は起きられず，授業中に睡魔が襲ってくることは変えられない様子です。

（問）　この生徒が行動を切り替えることができるよう，個別に話すことにしました。今は，期末試験10日前です。どのような話や提案，指導をすればよいでしょうか？

　参加する先生方には，3～4名のグループでアイデアを出し合い，具体的な対応策を共有してもらいます。

　先生方のグループ発表の後にSCも発言するとしたら，たとえば次のような内容が考えられると思います。

　「ネットやゲームへの依存により，生活リズムの立て直しが難しく不登校になる生徒も多いです。複数の要因が重なり，家庭で叱っても行動の切り替えが難しいこともあるのですが，生徒に，「次のテストで力を出したい」という気持ちがあるならそこに耳を傾け，すぐ先のゴールまで（試験が終わるまで）生活の切り替えを具体的に提案したいと思います。

　話を聴くステップとしては，はじめに，ネットやゲームなど生徒が夢中に

図4-3 ケース検討の勧め

なっていることを聞き，おもしろくて生活になくてはならないものになっていることは認めます。次に，中長期の視点で，生徒自身の願いやかなえたいことを尋ねます。そして，目の前の短期目標を一緒に探し，実行できそうな具体策を話し合います。生活リズムを整えることには援助が必要なのですが，先生や親が決めるのでなく，生徒自身が行動を切り替える決断をすることが大切かと思います」。

② 支援会議等でケース検討を行い，事態の共通理解と支援策を協議する

各学校で，長欠・不登校について報告する会議は実施されていると思いますが，短時間でもよいので，不登校児童生徒についての支援会議を開き，個々の児童生徒への理解を進め，支援策を出し合うことが大切です。校内で，担任等ひとりの先生の対応から，かかわれる先生を拡げていく機会にもなります（図4-3）。

検討するケースにすでにかかわっている市町村の機関の担当者（子育て・福祉部門など），SC，SSW などが同席できれば，より理解が進みます。また，市町村の指導主事の同席があれば，どの機関につないでいけばよいかについて協議しやすく，連携がスムーズになります。

児童生徒やその保護者と直接かかわる担任の先生は，本人や家族とかかわる中で，「このままのやり方でいいのだろうか？」と時々不安になるかもしれま

せん。「先生の支えで，本人や親は学校（社会）とのつながりを保っていると思います」などと承認することも大切に思えます。

2 継続的なかかわりと自立支援

① 学校と家庭で子どもの成長を支える

児童生徒が学校を休み続けている間，家族と SC との面接が続くとよいと思います。家庭内に新鮮な風を送るような役割と考え，細くても途切れずに家族と会い続けられることを願っています。

親御さんなど家族と出会えるときには，次のような受けとめ方や提案の仕方があるのではないかと思います。

まず，会う機会を得られたことをうれしく思うと告げ，親の思いや大変さを聴き，これまで育てて来られた親御さんを受けとめます。そして，子ども自身の様子や困り具合を一緒に思い描きながら聴いていき，今の子どもの状況に合う支え方について，やり取りします。

たとえば，朝必死に起こそうとしても起きない子どもに疲れ果てると話す親御さんに，「お子さんが自分で起きようとするのを手助けするには，何がよいでしょう？」と主役は子どもであることをさりげなく伝えながら，起きる合図を何にするか話し合います。

親御さん自身に朝起こせない事情がある場合には，お子さんを起こす代わりに，「冷蔵庫に〇〇さん（児童生徒）が朝食として食べたいものを入れ，それを伝えておいてください」など，親御さんが実行しやすい提案をひとつ選んで伝えます。

また，親子と面接できる機会があれば，親子の間のかかわりについても話題にしてみます。たとえば，子ども自身は，何かを選ぶにも時間がかかり，なかなか行動に移せない様子であり，一方，親御さんはテキパキとした言動で，子どもより先に決断・実行する傾向があると伝わってきた場合，子どもには，「伝えたいことは，自分の言葉で伝えるようにしてください」と提案し，親御さんには，「〇〇さんが話したそうにしているときには，お子さんのペースに合わせて聴いてください」と提案することがあります。

親御さんには，これまでの家庭内の対応が悪かったわけではないと伝わるようにし，お子さんがここまで成長してきたので，これから先の支え方を少し変えていただくよう，具体的に提案するのがよいのではないかと思っています。

② 別室登校などの生徒を継続的に支える

教室への集団参加は難しく，校内の別室や市町村の教育支援センター等に通う児童生徒との間でも，SCとの面接の機会をつくり，その時々の状況に合わせた支援ができるとよいと思います。校内に教育支援室など別室があるときは，SCは出勤日に顔を出し，面接の希望を児童生徒から直接受け取ることもできます。

児童生徒が所属しているクラスや学年の日課や行事の中で，様子を見に行けそうなものを一緒に探し支えることもあります。校内で安心できる仲間や場面が少しずつ増えるよう，先生方と連携して応援する役も担います。

また，親への気遣いや家庭内での気苦労が溜まるとSCとの面接を希望してくる生徒もいます。まず話を聴き，家族関係の中で自分らしく振る舞えているときには大きくうなずいて支え，関係を変えにくいと感じられたときには，何か方策がないか一緒に考えて提案します。

③ 他機関との連携・協働を進める

学校だけでは支えることが難しい課題があるときには，外部機関につながるよう具体的に提案します。

医療機関で児童生徒の困り具合を理解・説明してもらうことを勧めるときには，「あなたのことをわかってもらえる味方を，学校のほかにも見つけてほしい」と伝え，中高生であれば，自分に合う医師や医療機関がないか，SCの知っている情報も伝えて探してみるよう勧めることもあります。

家庭内が不安定で環境調整が必要と気づいたときには，児童相談所，市町村の担当課をはじめ，地域の子育て支援・福祉関連の機関，場合によっては警察との連携を始めることを学校に提案します。校内ケース会議に市町村の子育て支援等地域の担当者の出席を提案できれば，つながりがスムーズになります。

④ 外部支援チームが参加してのケース検討

不登校に関する支援体制が，各県・市町村で整えられているところですが，

千葉県では，2018（平成30）年度に「子どもと親のサポートセンター」（教育支援センターに該当）を基地として活動する「不登校児童生徒支援チーム」を設置し，学校支援を行っています。構成員は，スクールソーシャルワーカースーパーバイザー，スクールカウンセラースーパーバイザー，不登校児童生徒支援専門指導員，そして担当指導主事の4名がひとつのチームです。

支援チームの活動内容の主なものとしては次のようなものがあります。

- 不登校の長期化等により対応が困難なケースへの対応策の検討および助言・支援など
- 不登校の未然防止，初期対応，自立支援に向けた不登校支援体制の助言・支援
- 各学校や市町村教育委員会が主催する長欠対策会議等への積極的な参加
- 県の「不登校児童生徒の支援資料集」の活用の推進と研修の実施

支援チームが学校や市町村に出向いて一番役に立つのは，ケース会議に出席し，その場で多面的な視点からケース理解と支援策を検討することかと思います。SC や SSW 等が単独でケース会議に出席することはすでに行われていますが，困難なケースをどのように把握し，かかわる糸口はどうするか，校内の先生方と支援チームで編み出していけることは有効であると感じています。

連絡しても返事がない，子どもの安否確認ができない，親が学校の対応に攻撃的になるなど難しいケースもありますが，周囲の関係機関とも連携をとりながら，あせらず諦めずにかかわりを続けていくことを目指します。

「今年度の終わりまでに小さな挑戦を提案する」など短期でできることと，進路の可能性を切り拓いていくには具体的にどうするかなど，中長期の見通しもケース検討で話題にできるとよいと思います。

⑤今できていることの先に進路をつくっていく

自分の将来について，あこがれや夢を描いている生徒は多いですが，実際の練習や経験なしに進路を決めると継続は難しいかもしれません。学校に所属している間に，その先の進路希望に合わせて，先生方とも相談して，小さな挑戦をしてみるよう具体的に提案します。

親子の間で進路について，互いの考えや経済的な問題などについて話し合う機会をもたず，「進路は本人に任せます」と言う保護者にも出会います。そのような場合，次のような提案をすることもあります。

- 行きたい進路先について生徒自身が調べることを勧め，良い点ばかりを見ず，得意不得意や経済面，生活面などを含めてその進路を続けることができそうか，将来自立できそうかなど，一緒にイメージしてみる
- 第一希望の進路先のほかにも，1つか2つ説明会や見学会などに参加することを勧める
- 現在在籍している学校から進路変更が必要になった場合，次に選ぶ進路先について，その生徒に合っているか一緒に検討する

　進路などの重大な選択をするときに，その生徒が今できていることの先に可能性が切り拓けるよう，校内の先生方とともに SC も支えたいと思っています。

3　「不登校」への理解と支えをつないでいくこと

　「学校」での集団生活で勉強や社会経験を続けたくても，繊細に感じやすく疲れてしまって登校できなくなることもあります。「不登校」の状態であっても，学年やクラスに所属している「ひとりの児童生徒」と認められていることが大事だと思います。

　ひとりの児童生徒が成長するうえで，気持ちを立て直しエネルギーを蓄えるために休養の時間が必要なのか，環境を調整する必要があるのか，勉強がわからないままで困っているのかなど，多面的な視点で見立てて具体的な支援を試みたいと思います。

　毎日学校にいることができない SC にとっては，校内の先生方と支援について話し合うことが大切であり，タイミングのよい対応をお願いすることが必要になっています。

　大人の社会に余裕がなくなると，〈家庭〉が元気を回復させる場というより，

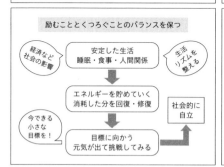
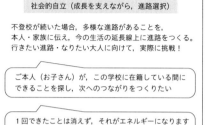

図4-4　研修スライドの例

ストレスがたまる場になってしまう可能性があり，一人ひとりが自分を大切にして，自分で自分をケアしなければならない状況も多いと感じています。

　どの児童生徒も，不登校になる可能性があり，どのような成長と困難に出遭うか，ますます予測がつきにくくなっているともいえそうです。不登校児童生徒を増やさないために，校内で先生方に伝える研修内容を年度ごとに組み立てますが，参考までに2020年に使用したスライド資料の一部を提示します（図4-4）。

　様々に社会が変化する中，SC の立場で感じる危機感と SSW の立場で感じる危機的状況は異なると思いますし，校内の先生方も，立つ位置が違うと児童生徒やその集団の見え方が違ってくると思われます。忙しい中でも，「あれ，元気がないな」といつもと違う様子を感じ取って困り具合に気づき，その児童生徒の理解者となって，複数の大人が連携しながら支えていくことができればよいと思っています。どんな支え方をすればよいかについては，児童生徒の心

身の具合や家庭内の様子を合図として受け取り，学校からできる支援策を探します。

　不登校の時期に SC としてかかわった児童生徒が，次の進路先で成長を続けていることがわかるとほっと安堵することがあります。かつて，少しおせっかいな誘い方をしたときに，不機嫌な顔のまま学校に現れていたことは，きっともう忘れているだろうと思いながら，自分らしさを保って大人になることを願うばかりです。

（難波江玲子）

「チーム学校」とは，2015年に中央教育審議会から出された「チームとしての学校の在り方と今後の改善方策について（答申）」によって広く知られるようになった言葉です。不登校の子どもの支援の視点からいうと，教員が，校内の他の教員やスクールカウンセラー（以下 SC）やスクールソーシャルワーカー（SSW）などの専門家とチームを組み，子どもに適切な支援を提供していくことを意味しています。

「チーム学校」は，学校における生徒指導や教育相談，スクールカウンセリングといった領域にとどまりません。授業場面における指導についてもチームで考えていくことが大事であると書かれています。

これは何を意味しているのでしょうか。不登校支援の文脈でいうと，たとえば，学校に来にくくなっている子どもが多くいる学校は，もしかしたら学級そのものの雰囲気が悪かったり，一部の子どもにとって，学級の居心地が悪いのかもしれません。担任が他の教員や SC と話をし，学級の居心地をよくするために，授業の方法を検討したり，子ども同士があたたかい雰囲気で交流できるように考えることも「チーム学校」なのです。

「チーム学校は簡単ではない」というのが筆者の見方です。チームで子どもを援助するためには，教師が他の教員や専門家に「指導や支援に困っている子どものこと」を相談することが必要です。特に担任は，4月に学級開きをし，そこから学級の中で児童生徒の人間関係づくりをします。班をつくり，係活動をしたり学級委員を決めたり，学級目標を決めます。この人間関係づくりのプロセスの中で，トラブルが起こり，学校に来にくくなった児童生徒がいたらどうでしょうか。もし担任が，「子どもが登校できないのは，自分の指導に原因があるのかもしれない」と思っていたら，なかなか同僚に相談できません。外部の専門家に相談するハードルはもっと高くなります。加えて，学校の職員室が相談しにくい雰囲気であったり，多忙化のために，お互いが十分な時間が取れない状況があると，ますます相談しにくくなります。

筆者は，チーム学校の具体的な取り組みとして，「チーム援助会議」というものを学校の中で行うようにしていますが，実は，本当に支援が必要な深刻な事例は，会議の議題にならず，検討されないときがあります。「チーム学校の答申があるから，相談してください」といっても，担任を責めることになってしまい逆効果です。

日頃の情報の共有，担当者や教員同士の人間関係づくりが大切です。

　では，具体的にどのように「チーム学校」を目指せばよいのでしょうか。ここでは，不登校の子どもを支援しているが，支援が広がらないケース，不登校を支援している担任が，一人で抱えてしまっているケースについて考えたいと思います。

　まず，不登校の子どもを支援しているが，その支援がなかなか広がらないケースについて考えてみます。筆者は，助言者として不登校の子どもの支援目標を共有するところから始めてはどうかと学校現場に提案しています。不登校の子どもが「学校の図書室で勉強したい」など，具体的な目標がもてたら，「○○さんの目標を実現するために，このお話，○○先生と話してもよいかな」と許可をとることができると情報共有がスムーズです。もちろん，「家でゆっくりしていたい」という希望をもつ子どももいます。その場合は，保護者とコミュニケーションをとりながら，学校とどのようなすり合わせが可能なのかについても検討したいものです。インターネットを利用すれば，教材を入手できたり，担任とオンラインで話をすることも可能です。

　次に，不登校の子どもへの支援を担任が一人で抱えてしまい，支援が広がらないケースはどうしたらよいでしょうか。いきなり支援しようとすると，かえって担任が萎縮してしまいます。担任が一人で不登校の子どもを抱え込んでいる場合は，まずは，担任とつながれる人が，担任をねぎらいたいです。

　大事なことは SC や生徒指導主事，不登校担当教員が表に出すぎないことです。SC や不登校担当教員の使命感が強かったり，張り切りすぎてしまうと，職員室の人間関係がぎくしゃくし，結果的にますますケースを一人で抱え込んでしまうことが起こります。教育委員会や学校の管理職があまりに不登校の児童生徒を減らそうとすると，逆に教職員にプレッシャーがかかってしまいます。不登校の児童生徒への支援の状況を理解し，今，支援している人を支援していく。そして，今，支援している不登校の児童生徒が少しでも良い方向に向かったら，支援者とともに喜び，そして，できたことを確かめ，今後の課題を意見交換できたら良いです。職員室の片隅で構いません。授業の合間で構いません。そうして徐々に，声をかけていきます。

　筆者は，学校の雰囲気に合わせた支援が大事だと思っています。不登校の子どもの保護者，そして支援する教員にとって無理のない支援を継続していくことが大事だと思っています。

（水野治久）

「ものづくり（アート活動）」を通した児童生徒とのかかわり——こころの支援につなげるために

　私は，スクールカウンセラーとして不登校になって適応指導教室（教育支援センター）や学校内の別室を訪れる児童生徒や，カウンセリングに来てもどのように自分の思いを言葉で表現していいかわからない児童生徒と「ものづくり（アート活動）」をすることがあります。また，相談室開放のときにも「ものづくり」を通したかかわりの時間をもってきました。私は「ものづくり」は言語面接ができないときの補助的な手段ではなく，本人自身が主体的に取り組める活動であると思っています。主体的に取り組める活動は他にもあるかもしれませんが，「ものづくり」を通してしかできないかかわりがあります。それは，安心して「ものづくり」に取り組める場は，創作過程の中で創作者自身の内面の対話を促し，身体感覚を伴った情緒的な体験ができるからです。そしてこのような内面の対話が，外へ向けての言葉を育てる下地となっていくからです。不登校の児童生徒は自分の内面をどのように表現していいかわからないことがあります。そのため，安心して主体的に「ものづくり」ができる場をつくることによって，内面の言葉を育て，児童生徒が主体的に取り組むことで自分のこころをはぐくんでいくと考えています。

　私がアート活動を「ものづくり」と表現するのは，「もの（素材）」と五感を通して語りあう創作過程の中で「ものがたり」が生まれていくからです。その「ものがたり」は，言語面接とはまた違った視点から創作者のありように気づいたり，新しい視点を発見したりすることができます。そのような体験は，意識しづらく，創作者本人からも言葉ではなかなか語られないため，創作の場を提供する支援者も創作者も出来上がった作品にばかり注目し，解釈したり分析したりすることの効用を求めることが多いのですが，本来は創作過程そのものがこころに直接，作用と変化を与えています。「もの（作品イメージ）」が生まれてくる過程の中にこそ，こころの支援につながる要素があるとすれば「ものづくり」の過程を大切にできる場づくりこそが，支援者が目指すべきところなのではないかと思います。

アートアズセラピーとは？

　作品を分析解釈するのではなく，「ものづくり」の過程そのものがこころの健康や成長に寄与していくことをアートアズセラピーと呼びます。アートセラピーという言葉の方が日本では流布しており，カウンセリングの中で，アート活動を行うことがアートセラピーというように捉えがちです。また，描いた絵や作品からその人

を分析したり，心理状態を査定したりすることに重点がおかれている場合も少なくありません。しかし，ものづくりの過程でこころをはぐくむ要素を大切にし，アート体験そのものがもたらすこころへの影響を大切にするのであれば，むしろアートアズセラピー的な視点を導入する方が場づくりには有用です。

　私は，アートアズセラピーはカウンセリングマインドと類似していると思っています。カウンセリングマインドでは，聴き手の話を，共感をもって聴く姿勢が重要視されますが，それと同様にものづくりの過程を見守り支えるという姿勢がアートアズセラピーの場をつくるためには重要なのです。

　カウンセリングマインドにおける傾聴は「聞く」ではなく，「聴く」という漢字が当てられています。つまりただ「聞く」のではなく，聴く側の共感性や受容性が必要になってきます。話を聞いているからカウンセリングになるのではなく，話を聴くための共感力や受容力を高めることがカウンセリングマインドを身につけるということなのです。そうすることによって話し手は安心して自分の気持ちを話すことができるのです。これはカウンセリングの基本でもあります。

　ものづくりの過程を見守るアートアズセラピーも同様です。創作者が安心してものづくりに没頭できるよう共感的で受容的にその過程を見守る必要があります。カウンセリングと違って，ものづくり（アート活動）には素材と技法があります。これはカウンセリングの中でいえば，言葉のようなものです。そのため，創作者が安心してものづくりが体験できる場にするためには，どのような素材を用意し，テーマを設定し，選択や自由度をどのようにすれば安心できるかなどを事前に支援者自身が何度も素材に触れ，創作する中で体験知として身につけておかなければなりません。素材や技法に関する支援者の幅広い体験知が，様々な素材や技法とテーマの提供，そして安心して創作者を見守る共感的で受容的な姿勢につながり，創作過程を見守ることができるのです。このような支援者側の支える力を養うには支援者自身が様々な素材体験や創作体験を継続し，自身の創作を実践し，体験を深めていくことが必要不可欠なのです。

安心してものづくりに取り組める場の提供のために必要なこと

　図1を見てください。これは，創作者が安心してものづくりを行い，アート活動がアートアズセラピーの場になっていくのかを考えるために作成した図です。この図をもとに，お話ししましょう。

　まず先に述べた，支援者側の姿勢（図1-①）がこの場の全体を包む大きな器のよ

うな入れ物です。支援者の姿勢は物質としてはみえませんが，場を支える大きな雰囲気として機能を果たします。創作者は常に支援者の雰囲気を体感しているのです。

　そのような中で，「ものづくりをやってみない？」や「絵を描いてみるかな？」と児童生徒に声をかけたら，たとえば，相手は美術教育のようなものを思い浮かべるかもしれません。そうすると「うまく作らなければいけないんじゃないか？」「どのようにつくったらいいのか？　正解はないのか？」などの気持ちがわきます。そして，「私，美術苦手〜！」「絵を描くのが下手だし〜」というような返答が返ってくるかもしれません。

　また，さきほど述べた心理を査定されるかもという心配があるかもしれません。心理の先生がやることだから，絵から自分の心を解釈されると思って「自分の絵から内面がわかってしまうのではないか？」等の不安が出てきます。さらには，「絵を描いたら私のこと，この先生が言い当ててくれるかも！」といった期待を抱くかもしれません（図1-②）。特にカウンセリングの場に来ているのですから，そのように感じるのは当然です。ましてや，支援者の方もこの子の内面がわかるかもしれない，言葉では言わなくてもこの子の困っていることとか弱点が表現されるかもしれない，問題点が明らかになるかもしれないと思ってしまったり，相手の心の状態を言い当てないといけないと思ってしまうと，そこはもう安心してものづくりができる場ではなくなってしまうでしょう（このような支援者の姿勢は，最初の（図1-①）に影響を与えます）。

　このような創作者の当然の反応に対して，この場はものづくりを安心して行っていい場所であることを児童生徒に感じてもらわないとアートアズセラピーの場所にはなりません。そのためにはじめは，「こんなことするよ」と簡単な創作技法を提供したり，一緒に素材に触れることを楽しんだり，テーマや行事に関するものづくり体験をしたりすることも必要になるかもしれません。そのうちに（図1-③），自然とその子自身の緊張感が緩み，創作に没頭できるようになるでしょう。そのような場を体験することで，創作者が徐々に与えられたテーマにこだわらなくなったり，素材や技法的な提供があったとしてもより個人的な深い表現を創造していくようになる可能性があるのです（図1-④）。このような場による創作への没頭が何をもたらすのかは，支援者自身が創作によって没頭した体験がないとわからないでしょう。このような創作過程をたどれば，創作者が自分の気持ちを体験的に理解できたり，自分では今まで気づかなかった視点を発見したりする可能性があります。これらの

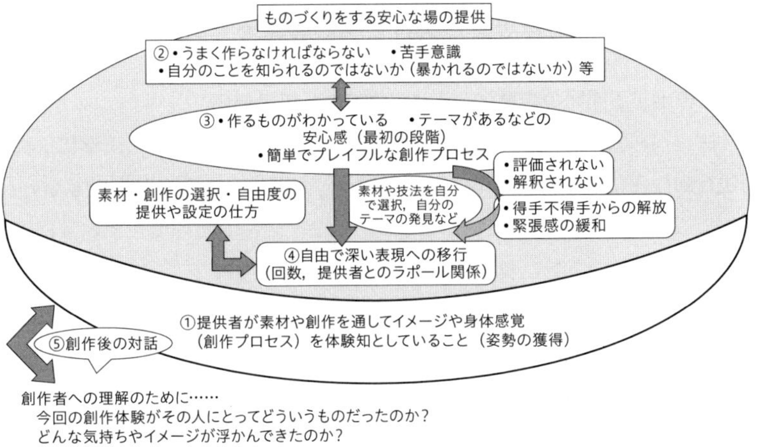
ものづくりをする安心な場の提供
②・うまく作らなければならない　・苦手意識
・自分のことを知られるのではないか（暴かれるのではないか）等
③・作るものがわかっている　・テーマがあるなどの
安心感（最初の段階）
・簡単でプレイフルな創作プロセス
・評価されない
・解釈されない
素材・創作の選択・自由度の
提供や設定の仕方
素材や技法を自分
で選択，自分の
テーマの発見など
・得手不得手からの解放
・緊張感の緩和
④自由で深い表現への移行
（回数，提供者とのラポール関係）
①提供者が素材や創作を通してイメージや身体感覚
（創作プロセス）を体験知としていること（姿勢の獲得）
⑤創作後の対話
創作者への理解のために……
今回の創作体験がその人にとってどういうものだったのか？
どんな気持ちやイメージが浮かんできたのか？

図１　ものづくりをするための安心な場づくり

体験が先に述べたように，自分の内的な対話を促し，自分のこころを見つめ，成長を促すきっかけになります。創作後の対話（図１-⑤）としてそのような体験が言語化されるときもありますが，年齢が低いほどものづくりそのものがこころに直接作用するので，無理に言葉にする必要はありません。

これまで述べてきたように，アートアズセラピーは，その人のこころの成長や健康に寄与する目的性が強く，心理的な問題を抱えていなくても自分自身を深く理解し，身体感覚を通したこころのつながりをもたらし，自然な気づきを与えてくれるものと私は考えています。私が大人の方に対して行う１日体験ワークショップに参加した方々からは，よく「無心になれた」「子どものような遊び心がもどってきた」「つくっている間にいろんな気持ちを感じることができた」などの声が聞かれ，創作の間に様々な記憶や情緒的な体験と結びついていることがわかります。身体感覚の伴う記憶や情緒的な体験は，自分のこころとからだのつながりをもたらしてくれます。不登校になった児童生徒が自分の気持ちを言葉にするには，こころとからだのつながりが必要です。不登校になった児童生徒は，自分の気持ちや状態を言葉として表現することが苦手だったりむずかしいことがよくあります。そのため，言葉による表現以前に，言葉の土台となるこころとからだをつなげてくれるものづくりは，不登校になった子どもたちのこころの支援に欠かすことができないものと思っています。実際，どのようなものづくりを行っているのかは，拙著（栗本，2018）を参考にしていただければ幸いです。

（栗本美百合）

コラム 4-3　不登校支援における多職種連携

子どもが表出する問題の複雑化とチーム学校としての対応

　「子供たちの問題と環境の問題は複雑に絡み合っていることから，単に子供たちの問題行動のみに着目して対応するだけでは，問題はなかなか解決できない」（文部科学省，2015）と指摘されているとおり，社会や経済などの変化とともに，子どもが表出する問題の背景は複雑になっています。

　不登校についても，これらの解決のためにチームとして学校が問題に取り掛かること，教員と専門家，専門家同士での連携は今や欠かせないものとなっています。専門家として，スクールカウンセラー（SC）やスクールソーシャルワーカー（SSW）が代表的に挙げられていますが，複数の事例の核となる出来事を組み合わせた短い事例から，実際の連携の取り組みを紹介します。

多職種連携の一例

　中学1年生女子生徒の智尋さんが，1学期の半ばくらいに学校を連続して1週間欠席しました。年度当初からクラスの中でも元気のない様子で，担任の先生から声をかけられても，「特に困ってないです」とかかわってほしくない様子を見せていました。ただ，連続して休むことはこれまでになく，欠席時に担任の先生が家庭へ連絡した際には，母親から「体調不良」としか理由の説明がありませんでした。普段の元気のない様子に加えて今回の休み方が気になったとのことで，担任の先生からSCの私は相談を受けました。そこで，連続して欠席した背景を一緒に考えていくと，保健室に来室した際，家庭での母親との衝突がしんどく，やる気が出ないことを智尋さんは養護教諭に語っていたことがわかりました。また，家庭連絡した際に，母親もしんどそうな様子を見せていたこともわかりました。

　母親をサポートする目的で，担任の先生から母親にSCを紹介してもらい，母親とのカウンセリングが始まりました。その中で母親は，娘が家の中で暴れまわって大変であることを語り，どうかかわればよいか途方に暮れている様子でした。SCから担任の先生へのフィードバックとして，しんどさの程度から継続的なカウンセリングが必要だと思われること，カウンセリングに加えてサポートする体制があった方がよい印象であることを伝えました。そこで，SSWへ相談を持ち掛け，担任の先生，SSW，SCの三者でサポート資源について考えたところ，地域の他機関を勧めることになりました。母親がカウンセリングで来校した際，SSWとも話す機

会を設けて地域の他機関を紹介し，そちらともつながっていくことになりました。

　このように動いていく中で，智尋さんは学校を時々休むものの，連続して何日も休むことはなくなりました。欠席が減ったことについて智尋さんは，「母親がパートで家に居ないときだったらゆっくりできたから家で休んでた。でも今はこうやって話をできるのが楽」と養護教諭に話しており，母親のことだけでなく，自分自身の困り事を話すことも増えていきました。

多職種連携における重要な観点：エンパワメントとコミュニケーション

　不登校になりかけていたところを多職種の連携によってうまくサポートできた取り組みを紹介しましたが，事例を振り返りながら，多職種連携において特に重要と思われる2点について言及します。

　1点目は，SCやSSWが先生や学校をエンパワメントすることです。事例で言えば，教員は教育，SCは心理，SSWは福祉の専門家ですが，学校は教育を軸にした場であり，そこで中心的に動くのは教員です。特に，制度上中学校までは子どもと比較的かかわりやすく，支援において様々な選択肢を提示できる大切な時期です。多様な不登校に対して，心理や福祉の専門性を発揮する場面は数多くありますが，その専門性によって教員や学校の対応する力を強めていくことこそが大切だと思われます。

　2点目は，教員，他の専門家の間でコミュニケーションを普段からとることです。不登校はその背景が複雑であることも多く，多職種での連携が不可欠です。しかし，枠としてチーム学校をつくっても，その制度の中で動くのは人間同士で，相手の人柄や考えを知らないと，連携はスムーズに進まないでしょう。加えて，このメンバーなら，意見を言い合うことでより良い支援を一緒に考えることができる，と共通認識をもつことも大切です。これは，エドモンドソンが「チーム内のメンバーが，対人関係上リスクのある行動をとっても，このチームなら大丈夫であると共通して認識すること」と述べる心理的安全性であり，チームが機能的に動くことを支える基盤になるといえるでしょう（Edmondson, 1999）。事例で言えば，担任の先生が専門家を信頼してくれていたからこそ，うまく連携することができました。このように，チーム学校のメンバーである教員や専門家同士が，普段からコミュニケーションをとり，お互いの仕事を信頼し，尊重し合うことが効果的な連携を生み出す基盤になると思われます。

（雲財　啓）

第5章

福祉現場からみた不登校とその支援

はじめに

　筆者は，横浜市青少年相談センターにおいて心理職として働いてきました。この機関は1963年に設立され，翌年には不登校問題に取り組み始めています。その後，時代のニーズに合わせて役割が変化していく中で，2007年に条例を改正して「ひきこもり地域支援センター」としての役割も担うことになりました。その後，不登校・ひきこもりや非行などの様々な青少年問題についての相談を受けている公的な機関になります。

　横浜市は，370万人以上の人口と170万以上の世帯を抱える政令指定都市で，2019（令和元）年度の不登校児童生徒は5,852人と報告されています（横浜市教育委員会事務局，2020）。義務教育年代の不登校支援は，基本的には学校や教育総合相談センターを中心に行われていて，青少年相談センターは高校生年代以降が支援の対象年齢となっています。ただし，電話相談に関してはこの限りではありません。また，教育総合相談センターや児童相談所などが対応しているケースで，その機関の対象年齢を過ぎても支援が引き続き必要と考えられるような場合は，しっかりと連携を取りながら引き継ぎ対応をしていきます。

1　福祉の現場で出会う不登校の特徴と背景にある現代的課題

1　福祉とは

　みなさんは，「福祉」という言葉から何を連想するでしょうか。もしかして，日本国憲法第12条の公共の福祉という用語を連想する人がいるかもしれません。あるいは，社会福祉士や精神保健福祉士，介護福祉士といった国家資格が必要な職業や，児童福祉施設や障害者福祉施設などの施設を思い浮かべるといった場合もあると思います。これらで使用されている「福祉」という言葉は，"幸福"や"幸せ"を表しています。そうすると，福祉現場というのは"人々の幸せに貢献しようとする現場"というように考えることができるでしょう。ところが，福祉現場で出会う人たちは"幸せな人"よりも"あまり幸せでない人"の方が圧倒的に多い状況です。こうした現実について，保坂（2019）は「福祉はマイナスからゼロへの方向」を支援していくスタンスである"と表現しました。つまり，福祉現場とは，幸せの程度がマイナスな状態にある人に対して支援することで，ゼロの状態，さらにプラスの状態に至ることを目指す現場といえるかもしれません。

　本節では，福祉現場で出会う不登校の特徴と背景にある現代的課題ということで，以下に「虐待」「ヤングケアラー」「ひきこもり」について概説していきたいと思います。なお，「貧困問題」については別にコラムがあるのでそちらを参照してください（コラム 5-2）。

2　虐　待

架空事例①

クライエント：晃（小学 6 年生・12歳・男子）

家族構成：父，母

問題の経緯：両親は妊娠をきっかけに結婚し，晃が生まれます。しかし，晃は
癇癪が強く夜泣きも酷かったため，母親一人で子育てをするのは大変だった

そうです。また，小学校に上がる頃には父が家に帰らない日が増えていきました。たまに帰宅した際に，晃が言うことを聞かない様子を見ると，晃だけでなく母にも激しく殴る蹴るなどの暴行を加えていたことが報告されています。そのうちに両親は離婚し，母親が働きに出るようになりますが，この頃から晃の洋服の汚れや匂いが目立つようになりました。もともと，落ち着きがなくて乱暴な行為が目立つために学校で孤立気味だったのですが，こうした理由も加わったことでクラスメートから拒否されるようになり，欠席が増えてそのまま不登校となります。以前から晃の様子を気にしていた教師が，スクールソーシャルワーカー（SSW）と一緒に家庭訪問を実施したところ，本人の部屋はゴミ屋敷状態で，洗濯された形跡のない洋服が散乱しているような状態でした。それだけでなく，母親も週に半分ほどしか帰宅しないことが発覚し，現状では適切な養育を受けていないとの判断で児童相談所への通告となりました。

虐待とは，①身体的に直接的な暴力をふるう「身体的虐待」，②わいせつな行為をしたりさせたりする「性的虐待」，③養育を放棄する「ネグレクト」，④暴言や拒絶，心理的な苦痛を与える「心理的虐待」といった行為を指します。対象は様々で，児童に対して虐待が行われれば「児童虐待」，障害者に対して行われれば「障害者虐待」，高齢者に対して行われれば「高齢者虐待」といった呼び方になります。本書のテーマである「不登校」という観点から考えれば，主に児童虐待が関連する概念となるでしょう。以下に，児童虐待に限って基本的な事項を確認していきます。ちなみに，虐待を意味する英語として abuse が使用されてきましたが，これには「濫用」（たとえば，alcohol abuse アルコール濫用）といった意もあり，より広い意味を含む maltreatment（マルトリートメント）を用いることも増えてきています。

児童虐待については，2000年に公布・施行された「児童虐待の防止等に関する法律」（児童虐待防止法）に前述の四つの虐待が定義されているほか，「児童に対する虐待の禁止」「国及び地方公共団体の責務等」「立入調査等」など，重要な内容が多く定められています。特に，第6条「児童虐待に係る通告」では，

「児童虐待を受けたと思われる児童」を発見した者は福祉事務所や児童相談所などの関連機関に通告することが義務づけられています。また，第5条「児童虐待の早期発見等」で，教職員や医療関係者とともに児童福祉の関係者も早期発見しやすい立場にあることが明記されており，こうした現場で働く者は常に虐待に関する意識をもつことが求められています。なお，通報は匿名で行うことができ，誤報であっても罰則が科されることはありません。電話番号は，覚えやすいよう共通で「189」（いちはやく）となっています。残念ながら虐待相談の件数は増加し続けており（2020（令和2）年度速報値：205,029件），児童相談所など関係機関の職員は多忙を極める中でそれぞれの対応にあたっているのが現状となっています。

　虐待と不登校の関連では，亀岡ら（1993）が入院に至った被虐待児に対する調査を行った結果，対象の60％に不登校がみられたことを報告しており，「被虐待児の精神医学的問題として無視できない」と述べています。また，実態調査を通してネグレクト状態にある小学生の約29％，中学生の約53％が不登校であり（安部，2011），同様に，児童相談所が受理した虐待相談ケースでは約35％の当該児童が不登校であったことなども明らかにされてきました（松本，2013）。こうした知見をかんがみると，虐待と不登校はかなり密接に結びついているといえるでしょう。実際に，政府も学校の長期欠席を虐待のリスク要因として捉え，緊急点検と二回のフォローアップを実施しています。その結果，対象の約7.3％の児童に虐待の可能性があることを否定できなかったと報告されました（内閣府・文部科学省・厚生労働省，2019a，2019b，2019c）。これらの結果は，保坂（2000）の「脱落型不登校」についての指摘を裏付けるともいえるでしょう。保坂（2000）は，それまで同じように扱われてきた不登校のタイプを，何らかの心理的な要因によって登校できないことが特徴である「神経症型不登校」と，無気力や非行といった怠学傾向を含んだ，学校文化からドロップアウトすることで不登校となっている「脱落型不登校」に分類しました。そして，後者の中にはそもそも基盤となる家庭の養育能力が欠如しているケースが相当数存在しており，「虐待と水面下でつながっている危険性」を指摘しています（保坂，2000，2019）。

虐待が背景にあるような不登校のケースでは，一人で対応しようとせず，多様な連携をとることが必要です。これは，所属している組織内での連携だけでなく，他機関との連携も欠かすことができないという意味です。多くの場面で述べられていることですが，こうした問題は虐待と不登校の解決を同時に満たしていくことが求められます。そのため，教員やスクールカウンセラー（SC），SSW など学校内だけでなく，児童相談所などの公的機関，あるいは病院や弁護士といった様々な職種や機関によるネットワークを構築し，チームとしてアプローチし続けていくことが重要になっていきます。筆者が学んできた臨床心理学では，そうした多職種・多機関連携を意味する「ネットワーキング」などのコミュニティアプローチの実践が求められるようになっています（高岡，2019）。特に，虐待ケースにおける児童相談所の働きについてはコラム 5-1 にまとめられているので，そちらを参照して理解しておいてください。

3　ヤングケアラー

架空事例②

クライエント：悠（中学 3 年生・15歳・女子）

家族構成：母，姉

問題の経緯：悠が幼い頃は，両親と姉の四人家族でした。姉は自閉スペクトラム症の症状が重く，両親が姉の世話にかかりっきりになることが多かったそうです。そのため，悠も物心ついた頃から自分のことを自分でするだけでなく，姉の世話や簡単な家事なども手伝っていました。そうした状況から，学年が上がっていくにつれて少しずつ学校を休みがちになります。さらに，中学 2 年生のときに父が交通事故で亡くなると，長く不登校状態となりました。学校の先生は，当初は事故の後ということでしばらく見守る態勢でいました。しかし，半年を過ぎ進級しても不登校状態が継続されているということで，訪問や電話での聞き取りを行ったところ，次のようなことがわかります。父の死に対して悠も酷くショックを受けましたが，それ以上に母のショックは大きく，体調を崩して横になる日が多くなっていたそうです。そのため，母と姉の世話に加えて，掃除・洗濯などの家事も悠が担っていました。このよ

うな状況で時間に追われ，日々の疲労もあって，学校へ行けなくなっていたとのことでした。しかし，本人はこの状況に困っておらず，むしろ自分が家族を支えているという役割を大事に思っているようです。

　時として，「家族の障害」が不登校の理由としてあがることがあります。それは，障害をもつ家族の直接的なケアや見守りをしたり，そうした役割を担っている大人の代わりに炊事や洗濯などの家事を担ったり，家計の一部を支えていたりする場合です。こうした子どもたちは，「家族にケアを要する人がいる場合に，大人が担うようなケア責任を引き受け，家事や家族の世話，介護，感情面でのサポートを行っている18歳未満の子ども達」（澁谷，2018）として，「ヤングケアラー」と呼ばれています。ヤングケアラーは，前述した虐待やコラム 5-2 にある貧困の問題とも関連してくることがわかっているだけでなく，不登校との間にもある程度の関連があることも指摘されています（澁谷，2018）。
　ヤングケアラーの問題に先鞭をつけたのはイギリスですが，近年の日本国内でも注目を集めるようになってきました。たとえば，北山・石倉（2015）は「家事全般」や「介助が必要な家族の身辺介助」などの家庭内役割を担っている生徒の人数について，中学校のクラス担任に対する調査を行った結果から，ヤングケアラーと思われる生徒の存在率を1.2％と推察しています。一方で，澁谷（2014）は医療ソーシャルワーカーを対象としたアンケートを実施したところ，回答者の約35％に，これまで子どもが家族のケアをしているのではないかと感じた事例があったことがわかりました。この二つの調査を見比べると，ケアの内容として「家事」や「きょうだいの世話」が多くみられること，子どもがケアすることになった理由として「親の病気や入院，障害，精神疾患」や「母子・父子家庭（ひとり親家庭）」などがあがりやすいこともわかります（北山・石倉，2015；澁谷，2014）。こうした傾向を考えていくと，"病気やひとり親などの家族状態によって，家事やきょうだいの世話などの担い手が少ない"ことは，ヤングケアラー出現のハイリスクな家庭として気をつけていく必要があるといえるでしょう。
　この問題の難しいところは，架空事例の悠のように，当事者がヤングケア

ラーの立場にあることを問題と思っていない場合があるという点です。しかし，安部（2019）はヤングケアラーの課題の中心は「本来持っている権利が侵害され，子どもとしての安心や幸せ，心身の健康な成長が脅かされていること」であり，「子どもへの権利侵害」という視点が必要なことを強調しています。澁谷（2018）も，「ヤングケアラーは「ケアラー」である前にまずは「子ども」であり，その負担はあくまでもその年代の子どもとの比較で考えていかなければならない」と述べており，解決していかなければならない課題であることは間違いありません。また，70％以上のヤングケアラーが当時の生活は大変であり不安を感じていたことが明らかにされているように（藤山ほか，2021），自分の状態を問題と思っていなくても全く困っていないわけではない点は重要です。そのため，雑談などの中から大変さや不安などに関する小さなサインを見つけて，丁寧に対応していくことが求められると考えられます。ただし，同調査において“そうした問題に周囲が気づけるサイン”については40～55％が「サインは出していなかったと思う」と答えていることから，注意深く言動を観察していかなければならないでしょう。では，具体的にどのような視点をもっておく必要があるかというと，「勉強に集中できていない」「遅刻や欠席が多い」といった“日常生活の乱れ”や，「親が授業参観や保護者面談に来ない」といった“保護者の学校行事への消極的態度”などは，ヤングケアラー自身が考える周囲へのサインとしてあげられています（藤山ほか，2021）。あるいは，ケアの内容を測定する MACA-YC18，ケアを担うことで受けている影響を測定する PANOC-YC20，ケアに関する好き嫌いや困っていることを記述するシート（すべて Joseph et al., 2012；澁谷，2018）などのアセスメントシートの活用も有効と考えられます。

　こうしたヤングケアラー支援の方向性として，澁谷（2018）は（1）ヤングケアラーがケアについて安心して話せる相手と場所を作ること，（2）家庭でヤングケアラーの担うケアの作業や責任を減らしていくこと，（3）ヤングケアラーについての社会の意識を高めていくこと，の三点にまとめています。また，こうした問題の発見には学校の役割が大きいだけでなく，他の機関でもヤングケアラーの理解が進まないと支援につながらない可能性があるということ

も指摘されています（安部，2019）。最新の全国規模で行われた調査では，要保護児童対策地域協議会の9割以上，中学校・高校の6割近くが「ヤングケアラー」という概念を知っていることが報告されており（三菱UFJリサーチ＆コンサルティング，2021），近年，急速に認知が進んでいるといえるようです。こうした認知の広がりは，子どもたちの中からヤングケアラーを見つけることに役立つといえるでしょうか。澁谷（2018）は，新潟県魚沼市と神奈川県藤沢市での教職員に対する調査を比較し，ヤングケアラーの可能性のある生徒の認識率が魚沼市の回答者では約25％だったのに対し，藤沢市では約49％と倍近い数値になっている理由の一つとして「藤沢市内の学校関係者の間でヤングケアに関する情報がある程度共有されていたこと」をあげています。一方で，実態把握や具体的な対策といった面はなかなか進んでおらず，当事者となり得る学生の8割以上が「ヤングケアラー」という言葉自体を知らないなど，多くの課題が明らかにされてきています（三菱UFJリサーチ＆コンサルティング，2021）。こうした現状を改善するため，国も「ヤングケアラーの支援に向けた福祉・介護・医療・教育の連携プロジェクトチーム」を立ち上げ，今後に取り組むべき施策として（1）早期発見・把握，（2）支援策の推進，（3）社会的認知度の向上の三点をあげました（厚生労働省，2021）。また，こうした啓発・情報提供を行う団体として2010年に発足した日本ケアラー連盟は，ケアラーのおかれている実情などの調査研究や政策立案・提言活動，ケアラーの支援などに取り組んでいます。

4　ひきこもり

架空事例③

クライエント：真治（高校2年生・17歳・男子）

家族構成：父，母，弟

問題の経緯：小さな頃から目立つことを嫌う大人しい性格でしたが，小学校では少数の趣味の合う友人と遊ぶなどして楽しそうに過ごしていました。ところが，中学校に入ってからしばらく経った頃，そうした友人の一人と喧嘩したことをきっかけにして孤立するようになり，すぐに不登校状態となってし

表 5-1 「ひきこもったきっかけ」として
不登校を挙げた人の割合

回答者の年齢	ひきこもり状態の時期	
	現　在	過　去
15〜39歳	18.4%	19.0%
40〜64歳	8.5%	2.2%

出典：内閣府（2016，2019）より作成

まいます。学年が上がってクラス替えがあったことで登校を再開しますが，数日すると通えなくなり，再び不登校状態となります。この頃になると，自分の部屋に閉じこもりがちになり，たまにリビングに出てきた際は家具を壊したり母親に暴言を吐いたりするなどの家庭内暴力があったそうです。母は，当初は不登校に焦ってきつい口調で叱ることも多くありましたが，SC と相談をしながらかかわり方を工夫していくと，少しずつ家庭内暴力は収まりました。しかし，登校を再開するまでには至らず，中学卒業後は通信制高校に進学しますが，スクーリングに通えないまま昼夜逆転の生活を送っているそうです。

　ひきこもりとは，「様々な要因の結果として社会的参加（義務教育を含む就学，非常勤職を含む就労，家庭外での交遊など）を回避し，原則的には 6 ヵ月以上にわたって概ね家庭にとどまり続けている状態（他者と交わらない形での外出をしていてもよい）を指す現象概念である」と定義されます（齊藤，2010）。内閣府による全国的な調査では，ひきこもり状態にある15〜39歳は54.1万人，40〜64歳では61.3万人と推計されています（内閣府，2016，2019）。調査年度が違うため数値を単純に足すことはできませんが，概ね100万人を超える人がひきこもり状態にあることは間違いないと考えられるでしょう。

　不登校との関連では，時折，不登校がひきこもり状態になる重大な要因のように捉えられることがあります。しかし，実際はどうなのでしょうか。内閣府の二回の調査（2016，2019）では，"ひきこもったきっかけ"として「不登校」をあげた人の割合は2.2〜19.0％となっています（表 5-1）。また，齊藤（2016）は，病院内学級中学校を卒業した不登校児童の10年後の社会適応状況の追跡調

査で，82％の人が就業・就学あるいは専業主婦の状況にあり，73％の人が1年間にわたり「社会参加が持続」あるいは「大半は社会参加」していることを報告しました。こうした結果を踏まえ，『ひきこもりの評価・支援に関するガイドライン』（以下，ガイドライン）では不登校のうちに「ひきこもりと関連性が強い一群が確実にある」という想定をしています（齊藤，2010）。ただし，不登校であった人がひきこもり状態へ確実に移行するのではなく，"一部の人にはそうしたリスクが存在する"と考える方が適切だという点はおさえておく必要があります。

　ひきこもり支援においても，他と同じように家族支援と当事者支援の二つに分かれますが，前者は特に重要な役割をもっているといえるかもしれません。それは，ひきこもり当事者が当初から相談の場に積極的に現れることは珍しく，支援の入り口の多くは家族による相談になるからです。そのため，久保・加藤（2019）は家族支援において"第一に心がけたいこと"として「家族に敬意と労いを示す」をあげ，家族が支援とつながり続けていくために信頼関係（ラポール）の構築が何よりも重要になることを指摘しました。また，船越（2017）は家族面接の初回では当事者だけでなく世帯全体のアセスメントを行い，家族に生活困窮の支援ニーズがあるときには「家族を支援対象とした自立相談支援を開始することになる」と述べています。このほかには，家庭内暴力や当事者とのコミュニケーションの様子なども必要なアセスメント対象となるといえるでしょう。さらに，こうした家族支援においては「家族に対するコミュニティ強化と家族訓練（Community Reinforcement And Family Training：CRAFT）」の有効性についての知見が蓄積されてきていて，CRAFT の実施により当事者のひきこもり状態の改善や相談機関の利用の増加などがみられたことが報告されています（平生ほか，2018；境ほか，2015）。

　当事者支援においては，基本的には丁寧に話を聞いて，困り事への対処を一緒に考えていくといった個人支援が中心になります。やはり初回には来所してくれたことを労うことが重要で，こちらの希望を優先して無理に話題を進めようとすることは避けなくてはいけません。また，当事者の中にはそもそも支援機関への来所が困難な人もいるため，支援者は「訪問支援（アウトリーチ型支

援）」を行うことも求められていきます。その際は，家族の協力を得て情報収集を行い，事前に当事者の了解を得るなどの準備を欠かすことはできません（齊藤，2010）。確かに，訪問支援の大きな目的の一つは当事者に会って支援を届けることですが，なかなか会ってくれないからといって，事前の予告なく訪問したり勝手に部屋のドアを開けたりして無理に会おうとするようなことを行うべきではないでしょう。場合によっては，リビングなどで保護者と少し話をしてそのまま帰るというパターンも大いにあり得ることです。家や部屋は当事者の最後の守られるべき空間であり，訪問支援ではそこに立ち入っているのだということを，支援者は意識している必要があるといえます。そのため，まず大事なことは当事者に支援者の存在を認識してもらい，攻撃するために訪問しているのではないと理解してもらうことです。そのうえで，もし興味をもってもらえたら万々歳といえるかもしれません。

　また，当事者が所属感を得られたり他の当事者（ピア）と出会えたりするような「居場所」の存在は，支援における重要な資源となります。ただし，そのような集団の場に入っていくこと自体に拒否感や不安感をもつ当事者は非常に多いです。そうした場合に有効な支援策としては，対人関係を円滑にするスキルを学ぶ「ソーシャルスキルトレーニング（Social Skill Training：SST）」があげられます。服部ら（2012）は児童福祉施設に入所あるいは通所している不登校やひきこもりの当事者に対して，齊藤ら（2018）は集団に参加できないひきこもり当事者に対して集団 SST を実施し，参加者のソーシャルスキルの上昇や対人不安の低下を報告しており，SSTというグループアプローチが青年期の当事者支援において有効であることが示唆されています。

　ここで確認してきたもの以外にも，たとえば医療的なケアや就労支援など当事者の状況に応じた様々な支援が考えられます。そのため，福祉機関だけでなく教育機関や保健医療機関，NPO や地域住民といった多機関多職種の連携が必要となってきます。前述してきたような直接的な支援や支援ネットワークを構築するため，2021年4月1日時点で全国79ヶ所に設置されているひきこもり地域支援センターが活動しています。支援者は，自身が活動している地方公共団体ではどのようになっているのかを把握しておきましょう。

2　福祉現場での支援における大切な視点と具体的な取り組み

　ここでは，福祉現場で支援をしている際に必要とされる「大切な視点」と具体的な取り組みを振り返っていきたいと思います。なお，あくまで福祉現場で大切な視点であって，特有のものではないものも含まれています。

<u>1</u>　視点①：連携

　本章では，ここまで支援対象として児童青年期とその家族を中心に扱ってきました。しかし，最初の方で述べたように"あまり幸せでない人"への支援を考えると，児童青年期以外でも乳幼児や高齢者などを含めた幅広い年代が福祉の対象となります。また，ここまで取り上げてきた以外でも，心身の障害や子育てなどのように多くの状況が支援対象として想定される領域のため，すべての年代，すべての状況に精通している支援者になるというのはほとんど不可能に近いといえるでしょう。そう考えると，他職種や他機関をうまく活用することは福祉現場で求められる大切な支援スキルであることがわかります。また，そうした連携を通して当事者についての包括的なアセスメントが得られ，効果的な支援につながるといった利点も出てきます。これらの理由から，福祉現場では連携（ネットワーキング）という視点を欠かすことはできません。

　横浜市青少年相談センターでは，福祉学や心理学などを学問的背景とした専門職が同じ立場で支援に当たり，学生ボランティアや非専門職の人たちとも日常的に協力しています。さらに，業務の合間や定期的なカンファレンスを通じてそれぞれの立場からの意見を交換したり，嘱託医から医学的なアドバイスを受けたりする機会も確保されています。単に風通しの良いコミュニケーションを心掛けるだけでなく，ケースについての経過の報告や方針の検討をするカンファレンスの機会が多く設けられていることで，日常的に連携のための土壌を準備しています。また，不登校・ひきこもりなどの若者支援のための機関連携として，青少年相談センター，就労に向けた支援を主要とする「若者サポートステーション」，居場所など地域における支援を主要とする「地域ユースプラ

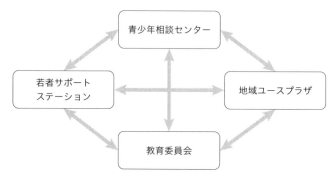

図5-1　包括的な機関連携を目指した仕組み

ザ」の三機関が，家族や当事者の状態に合わせて連携しながら支援を行っていくシステムをつくっています。その一環として，機関同士のコミュニケーションや相互理解を促進するための定期的な合同研修と連絡会が開催されていて，2020年度からは「教育委員会」も加わって SSW の働きなどについて情報共有をするようになりました（図5-1）。こうした変化によって，より切れ目のない連続した支援が行えるようになることを目指しています。これは一例ですが，福祉の現場では，地域の資源を確認し把握しておくことは大切になります。

2　視点②：アセスメント

　効果的な支援のために，適切なアセスメントが欠かせないのは言うまでもありません。特に，一つのケースを複数の視点からアセスメントしていくことは，不登校やひきこもりのような複合的な要因によって発生している問題のメカニズムを理解しやすくします。よく用いられる枠組みとして「生物－心理－社会（bio-psycho-social）モデル」が挙げられますが（図5-2），それぞれの要因について，問題が発生する／維持されるメカニズムとどのように関連するかを意識することで，包括的で偏りの少ないアセスメント情報が期待できます。

　また，福祉現場では特に「社会」についての情報をしっかりと掴もうとする傾向があるといえるかもしれません。不登校で言えば，当事者や家族とつながっている教員や SC，SSW の把握，教育支援センターの利用の有無はもちろんのこと，どのような社会資源や制度が利用できるか／利用しているか，障害

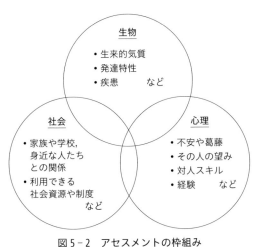

生物

- 生来的気質
- 発達特性
- 疾患　　など

社会

- 家族や学校，
  身近な人たち
  との関係
- 利用できる
  社会資源や制度
  　　　　など

心理

- 不安や葛藤
- その人の望み
- 対人スキル
- 経験　　など

図5-2　アセスメントの枠組み

出典：近藤（2015）を参照して加筆・修正

があれば役所の障害担当とはつながっているか，療育手帳や他の障害者手帳はもっているかなど，求める情報は多岐にわたります。筆者は働き始めた当初，福祉職といわれる人たちのこうした姿を目の当たりにして，社会資源や制度などについての知識や視点の持ち方の弱さを痛感しました。一方で，福祉職の人たちにとっては，心理学を専門として学んできた者の捉え方（たとえば，不安のメカニズムについての考え方など）は興味深かったようです。そのため，こうした異なった視点からの情報交換を通して，当事者の理解と効果的な支援の実践に近づける努力をしてきたように感じます。また，こうした包括的なアセスメントの専門家を講師に招いて研修などを実施したり，機関独自のアセスメントシートや報告書のフォーマットを作成・活用したりしてきました。

3　視点③：粘り強く寄り添う

　福祉現場での支援対象者には，なかなか支援の場に出てこない，あるいは出てこられない人の割合が小さくありません。また，当事者がやっと支援の場に現れたとしても，いきなり問題のきっかけや自身の想いなどをスムーズに話すことは難しい場合がほとんどです。これは家族との面接においても同様ですが，そういった場合に支援者は話を急かすようなことは慎むべきです。もし雑談が

できるのであれば，それに付き合っても良いでしょう。そういった時間の使い方をしながら，ゆっくりとラポールを形成していくことに時間をかけるやり方が，もっとも着実に支援が進んでいる場合も多々あるのです。

　また，当事者が機関とつながったことで主体性が失われてしまうことがあります。たとえば，両親であれば"自分たちの仕事は終わった。あとは，支援者や機関が何とかしてくれるはず"と，相談者と当事者に任せるという感覚になっているかもしれません。あるいは，当事者は"もう自分では無理だ。支援者がきっと何とかしてくれる"と，魔法のような支援を期待しているかもしれません。どちらの場合も，家族や当事者から強い信頼感を得ていることは素晴らしいのですが，"自分（たち）が問題を解決しよう"という姿勢が失われてしまうような事態は問題です。私たちは，思わず他者に任せてしまいたいほど苦しんできたことには共感しながら，それでも問題を解決していくのは家族であり当事者であるというスタンスを守っていかなくてはなりません。つまり，支援者が解決を肩代わりするといったことを避け，家族や当事者が"どのようにしたいと考えているのか"を確認しながら，そうした思いを支えるための支援を続けていく姿勢が大事になっていくのです。

3　福祉現場での不登校支援に向けて

　本章では，福祉の現場で出会う不登校の特徴と背景にある現代的課題として虐待，ヤングケアラー，ひきこもりを取り上げ，簡単に概観してきました。これらの課題とコラムで触れている貧困問題は，福祉分野に対応が期待される重要なテーマであると筆者は考えています。しかし，ここで触れてきた内容は各テーマのさわりのようなものになっています。そのため，福祉分野での活動に携わっていきたいと考えてくださっている方は，どんどん新しい情報を収集し，さらに知見を深めていってくれると嬉しく思います。

　また，福祉の現場で求められる大切な視点や取り組みとして，連携，アセスメント，粘り強く寄り添うといった三点をあげました。こうしてまとめてみると，"対人援助に求められる基本的な視点や姿勢は，どのような場面でも大き

く変わらないのではないか"と，改めて感じます。ただし，それは福祉現場では基本さえ守っていればよいということではありません。むしろ，支援の土台となる対人援助の基本にしっかりと取り組まなければ，自身のもつ専門性を発揮したり困難な事例への対応を検討したりできないでしょう。

　福祉現場では，様々な背景要因をもった不登校の児童生徒に出会います。そのため，登校を再開することが最良の解決策になるとは限りません。常に，本人や家族の「幸せ」を考えた支援を心掛けることが求められています。

（齊藤和貴）

児童相談所のしくみ

児童相談所の概要

　児童相談所では児童に関する相談を幅広く受け付けており，相談の内容によって養護相談，保健相談，障害相談，非行相談および育成相談に分類されます（児童福祉法の対象となる「児童」は満18歳に満たない者，と定義されているため，ここでの「児童」も満18歳に満たない者を指します）。養護相談とは，児童虐待相談（身体的虐待，性的虐待，心理的虐待，ネグレクト）や保護者が死亡や服役等によって児童の養育が困難となった場合の相談のことです。さいたま市北部・南部児童相談所では2019（平成31）年度の相談のうち，養護相談がもっとも多く3,612件（57.5%）でした。保健相談とは，未熟児や虚弱児，小児喘息，その他の疾患（精神疾患を含む）等を有する子どもに関する相談です。障害相談とは，重症心身障害，知的障害，発達障害等に関する相談のことです。児童相談所では療育手帳に関する業務を行っており，療育手帳の相談は障害相談の知的障害相談にあたります。非行相談とは，乱暴や性的逸脱等のぐ犯行為がある子ども，警察署からぐ犯少年として通告のあった子どもに関する相談のぐ犯行為等相談，触法行為があったとして警察署から通告のあった子ども，犯罪少年に関して家庭裁判所から送致のあった子どもに関する相談の触法行為等相談のことです。最後に，育成相談とは性格行動相談（落ち着きがない，緘黙，家庭内暴力等），不登校相談，育児・しつけ相談等のことです。これらの相談は児童本人や保護者からの相談だけでなく，学校や保健センター，区役所（市役所）など各関係機関からの相談（情報提供含む）も受け付けています。相談の実際については下記で詳細を述べていますが，上記の相談すべてを児童相談所だけで解決するわけではありません。特に不登校相談については学校との連携が必要不可欠となります。

児童福祉司と児童心理司

　上記のような相談に対応するために児童相談所では様々な専門的知識をもった職員が働いています。児童福祉司，児童心理司，児童精神科医師，保健師，警察官（さいたま市北部・南部児童相談所の場合は埼玉県警察より出向）などです。ここでは児童福祉司と児童心理司について簡単に説明します。

　児童福祉司は児童や保護者等からの相談に応じ，支援・指導を行い，学校をはじめとする各関係機関との連携などを行います。具体的には，児童や保護者等との面

接，家庭訪問，学校や保育園など児童の所属先への訪問，児童を措置している児童養護施設，乳児院や里親宅への訪問，必要に応じて通所先への同行などがあります。そのほか，支援者向けの研修の開催や里親登録に関する業務なども行っています。

　児童心理司は児童福祉司とともに児童や保護者等からの相談に応じ，心理検査や行動観察を実施し心理診断を行います。具体的な業務は児童福祉司と同じく，児童や保護者等との面接，家庭や所属先への訪問などです。また，上記で述べた療育手帳に関する業務も主に児童心理司が行っています。

　相談援助活動の流れとしては，家族や学校，知人・隣人などから相談・通告を受け付けたあと受理会議にかけ，その後調査を行います。そしてその内容によって社会診断や心理診断などを行い，判定・援助方針会議にて方針を決定し，援助を開始します。援助の内容は助言指導，児童福祉司指導などの在宅措置と児童福祉施設入所措置や里親措置などがあります。

表1　2019（平成31）年度新規相談受付件数

		件　数	割　合
養護相談	児童虐待	3267	52.0%
	その他	345	5.5%
保健相談		3	0.0%
障害相談	肢体不自由	11	0.2%
	視聴覚障害	1	0.0%
	言語発達障害等	2	0.0%
	重度心身障害	27	0.4%
	知的障害	1104	17.6%
	発達障害	14	0.2%
非行相談	ぐ犯行為等	90	1.4%
	触法行為等	35	0.6%
育成相談	性格行動	435	6.9%
	不登校	71	1.1%
	適　性	2	0.0%
	しつけ	68	1.1%
その他		803	12.8%
計		6278	―

出典：さいたま市北部・南部児童相談所（2020）を参考に作成

不登校相談

　さいたま市児童相談所では2019（平成31）年度に6,278件の新規相談を受理しており，そのうち不登校相談は71件（表1参照）でした。家族からの相談がもっとも多く47件（66.1%），次いで学校からの相談（情報提供を含む）が20件（28.2%）でした。71件の相談への対応は助言指導が68件，他機関あっせんが3件でした。このように不登校のみを主訴とする相談は電話相談や数回の来所相談で終わることや，不登校に関してより専門性の高い相談機関を紹介することが多いです。主な紹介先としては教育相談室・教育支援センター（適応指導教室）があります。さいたま市内には6ヵ所の教育相談室・教育支援センターがあるため，保護者や児童自身のニー

ズを踏まえたうえで紹介を行っています。

　上記のように数字としての不登校相談は少ないようにみえますが，児童虐待相談や性格行動相談など他の主訴の相談においても不登校について話を聞いているケースもあります。相談の実際については下記に詳細を記しますが，たとえば不登校以外にも児童の発達について悩んでいる，家庭内暴力があるなど複数の問題を抱えている場合は性格行動相談として受理を行い，継続相談につながっていくということが多くあります。そのため，実際は上記の数字以上に不登校の児童への対応を行っています。

相談の実際について

　電話相談の際には，現在の状況（登校状況や生活リズム等）や保護者がどのようなことで困っているのか，本人の困り感の有無などの聞き取りから始めます。相談者は「子どもが学校に行かなくて」と話し始めることもあれば，「スマホゲームに熱中して昼夜逆転している」と生活リズムについて話し始め，聞き取りの中で学校にもあまり行けていないとわかることもあります。保護者の中には「学校にも行かないし，親の言うことも聞かないし，預かってもらえませんか？」と切羽詰まったように話される方もいます。その際，相談を受ける側は「すぐに預かってほしい」というメッセージに動揺することなく，緊急度を確認しつつ事情を聞き，まずは来所相談につなげることが必要となります。来所相談につながった場合も，1回の面接ですべてを解決できることは多くありません。電話相談からの変化や学校とのやりとりの状況などを確認し，相談者との信頼関係をつくりながら面接を進めていきます。電話や面接では困っていることを聞いていきますが，大変な中でもできていることやうまくいっていることを聞いていくことも大切です。たとえば，学校に行けず家でも勉強せずにゲームばかりしているが家の手伝いはしてくれる，親子関係は悪いがきょうだい間の仲は良いなどです。それがその家族の強みとなります。その強みを活かして支援を考えていくことも大切です。

"相談のゴール"と多職種連携

　不登校のほかにも児童の発達，家庭内暴力，金銭の持ち出しなど多くの困りごとを抱えている場合は一つひとつ丁寧に，情報の交通整理をするイメージで聞き取りを行います。そして保護者がどのような状況になったら児童相談所に相談しなくても大丈夫と思えるか？という"相談のゴール"も聞きます。不登校の場合，登校できればいいのか，登校できなくても生活リズムが整い，学校以外の場所で本人が安

心して活動ができればいいのかなど保護者によって考えや思いは様々です。また児童自身はどうしたいと思っているのかを確認することも大切です。

　不登校相談や性格行動相談では親子関係が悪化していることも多くみられます。そのため上記で述べた"ゴール"が保護者と児童では異なっている場合もあります。双方の意見を聞きつつ，親子関係の改善をはかることも必要になってきます。もちろん親子関係が良好なケースもありますが，面接をしていると「子どもにどう声掛けをしたらいいのかわからない」と口にされる保護者も多くいます。このような場合は，児童心理司が子どもの心理診断を行い，子どもの発達段階や特性に応じた対応の仕方を保護者と相談していきます。また，必要に応じて児童への声掛けの仕方やかかわり方を学ぶプログラムを実施することもあります。

　上記のように様々な話をしていく中で，児童相談所でできること，できないこともお伝えします。児童相談所でできないことでも学校の先生やスクールカウンセラー，スクールソーシャルワーカーやさわやか相談員，さらに教育相談室の相談員や教育支援センターの指導員であればできることがあるかもしれません。そのため，児童相談所のみが解決に向けて支援するのではなく，学校をはじめとする各機関の関係者と連携をとりながら支援をしていきます。また児童虐待相談が主訴のケースで児童が不登校の場合は，虐待については児童相談所，不登校については学校や教育相談室が対応を担い，それぞれの専門性を持って役割分担をしながらかかわっていくこともあります。

（丸山さやか）

　2000年代以降，社会福祉にかかわる社会問題の一つとして「貧困」が取り上げられる機会が増えてきました。特に「子どもの貧困」に対しては，国の政策だけでなく民間レベルでの取り組みも多く行われるようになっています。そうした背景を踏まえても，はじめてこの問題に取り組むために“貧困とは何か？”を考えようとすると，所属する文化や個人のもつ価値観などによって答えにバラつきが出てくるようです。そこで本コラムでは，貧困を捉える枠組みと支援者として最低限知っておくべき支援について再確認していきたいと思います。

貧困を捉える

　貧困を考える際には，「絶対的貧困」と「相対的貧困」という概念が用いられてきました。前者は，生きるための食事にも困るというような最低限度の水準の維持が困難な状態を指し，後者は友人が当たり前に持っている○○を買うことができないというような所属する文化における一般的水準に満たない状態を指します。最近の国民生活基礎調査（厚生労働省，2020）では，2018年度における相対的貧困率は15.4％に上り，子どものいる世帯では12.6％，そのうち大人が一人の世帯では実に48.1％が貧困状態であることが報告されました。

　貧困状態が続くことの影響は深刻です。たとえば，低栄養状態，学力低下や無力感といった心身への様々な影響があるだけでなく，金銭的な理由によって行動上の制約が多くなることでもたらされる経験やつながりの乏しさが社会的な孤立と結びつきやすいことが指摘されています（南野，2020；西牧，2019）。学力の面でいえば，システマティック・レビューを通して世帯の収入が子どもの学力と正の関係にあることが報告されてきました（Cooper & Stewart, 2013, 2017）。国内に限っても，貧困家庭の子どもはそうでない家庭の子どもよりも学力が低い，あるいは学力のばらつきが大きいということが示されています（浜野，2018；卯月・末冨，2015；山田，2014）。また，不登校との関連では「脱落型不登校」（保坂，2000）という概念が提唱されてきました。これは，何らかの心理的な要因によって不登校状態となっている神経症型不登校と異なり，怠学を含み，広く学校文化からの脱落によって不登校となっている点が特徴とされ，背景として虐待や貧困など良好でない家庭環境の影響が指摘されています（保坂，2010，2019）。なお，こうした貧困家庭における不登校の支援については「学校復帰を支える環境づくり」が必要であり，そのためには

「教育と福祉の連携をベースにしたアウトリーチ型支援」に向けてスクールソーシャルワーカーが重要視されてきています（梶原，2020）。

　こうした貧困による学力低下や不登校，退学などによってもたらされる不利な状況が，将来的な貧困と結びついてしまう「貧困の世代間連鎖」も大きな問題の一つです。もし，こうした状況が解決されずに貧困世帯の子どもの進学率と中退率が現状のまま放置された場合，たとえば"無業者の1割増加"や"40兆円超の所得の喪失"などの社会的損失が発生するといった試算が報告されているように（小林，2016），社会として取り組むべき課題であるのは明らかです。ただし，ここで留意しなければならないのは，解決していかなければならないのは子どもを"含めた"貧困であるということです。堅田（2019）が，松本伊智朗や阿部彩といった先駆的・代表的な研究者の議論を通して，子どもの貧困を入り口とすることで貧困が広く社会問題化されるという期待があることを指摘しているように，子どもの貧困対策は問題解決のための一部でもあるという意識をもっておかなければなりません。

貧困への支援

　国が行っている貧困対策の柱の一つは，生活保護です。これは，日本国憲法第25条「健康で文化的な最低限度の生活」を保障する制度であり，貧困へのセーフティネットとしての役割を有しています。ここからは，生活保護やその他の公的な貧困対策に関連する制度を簡単に確認していきましょう。

　まず，生活保護を受給している家庭に義務教育就学年齢の子どもがいる場合は，学用品費や学校給食費，通学に際する交通費などが「教育扶助」として保護費の加算対象となります。また，世の中のほとんどの中学卒業者が高校へ進学している実態を踏まえ，子どもが高校や高等専門学校，特別支援学校の高等部へ進学した場合には「生業扶助」として高等学校等就学費が計上されます。こうした様々な補助制度は，ある一定の要件（たとえば，住民税の非課税世帯）を満たしていれば生活保護世帯でなくても支援を受けられる場合が多くあるので，支援者は関連する地方公共団体がどのような制度運用をしているか確認しておくことをお勧めします。また，大学進学については残念ながら生活保護制度では保証されていませんが，本人を世帯分離して生活保護の対象から外して自立させることで進学可能にはなっています。あるいは，昼間に働きながら（稼働能力を活用しながら）夜間大学などへ就学する場合は，就学に必要な最少限度の額は収入認定から外され，余暇活動の就学とすることが認められています。ただし，実際は本人や家族への負担が大きいこともあり，

内閣府「令和２年度子供の貧困の状況と子供の貧困対策の実施の状況」によると，2020年の生活保護世帯の大学等進学率は37.3％にとどまっています。これは，浪人生も含まれますが，全世帯における大学・短大・専門学校などの高等教育機関への進学率83.5％の半分以下であり，貧困対策における課題の一つとしてあげられています（文部科学省「令和２年度学校基本調査」より）。

　近年では，2013年に成立し，翌年に施行された子どもの貧困対策を中心に据えた「子どもの貧困対策の推進に関する法律」が，2019年に改正されました。この改正法では，「子ども一人一人が夢や希望を持つことができるようにするため，子どもの貧困の解消に向けて」対策を推進することが明記され，支援の内容として「教育の支援」「生活の安定に資するための支援」「保護者に対する職業生活の安定と向上に資するための就労の支援」「経済的支援」などがあげられています。さらに，2014年に閣議決定された「子どもの貧困対策に関する大綱」を勘案して，各地方公共団体に「子どもの貧困対策についての計画」を策定する努力義務を課しただけでなく，こうした「貧困対策に協力する」ことを国民の責務として示している点も特徴的です。ここまでをみると積極的な貧困対策が取られているように映りますが，堅田（2019）は，こうした一連の政策が教育の支援や貧困の世代間連鎖を対象としている一方で，経済的な面での支援の拡充には消極的であることを指摘しており，まだまだ十分とはいえない状況にあるといえるでしょう。

　また，前述の堅田（2019）の指摘と関連しますが，子どもの貧困問題の解決を図るためには同時に保護者への支援が不可欠であることは自明の理です。そこで，2015年に生活保護に至る前段階での支援を強化するための「生活困窮者自立支援法」が施行され，生活困窮者自立支援制度がスタートしました。これは，各地方公共団体が主体となって行われる生活に困窮している者の自立を支援していく事業であり，「自立相談支援事業」と「住居確保給付金」は必ず実施しなければならない必須事業として設定されています。また，「就労準備支援事業」「一時生活支援事業」「家計改善支援事業」「子どもの学習・生活支援事業」は，実施が地方公共団体に任される任意事業として設定されています。そのため，任意事業の実施状況については支援者自身で把握しておくことが必要になります。

子どもの学習・生活支援事業

　ここでは，自立支援事業の中の「子どもの学習・生活支援事業」をピックアップしていきます。この制度は，2015年の段階では「子どもの学習支援事業」という名

目でしたが，2019年の法改正の際に生活習慣・育成環境の改善に関する助言等が盛り込まれたことで，現行の「子どもの学習・生活支援事業」となりました。本事業の狙いとしては，生活保護世帯や生活困窮世帯の子どもに対して学習面と生活面で必要な支援を届けるとともに，そうした子どもへの支援を窓口にして世帯全体の支援のきっかけとすることがあげられます。任意事業ではありますが，「学習支援のみ」あるいは「学習支援と生活支援の両方」を実施している地方公共団体は60％を超えており，少しずつではありますが広がりをみせているといえるでしょう（日本能率協会総合研究所，2020）。

　学習支援としては，拠点を設けて実施する集合型だけでなく，そういった多人数の場にはなじみにくい子どもに合わせた訪問型なども想定されています。これらは単純な学習機会の提供などを目的とした「教育的支援」だけでなく，社会的に排除されやすい貧困家庭の子どもの「居場所の保障」としても期待されています（西牧，2019）。生活支援としては，たとえば「子ども食堂」などは安定した食生活の確保に加え，生活のマナーや生活習慣の形成・維持なども期待できる支援といえるでしょう。特に後者については，貧困のネガティブな影響を乗り越えた子どもは「基本的な生活習慣・規律の確立」がなされているという報告（浜野，2014）を考慮すると，重要な意味を持つといえるでしょう。浜野（2014）のように，こうした要因を「レジリエンス」として捉えて，貧困の世代間連鎖を断ち切るための知見を求める報告が増えてきました。なお，レジリエンスとは心理学的には〝何らかのリスクにもかかわらず適応する力や過程，結果〟などとされ，より単純に〝回復力〟とされることも多い，適応促進に関する概念のことです。これまで，家庭学習や宿題の実施（耳塚・中西，2014），保護者の学校行事への積極的な参加（浜野，2014），子どもの好奇心や学習活動を引き出すような保護者の働きかけ（山田，2018）などが本人あるいは家族のレジリエンスに関連する要因として見出されてきました。また，松村（2020）は，貧困の連鎖によって子どもが〝学校〟〝家庭〟〝地域社会〟から排除されている状況に対し，「学習支援によるケア」の作用によってレジリエンスが導かれることを示し，貧困の連鎖を断ち切り得ることを明らかにしています。

（齊藤和貴）

スクールソーシャルワーカー（SSW）とは，文部科学省が2008年に導入した，福祉の専門家であるソーシャルワーカーが学校に入り活動する事業や，その専門家のことをいいます。2017年4月に学校教育法施行規則が，「スクールソーシャルワーカーは，小学校における児童の福祉に関する支援に従事する。」（規則第65条の3）と改正され，法令上 SSW が位置づけられることになりました。もちろん他の条文で，小学校以外の学校でも同じように位置づけられています。またスクールカウンセラー（SC）についても同じように，学校の職員と定められました。

SSW は，ソーシャルワークの国家資格である社会福祉士か精神保健福祉士の資格を有することが原則とされていますが，地域や学校の事情にあわせて他の人材も任用されています。実際には2020年で，重複もありますが，約6割が社会福祉士，約3割が精神保健福祉士，また教員免許所持者も約3割という状況です。加えて，心理関連の有資格者やまったく資格のない人もいて，均一化がはかれていない状況がみられます。SSW の配置は，私立学校でも進みつつありますが，公立学校の場合，多くは会計年度任用職員として，限られた日数や時間数で勤務しており，正規の教員より勤務時間は圧倒的に少ないのが現状です。その配置状況も，地域によってまちまちですが，分類すると，「単独校配置方式」として，特定の学校に配置され，その学校の職員として活動するもの，「拠点校方式」として，拠点となる特定の学校と，そこに隣接する他の学校も支援対象校としてカバーするものがあり，時に特定の中学校区などで中学校とその校区内の小学校とを一体的に支援対象とするといった，校区を拠点とするものもみられます。また「巡回方式」として，教育委員会や教育支援センターなどを拠点に，複数の学校を巡回して支援するもの，同じく教育委員会などを拠点に，学校からの依頼を受けて当該校に派遣されて支援を実施する「派遣方式」などもあります。加えて，SSW への指導的立場にあるスーパーバイザーの場合には，教育委員会などにあって，SSW のレベルアップを企画し，また SSW が関与する教育相談全体をコーディネートするなど，ちょうど教師に対する指導主事のような役割をはたしている例もあります。

文部科学省は，SSW を次のような役割を行うものとしています。①問題を抱える児童生徒が置かれた環境への働きかけ，②関係機関等とのネットワークの構築と連携・調整，③学校内におけるチーム体制の構築・支援，④保護者・教職員等に対

する支援・相談・情報提供，⑤教職員等への研修活動。

　これらの SSW の役割を実現するための支援には，直接支援と間接支援という二つのスタイルが考えられます。不登校の児童生徒やその保護者に対して，家庭訪問や面談などの直接の支援を行うことを基本スタイルとする場合と，教師や SC などと情報を共有し，どのような支援が有効かを組織的に検討し，それを教師や SC との連携の中で実現していこうとするスタイルをとる場合との違いです。このいずれの場合であっても，まずはアセスメントを実施することが不可欠とされています。アセスメントは不登校の要因やメカニズム，本人や家族の特性や環境の特徴などを把握し，もっとも有効な支援方法を見つけだそうとする営みです。間接支援のスタイルをとるには，まずは学校をチーム学校と呼ばれる組織的支援体制に変えていく必要があり，即効性が発揮しにくいという課題があります。しかし体制ができてしまうと，学校全体の支援を行う力が飛躍的に向上するだけでなく，教師を中心として不登校への認識も深まることから，その防止や効果的な初期対応が実現するなど，好循環が期待できます。この直接か間接かという支援のスタイルは，SSW がひとりで選択するものではないので，当該校の管理職や教員組織の方針や，教育委員会が SSW の活用と組織体制の確立とに明確なビジョンをもてているかという点も重要です。

　教師が，不登校の児童生徒への支援において SSW を活用しようとする場合には，まずはその SSW がどのようなスタイルで動こうとするのかを確認することが大切です。たとえば担任教師が家庭訪問を行ってきたが，このところ訪問しても面談が不調なので，代わりに SSW に行ってほしいと考える場合があります。その意を受けて SSW が家庭訪問を代替するだけでは，SSW の専門性が発揮されているとはいえません。なぜ不登校になっているのか，家庭訪問が本当に有効なのか，なぜ最近はうまく面談できないのかなど，多面的なアセスメントが必要です。そのために，SSW は教師と協働してアセスメントを実施し，どのような支援が有効なのかを探ります。もし，家庭訪問が必須となれば，誰がどのような家庭訪問をするのが適切かを検討し実行するといった，アセスメントとプランニングに基づいた支援が実現できるように働きかけます。このように，SSW を活用するというのは，一見手間がかかるように感じられますが，チーム学校といわれる協働体制のもとで，SSW はどのように動くのかを十分に話し合い，相互に理解したうえで，有効に活用することが求められています。

（野田正人）

医療現場からみた不登校とその支援

はじめに

　まずは，私が医療現場において何をしてきたのかを述べることにします。私は，学校現場でスクールカウンセラーとして，子どもや保護者，先生方とかかわることもありますが，大学病院附属の小児科や地域の児童精神科でも勤務しており，そこでも子どもや保護者，学校の先生方とかかわる機会があります。学校現場と医療現場とでは，不登校という事象は同じであっても，かかわるタイミングの違いもありますが，子どもや保護者，先生方のニーズは微妙に異なります。子どもや保護者，先生方が，不登校の現状やその背景にある問題を解決したいという希望をもっていることは，どちらの現場でかかわるとしても同じですが，医療現場では，子ども自身というよりも保護者や先生方が，不登校という事象の背景に，様々な障害や疾患を想定していることが多いようです。もちろん子どもの中にも，〈自分は友だちと何か違うところがあるのではないか〉〈今のこのつらい症状は何なのか，何が原因なのか〉といった思いをもち，医療現場に来ることもあります。そのため，このような子どもや保護者，先生方のニーズに合わせたかかわりを提供することが大切です。

1　医療現場で出会う不登校の特徴やその背景

　さて，先程少し述べたように，医療現場で出会う不登校とは，子どもや保護者，先生方が，不登校の背景に様々な障害や疾患を想定していることが特徴です。その障害や疾患とは，自律神経失調症や起立性調節障害，過敏性腸症候群や社交不安症，自傷行為や摂食障害，知的発達症や発達障害，強迫症やゲーム障害，そして性別違和などがあげられます。これらの障害や疾患を抱える子どもに合わせた不登校支援を行うために，まずはこれらの障害や疾患の概要を医療現場で出会いやすいと思われる上記の順に記載します。

自律神経失調症（Autonomic Dysfunction：AD）

　AD とは，全身の様々な不調を訴え，何らかの症状があるにもかかわらず，病気などの原因を特定できない状態です。一日のうちで訴える症状が変わる場合もあり，環境の変化やストレスなど，様々な要因で引き起こされます。AD の症状は，子ども一人ひとり異なりますが，頭痛や腹痛，めまいなどの症状が出ることによって，学校に登校できなくなることがあります。不登校のきっかけとなった出来事，不安や不満を様々な理由で言語化できないことなども，要因の一つにあるようです。また，不登校状態となり，生活リズムや食習慣が乱れたり，運動量が減ったりすることによっても，AD が発症もしくは悪化していきます。

起立性調節障害（Orthostatic Dysregulation：OD）

　OD は，心血管系を中心とした自律神経の調節不全による身体生理学的な障害で，起立直後性低血圧や体位性頻脈症候群などのタイプがあります。一方で，心理社会的因子が関与する心身症としての側面もあります。OD では，身体症状により登校が困難となることで不登校に至ることが多いです。ただし，不登校によって活動量が低下し，自律神経機能が低下して OD になるともいわれています。症状としては，「朝，なかなか起きられない」「立ち上がったときにめ

まいや失神が起こる」「頭痛がひどい」「動悸や息切れがする」などがあげられます。朝になかなか起きられないことを甘えや怠けとして見られてしまうと，子ども自身は本当に苦しい思いをします。起きたくても起きられないどころか，起きられない時間は頭痛などの症状で本当に苦しい思いをしています。それを保護者が理解していないと，「起こそうとしても子どもが起きない」「学校（や保護者にとっては仕事）に遅れてしまう」と焦ってイライラする保護者もつらい思いをします。

過敏性腸症候群（Irritable Bowel Syndrome：IBS）

IBS は，胃腸系の疾患がないにもかかわらず，不安や緊張感の高まりによって，下痢になる，ガスがたまる，腹部違和感があるなどの症状が出ます。授業中にトイレに行きたくなっても，トイレに頻繁に行くと友だちに何かいわれたり思われたりするのではないかと思い，我慢しようとすればするほど余計にトイレに行きたくなる。遠足や修学旅行でバスに乗ることが不安で（トイレに行きたいときにすぐに降りられない，バスの中でトイレに行きたいことを言い出しにくいため），その日が近づくにつれて憂鬱になる。さらには，毎日の電車通学がつらいなど，通学や学校生活の様々な場面において苦しい思いをします。胃腸からくる身体的なつらさ，自分でコントロールできないつらさ，周囲からどのように思われているのかなどが気になる精神的なつらさなどが，不登校につながります。

社交不安症（Social Anxiety Disorder：SAD）

SAD は，人と会うこと・話すこと，人前に出ることや人前で話すことに過度の不安を覚えたり恐怖を抱いたりします。相手にどのように思われるだろうかといったことを気にして余計に不安が高まります。そのため，友だちとかかわることや発表型の授業に参加することに苦しい思いをすることがあります。これらを避けることも症状の一つなので，それが不登校にもつながります。また，IBS と重複している場合もありますが，電車に乗ること（通学）への不安が強く，不登校につながる場合もあります。SAD という診断はつかなくても，

思春期は他者の視線や評価に敏感になる時期でもあるため，程度の差はそれぞれですが，思春期の多くの子どもたちが悩むものでもあります。

自傷行為（Self-injury, Self-harm）

自傷行為とは，「自殺以外の意図から，非致死性の予測をもって，故意に，そして直接的に，自らの身体に対して非致死的な損傷を加えること」（松本，2014）です。学校現場で出会う自傷行為をしている子どもたちは，カッティングをしていることが多いようです。カッティングとは，比較的他人から見られやすい手首から，他人に見られにくい上腕，太ももなどの部位をカッターナイフや剃刀，はさみ等で切る行為です。切る部位によって，手首であればリストカット（リスカ），上腕であればアームカット（アムカ），足であればレッグカット（レグカ）ということもありますが，部位に関係なく「リスカ」ということもあります。血を見ることによって生きている実感を抱く，心の痛みを身体の痛みに置き換えることで「楽になる」という実感をもてるなどによって依存につながっていきます。

自傷行為そのものが不登校に直結するというより，自傷行為をするに至った背景（いじめ，友人関係や恋愛でのトラブルなど）によって不登校になることが多いです。または，不登校状態であることへの焦りや周囲の無理解なかかわりに対する苛立ちなどによって，自傷行為が始まることもあります。

摂食障害（Eating Disorder：ED）

ED は，神経性無食欲症（拒食症，Anorexia Nervosa：AN）と神経性大食症（過食症，Bulimia Nervosa：BN）に大別されます。AN は，正常を過度に下回る体重，体重増加や肥満に対する強い恐怖，体重増加を妨げる持続的な行動（食事を制限する，食事を摂取しても嘔吐する・下剤を飲むなどの行動をとる），ボディイメージの歪み（実際に痩せていても，子ども自身は太っているように見える・感じる）といった症状があらわれます。体重や食べ吐きの頻度などによって，BN と診断されることもあります。自分の体重やカロリーに思考を占拠されると，学習や友だちとの会話に集中できない，給食や友だちとのご飯の時間に苦

痛を抱く，わずかでも体重が増加すると人に会うことができないなど，これらが不登校につながります。

知的発達症（Intellectual Disability：ID）

ID は，論理的思考や問題解決，計画・判断や抽象的思考，学校の授業や経験による学習のように，全般的な知的機能の支障によって特徴づけられる障害です。知的機能は知能検査によって測られ，知能指数（IQ）が70未満のものを指します。ただし，ID は，日常生活における適応機能（日常生活でその人に期待される要求に対していかに効率よく適切に対処し，自立しているのかを表す機能のことです。たとえば，子どもであれば，学校に行くための準備，友だち関係，入浴や歯磨きなど）も合わせて，総合的に判断されます。学習についていけない，ルールのある遊び（同じ遊びであっても，子どもたちの中で，日々ルールは変わるものです）がわからない，会話の内容についていけないなどの困り感が不登校につながります。

自閉スペクトラム症（Autism Spectrum Disorder：ASD）

ASD は，対人コミュニケーションの障害，限局した興味やこだわり，感覚障害（過敏もしくは鈍麻）などからなります。ASD の方の3分の2に知的発達症を伴いますが，3分の1には知的発達症が伴いません。知的発達症を伴わない場合を，高機能 ASD やアスペルガー障害ということもあります。コミュニケーションの問題は，子ども自身が困ることもありますが，周囲が困ることが多いようです。「この人にこれは言わない方がいいだろうな」，「今のこの状況では黙っておいた方がいいだろうな」といった場面でも思ったことを言ってしまう。このこと自体に子ども自身が困っているというよりは，このような言動によって周囲から仲間外れにされることによって子ども自身は困り，それが不登校につながります。自分は言いたいことを言っているだけなのに，どうして自分が悪いのかわからない，でも仲間外れにされる，これが本当に苦しいところです。

また，感覚障害は，DSM-5（アメリカ精神医学会が出版している，精神疾患の

診断基準・診断分類の第5版（最新版）で加えられた診断基準の一つです。子ども自身からすると，教室でのざわざわした音が耳に刺さるような感覚，制服が肌にまとわりつくような感覚など，周囲からは理解してもらいにくい感覚の問題に困り感を抱えていることも多いです。「わがままを言っているだけ」，「時間が経てば慣れてくるだろう」といった問題ではないのです。周囲から，感覚障害に関するつらさを理解してもらえないことも不登校につながります。

注意欠如・多動症（Attention Deficit/Hyperactivity Disorder：ADHD）

ADHD は，多動性，不注意，衝動性のいずれかもしくはすべての問題からなるものです。多動性といっても，椅子に座っていられずに教室を動き回る子どももいれば，椅子には座っていられるものの常に手遊びをしている子どももいます。また，年齢があがるにつれて，目立った多動性は落ち着くことが多いです。それは，周囲から怒られることが多いことも影響していると思われます。多動性が目立たなくなっても，子ども自身からすると，頑張って抑えていることもあります。その頑張りを認めてあげなければなりません。また，不注意や衝動性は，忘れ物や期限内に課題を提出できないことなどにつながり，これらによっても大人に怒られることが多くなります。

このように，ADHD の子どもは，子どもなりに頑張っていても，大人に怒られてしまうことが多くなります。そのため，二次障害として，自尊心の低下や大人への不信感が生じ，不登校や非行につながることがあります。

限局性学習症（Specific Learning Disorder：SLD）

SLD は，知的な遅れはないものの，読む・書く・聞く・話す・計算する・推論する能力のうちのいずれかの能力が，他の能力と比べて明らかに低いことが特徴です。そのため，たとえば「書く」能力に困難さをもつ場合，指示や質問をよく理解できるし，説明することもできるのに，それを書くことができない，書くのにとても時間がかかってしまうなどの状況になります。板書のペースに追いつけない，漢字を覚えられない，丁寧に書けない，それらを先生に注意される。子ども自身は真剣にやっていて，何とか書こうと思っていても書け

ない，それを周囲に理解してもらえないと不登校につながることもあります。

発達性協調運動症（Developmental Coordination Disorder：DCD）

　粗大運動（ボールを投げるなどの体全体を使った運動）や微細運動（はさみで星の形を切るなどの手先を使った運動）が，他の能力と比較して明らかに低い，習得に時間がかかることが特徴です。足が極端に遅い，走り方やボールの投げ方が変わっていることを，子どもたちから，からかわれてしまうこともあります。先生からしても，あの運動はできるのにどうしてこの運動はできないのか（サッカーは上手いのに，ボールをキャッチできないなど）といった疑問を抱き，ある運動を習得できないことに対して，その子がふざけているのではないかと思い，責めてしまうことがあります。このような周囲からのからかいや無理解が，不登校につながることがあります。

強迫症（Obsessive-Compulsive Disorder：OCD）

　繰り返される持続的な思考，衝動，イメージといった強迫観念のみか，強迫観念に対応する繰り返しの行動といった強迫行為の両方の症状があらわれます。たとえば，何かに触れると手に無数の菌がついているのではないかという思考・イメージでいっぱいになる（強迫観念），その不安を軽減するために何度も手を洗ったり何時間もお風呂に入ったりする（強迫行為）ものです。子ども自身も，強迫観念は実際にはあり得ないし，強迫行為をしても無意味であることを認識している場合もありますが，それでも止められないことに苦しみを抱いています。また，強迫観念や強迫行為で多くの時間を奪われてしまいます。そのため，学習にも友だちとの会話にも集中できずに苦痛を抱く，家の外に出ることができなくなるなど，これらが不登校にもつながります。

ゲーム障害（Gaming Disorder：GD）

　2018年，GD は世界保健機関（WHO）の国際疾病分類（ICD）に，ギャンブル障害などの他の依存症と同様に，疾病として新たに項目に記載されました。ゲームをしたい衝動が抑えられない，日常生活よりゲームを優先し健康を損な

うなどの問題が起きても続けてしまうといった特徴があります。そのため，学校に行くよりもゲームをすることを優先し，場合によっては不登校になってしまうこともあります。

　ただし，GD が原因で不登校になってしまう子どもは少ないように思います。不登校状態の子どもの多くは，ゲーム機やスマホでゲームをしています。それは，持て余した時間を消費するため，不安や自責感を紛らわせるためでもあります。そのため，必ずしも楽しんでいるわけではなく，仕方なくゲームをしていることも多いです。一方で，現実で知っている人か知らない人かは関係なく，オンラインで人とつながることで幾ばくかの安心感をもてるといった作用もあることから，不登校状態になった後で，GD になってしまうということもあります。

性別違和（Gender Dysphoria）

　性別違和を述べるにあたっては，身体的性・性自認・性的指向・性的表現を考える必要があります。性同一性障害（Gender Identity Disorder：GID）は，生物学的性別と体験している性別が反対であることを指してきました。しかし，男性と女性という二択ではないことなどを背景に，DSM-5 では GID ではなく，より広い概念である性別違和に変更されています。身体的性と性自認の不一致による苦しみだけではなく，性的指向や性的表現についても意識しておくことが大切です。

　性別違和を抱える子どもは，トイレや着替え，性別で区別されることなど，就学前からも苦しみを抱く子どもがいます。加えて，第二次性徴による心身の変化，他者への恋愛感情が強くなってくる時期に悩むことがより多くなります。「自分は他人とは何かが違う」といった苦しさ，周囲に打ち明けられないもどかしさ，打ち明けられないことによる周囲の無理解を我慢し続けなければならないつらさ，これらが不登校につながることもあります。

　なお，LGBT は，Lesbian，Gay，Bisexual が性的指向のマイノリティであるのに対し，Transgender は性自認のマイノリティであり，二つの概念が混ざっています。そのため，近年になり，SOGI（Sexual Orientation & Gender

Identity：性的指向と性自認）という言葉が一般的になりつつあります。「ソジ」もしくは「ソギ」と読みます。性に関する言葉や表現については，まだまだ変遷が多いので，当事者である子どもたちを支援するためにも，常に情報をアップデートする意識をもっておくことが大切です。

2　医療現場から子どもと保護者を支援するために

　ここまで，様々な障害や疾患が，どのように不登校につながるのかを述べてきました。既述したように，保護者や先生方は，子どもの不登校という事象の背景に様々な障害や疾患を想定して，医療現場を訪れることが多いです。しかし，どのような障害や疾患であっても，その診断名を伝えるだけではなく，子どもが抱える障害や疾患は，具体的にどのようなもので，どのような対応をすればよいのかを心理教育することが大切です。

　さらに，支援学級や加配，学校での配慮については，学校現場の体制なども考慮に入れる必要があります。医療現場で子どもと保護者に伝えるだけでは，保護者が学校の先生と話をしなければならず，それが保護者にとっては大きな負担となります。そのため，支援学級や加配，学校での配慮を勧める場合には，学校の先生にも診察に同席していただく方が，子どもや保護者への支援がスムーズになります。

　これらを踏まえたうえで，ここからはそれぞれの障害や疾患に合わせた具体的な支援や取り組みについて，１節と同じ順で述べていきます。

自律神経失調症（AD）

　ADの症状に対して，対症療法として薬が処方されることがあります。それと同時に，ADに至った背景，つまり何かストレスを抱えていることがないか（なかったか）を考えていくことが大切です。子どもが抱えているストレスについて言語化できると，症状が軽減したり，対応をともに考えたりすることもできます。ただし，子ども自身も，ストレスの原因がわからないことやうまく言語化できないことも多いです。そのため，原因を求めたり言語化を強いたりす

る必要はありません。一方で，学校に登校するとしたら，先生にどのような配慮をしてほしいか，家にいる間は保護者にどのように接してほしいかなど，過去の原因ではなく，現在や未来の話をしながら，環境調整や周囲のかかわりを変えることで，子どものストレスを軽減する意識をもっておくとよいでしょう。

　また，自律神経を整えるために，生活リズムや食習慣を整えることも大切です。ただ，子ども自身からすると，学校に登校しないのに早寝早起きをすることや決まった時間に食事をとることなどに意味を見出せないこともあります。しかし，いざ登校しようと思ったときに身体の状態が整っていないと登校したくても登校することができないため，日頃から準備しておくことが大切であることを伝え，登校するための下地を整えておくことも必要です。

起立性調節障害（OD）

　OD の症状に対しても，薬が処方されることがあります。服薬することに加えて，水分を一日の適当量摂取する，早めの就寝や起床を心がける，毎日30分程度のウォーキングを行うなど，子ども自身ができる工夫もあります。服薬だけではなく，子どもに行動をしてもらうときにも，その行動にはどのような意味があるのか，どのような利点があるのか等を説明し，子どもが納得して行動することが大切です。それと同時に，（症状が軽減する）午後から登校できるようにする，遅刻に関しては配慮していただく，午前の試験を午後に別室で受験させていただく，保健室を利用しやすくする等，できる範囲での環境調整を行うことで子どもが登校しやすくなります。

　環境調整を行うためには，家族や学校に理解してもらうことが必要になります。朝起きること，午前や運動後はつらいのですが，それは決して怠けではなく，子ども自身も苦しいということを意識していただくことが大切です。学校に環境調整に応じていただいた場合は，そのことを当たり前と思わずに感謝を伝えることで，より意欲的に環境調整に取り組んでいただくことができます。

　高校の場合は，子ども自身の状態が良いときに学習しやすい通信制が最良の選択になることもありますが，子どもや保護者にとっては，疾患であるにもかかわらず，転学しなければならない，学校の選択肢が減ってしまうといった悔

しさやもどかしさがあるため，その思いに共感することが大切です。

過敏性腸症候群（IBS）

　IBS は，腹痛や下痢，腹部違和感などの胃腸系の症状が出ることから，対症療法として胃腸系の薬が処方されることもあります。IBS には，不安や緊張が大きく影響していることから，薬は対症療法としての効果だけではなく，薬を持っていることで「症状が出てもこれを飲めば大丈夫」といった安心感につながり，お守りとしての役割もはたしてくれます。

　薬を処方するだけではなく，IBS の症状を誘発する不安や緊張を軽減すること，IBS の症状の抑え方などを心理教育する必要があります。友だち関係では「嫌われたらどうしよう……」，人前に出るときには「うまく話せなかったらどうしよう……」，テスト場面では「よい点数が取れなかったらどうしよう……」といった不安や緊張を子どもそれぞれに抱えています。それらの思いを聴き不安や緊張を軽減することでも，IBS の症状が軽快する可能性があります。さらに，胃腸系の症状に対する考え方にアプローチすることも大切です。症状を抑えようとすればするほど，胃腸系の症状が強くなることがあります。そのため，深呼吸や手をグーパーするなど自分なりの落ち着く（気を紛らわせる）方法を一緒に探していくことも大切です。

社交不安症（SAD）

　SAD の不安症状に対しても，薬が処方されることがあります。薬そのものの効果を期待することができますし，薬を持っていることや飲んでいること自体が不安の軽減にもつながります。薬を処方するだけではなく，IBS と同様に，子ども自身がどのような不安を抱えて苦しんでいるのかを聴くことが大切です。たとえば，「嫌われたらどうしよう」といった不安に対して，「そんな風に友だちは思ってないよ」と言うのではなく，嫌われてしまうかもしれないという不安に共感したうえで，どのような行為が嫌われそうと思っているのか，それに対してどんな工夫ができそうか，嫌われていない証拠を一緒に探すなど，不安を消してしまおうとするのではなく，ともに考える姿勢が大切です。

同じクラスに安心できる友だちがいるのであれば，席替えや班分けで配慮をしていただく。発表型の授業では，みんなの前で発表できなくても，先生と1対1で発表できれば成績評価に加えるように配慮をしていただくなど，これらを医療現場から先生方に伝えることも大切です。

自傷行為（Self-Injury）

ADの項目でも記載しましたが，自傷行為をするに至った背景の苦しさを聴いていくことが不登校の改善にもつながる可能性があります。自傷行為をしている子どもたちは，自分がしんどいことを認識できており，何がしんどいかを気づいている場合もあります。ただ，「死にたい」「消えたい」「どうでもいい」といった言葉でしか表現できないことが多いです。それらの言葉を傾聴し，「死にたい」と思わせるほどのつらさは何かを焦らず聴いていくことが大切です。

また，子ども自身が自傷をやめたくて来院することは稀です。多くの子どもたちは，自傷行為が意図せず大人に知られてしまったことにより，子どもの意思とは関係なく，保護者や先生に病院に連れてこられることが多いです。そのような状況で来院してくれたことに思いを馳せることが大切です。

保護者や学校は，自傷行為をやめさせることだけに躍起になる場合があります。しかし，子どもからすると，「（自傷行為を取り上げられたら）この苦しさをどうすればいいのか」「私の肩代わりをしてくれるのか」という思いになります。自傷行為をやめることよりも自傷行為をするぐらいしんどいことを何とかしたい，何とかしてほしい気持ちでいっぱいなのです。自傷行為といった表面に出ている問題に大人が焦りすぎず，その背景にある子ども自身が苦しんでいる問題に目を向けること，「木を見て森を見ず」の状態にならないように注意しましょう。

自傷行為をするに至った苦しさを聴いていく中で，不安や抑うつの程度が高い場合は，対症療法として薬が処方されることもあります。心に抱える苦しさを自傷行為以外でどうすれば発散できそうか，そもそもその苦しさはどうなれば少しでも楽になりそうかをともに考えていきます。また，自傷行為は，すぐ

にやめられない場合が多いため，少しずつ頻度が減っていけばよいこと，自傷行為をしたくなったらそれを信頼できる人に言えるようになればよいことなど，見通しや対応を伝えていきます。保護者や学校にも自傷行為そのものや，見通しや対応を理解してもらうことによって，自傷行為の頻度が少なくなったことなど，子どもにとっては本当に頑張っていることを認めてもらうことができ，それらが子どもの心の苦しさを軽減し，不登校の改善にもつながっていきます。

摂食障害（ED）

　ED は通院によって，体重管理や食事指導を行うこともありますが，BMI（Body Mass Index）の程度によっては，命にかかわる疾患でもあることから，入院治療を選択する場合があります。入院によって，まずは体重を平均近くに戻していくこと，食事をとれるようにすることを目指します。子ども自身の意思で食べることができなければ，経管栄養でカロリーをコントロールすることもあります。小児科での入院治療の場合は，カロリー摂取量が増えたり，体重が増えたりするごとに，活動できることを増やしていく（スマホを触れる時間が増える，自由時間が増えるなど）といった行動制限療法が用いられることもあります。それと並行して，体重や体脂肪に対する不安を軽減することが必要になります。体重が増えることで，誰にどのように思われることが心配なのかといったことを聴いていくことも大切です。その一方で，ED は体重や体脂肪が減少することで自尊心が高まる，自己コントロール感を得られることがあります。つまり，体重や体脂肪の数値以外では自尊心が低いこと，自己コントロール感を得られていないことも要因の一つです。そのため，体重や体脂肪に対する不安を軽減していく視点だけではなく，体重や体脂肪の数値以外で自尊心を高め，自己コントロール感を得られるようにする視点をもつことも大切です。この視点が，不登校からの回復にとっても重要なものになります。

　入院治療の場合は，子どもの学習はどうしても遅れてしまいますし，欠席扱いになってしまう可能性があります。院内学級がある病院であれば，治療と並行して授業を受けることができますが，院内学級がある病院でもない病院でも，学校の先生に宿題や試験を持ってきていただくなどの配慮は必要です。院内学

級のあるなしにかかわらず，病院で行った宿題や試験を成績に入れていただけるかどうかなどの話し合いを，子どもや保護者，学校の先生方を交えて行うことが必要になります。退院後，学校に行くにあたっても，給食の時間に友だちと一緒に過ごすことや食べることに苦痛を感じるのであれば，保健室を使えるようにして少しずつ慣らしていくなどの配慮が大切です。

　また，ED を抱える子どもの保護者は，子どもが自分の料理を食べてくれないことに苦しみや怒りを覚えることがあります。保護者からすると，料理を作ることは毎日の行為ではありますが大変なことです。それにもかかわらず，作ったものを食べてくれない，それどころか作った料理や作ったことに対して怒りをぶつけられることは本当につらいことです。ED の段階によっては，料理を作ることに力を入れすぎないこと（作り置きを用意して冷凍しておき，子どもが食べられるときに食べられる分だけ解凍する，事前に子どもが食べてもいいと思えるものを聞いておき，しばらくは同じメニューにするなど），良い意味で料理の手を抜くことを伝えることで，心身ともに落ち着くことができる保護者もいます。これは，ED の場合に限らず，不登校で生活リズムが乱れて，食事の量や時間が変化してしまった子どもの保護者にもいえることです。

知的発達症（ID）

　ID といっても，子ども一人ひとり，何が得意で何が苦手なのかは異なります。また，不登校に至った背景にある困っていることや今の状態をどうしたいと思っているのかも異なるため，保護者や学校の先生の話だけではなく，子どもの話を聴くことが大切になります。

　学習面で困っていて学校に行きにくいのであれば，支援学級や加配の利用を検討する，不登校の間は適応指導教室（教育支援センター）やフリースクールの利用を検討するといったことが考えられます。もちろん保護者や先生だけではなく子どもにも説明をします。その際に，支援学級や加配，適応指導教室（教育支援センター）やフリースクールとはどのようなもので，利用するとどのようなことが考えられるのかといったことを，子どもにわかるように伝えることが求められますが，特に ID の子どもの場合は，「わかるように」というこ

とを意識して伝えることが大切です。言語の理解力や記憶力，様々な面を考慮して，1つの内容を話すごとにわからないことや聞きたいことがないかを確認する，口頭だけではなくタブレットを見せながら説明するといったかかわりも必要なときがあります。子どもが大人からの説明を受ける場合，わかっていなくてもわかっていると言ってしまうことも多いです。それはわからないことで怒られてきた経験が多いからです。そのため，わからないことを素直にわからないと言える雰囲気をつくり，そのうえで子どもに説明することが大切です。

　ID の子どもは，自尊心が低く不安が強いことが多いです。それは，学習や友だち同士の会話についていくことが難しいにもかかわらず，わからないことをわからないと言いにくく，何とか取り繕いながら毎日を送っているからです。また，自分の言いたいことがうまく言えないことも自尊心の低下につながります。そのため，医療現場では診察や発達検査を通して，教育現場では様々な場面での先生とのかかわりを通して，自分の言いたいことを聞こうとしてくれる，自分の言いたいことが相手に伝わったという経験を重ねること，わからないことをわからないと言っても怒られるわけではない，「大丈夫なんだ」といった経験を通して，自尊心を高め不安を軽減していくことが，不登校やその後の人生においても大切なかかわりになります。

自閉スペクトラム症（ASD）

　ASD の子どもの場合も，学習面や友だち関係のことで不登校になっているのか，教室のざわざわした音，制服や体操服の締めつけ感，偏食があるにもかかわらず給食を全部食べなければいけないという決まりに耐えられないなど，感覚の問題が大きいことで不登校になっているのか，これらが複合的に絡んでいるのかを，子ども自身から詳しく聞いていく必要があります。

　友だち関係は，班分けや席替えなどで，先生に配慮していただくことが必要な場合もあります。ただし，一人がいいのに無理やり友だちと一緒にさせられる（「一人はつらいだろう，みんなと一緒がいいに決まっている」という固定観念が広く一般的にあるようです）ことは，ASD の子どもからするとつらいです。そのため，グループで活動しなければいけないときには配慮していただき，子ど

も自身が一人でいたいのであれば，休み時間は図書室で過ごすなど，一人の時間を確保してあげることも大切です。

皮膚感覚過敏による制服着用のつらさ，偏食による給食のつらさ（完食を強いられる，食べ終わるまで席に座らされることによって周囲にからかわれる等）への対応は，子ども自身の感覚の問題に合わせると，子どもが着られる私服を許可する，給食は食べられるものだけを食べる，家からおにぎりを持参するなどが考えられます。ただし，医療現場だけで，このような判断をすることはできません。学校の先生方に感覚の問題を理解していただき，そのうえで，集団生活の中でどのように折り合いをつけるのかを話し合うことが大切です。たとえば，制服ではなく黒い服なら私服でも可能とする，パン給食のときだけおにぎりを持参してもよいとするなど，学校と子ども，その家族との折り合いがつけられること，そのような関係性を形成することが大切です。

注意欠如・多動症（ADHD）

ADHD の症状に対しては，薬物療法が選択肢の一つになります。現在，ストラテラやコンサータ，インチュニブなどの数種類の薬があります。症状や環境に合わせて，1日1回もしくは2回など，どの薬をどのように処方するのかが決まります。子どもの場合は，保護者が薬を管理することが多いですが，薬を定期的に飲むということは，保護者も子ども自身も思っているより大変です。そのため，スケジュール帳やアプリを使うなどの工夫も大切です。また，子ども自身の服薬アドヒアランス（患者自身が積極的に治療にかかわり，薬の効果や副作用を理解したうえで，服薬を遵守する姿勢）を高められるかどうかも大切であるため，薬を継続的に飲むことで，どのようなメリットがあるのかを，子どもの視点に合わせて伝える必要があります。たとえば，授業に集中しやすくなることで先生に怒られることが減る，宿題に集中して早く終えられることでゲームをできる時間が増えるなど，「それだったら飲んでみよう」と子どもが思える言葉で伝えること，それができるように子どもの生活に思いを馳せることが大切です。もちろん保護者の生活にも思いを馳せて，子どもが薬を飲むことで，本当はしたくないのにしている注意の頻度が減る，子どもが学校で怒ら

れることが減ることで家庭でも落ち着いて過ごせる時間が増え，保護者も落ち着ける時間が増えるなど，保護者にとってもどのような良い変化が起こるのかを伝えることが大切です。

また，集中しないといけないのはわかっているけど集中できない，カッとなってつい手が出てしまうなど，わかっているのにできない苦しさに共感することで，子ども自身のアドヒアランスも上がります。さらに，そのような苦しさを，保護者や先生方に心理教育的に伝えることで，子どもに対するかかわりが変化し，結果として子どもの自尊心を向上させ，大人への不信感を軽減させることも，医療現場では求められます。

服薬については，その他の障害や疾患でもいえることですが，効果と同時に副作用についても説明します。副作用が不快に感じられた場合には些細なことでも教えてほしいと伝えておき，今後の服薬についても一緒に考えていきたいという姿勢が伝わることが服薬を含めた支援を継続するうえでは大切です。薬が合わないことについて，子どもや保護者が医師に直接伝えにくい場合に，医師以外の立場である心理職などが医師と子どもや保護者の橋渡しをする役割が求められます。

限局性学習症（SLD）

知的な遅れはないにもかかわらず，書くことや読むことなど，学習にかかわる一部のことができないというのは，周囲からすると，「どうしてできないの？」という疑問や苛立ちを抱きやすく，理解を得られないこともあります。ただ，頭ではわかっているのに書くことができない，言ってくれたらわかるのに黒板の文字は見えにくいなど，誰よりも苦しいのは子ども自身なのです。日本では，教育を受ける方法を基本的には選ぶことができません。授業では，先生の話を聞きながら黒板の文字をノートに写します。テストでは，紙に書かれた問題を黙々と読み，答えを黙って紙に書きます。ノートに写さずに先生の授業を録音すること，テストを口頭で答えること，これらがSLDの子どもたちに合うやり方であったとしても，これらはなかなか許されません。しかし，それではSLDの子どもたちは勉強することに拒否感を抱くようになるのは自然

な流れです。そのため，ノートは書ける範囲で書き，録音したものを家で復習してもよいことにするなど，ASD の項目でも記載しましたが，学校と子ども，その家族との折り合いがつけられること，そのような関係性を形成することが大切です。医療現場が，子どもと保護者，先生方のそれぞれの気持ちを汲むことや心理教育を通して，橋渡しのできる場となると良いでしょう。

発達性協調運動症（DCD）

　DCD は，ASD の子どもに併存していることも多いですが，DCD のみの場合は，日常生活では支障がない場合もあるため，子ども自身も周囲も，「運動神経がよくない」といった認識で終わってしまうことが多いです。しかし，医療現場につながったのであれば，子ども自身に DCD であることを伝えることで子ども自身が納得でき，運動が苦手であることによる自尊心の低下を防ぐこともできます。さらに，ある運動が苦手である中，これまで頑張ってきたことを伝えることも大切です。また，保護者や先生方にも DCD であることをお伝えすると，運動が苦手であることを責めなくなったり，体育や運動会などで配慮してくださったりする可能性が出てきます。苦手な運動を練習して習得することも大切ですが，みんなと同じやり方ではなく，DCD の子ども一人ひとりに合わせたやり方で伝えられると，習得できる可能性も上がります。ただし，体育の授業で一人ひとりに合わせることは限界もあることから，理学療法（Physical Therapy：PT）や作業療法（Occupational Therapy：OT）につなぐことも選択肢の一つとなります。

強迫症（OCD）

　OCD の症状に対しても，薬が処方されることがあります。薬を飲むことで，強迫観念や強迫行為が軽減することが期待されます。強迫観念や強迫行為が，薬を飲んだ途端になくなるというより，強迫観念や強迫行為の頻度やそれらによって日常生活に支障が出る時間が徐々に少なくなっていくことが多いです。また，どのようなときに強迫観念や強迫行為が生じやすいのかを聞き，子ども自身が気づきを得ること，それにより強迫観念や強迫行為をコントロールでき

る可能性を上げることも大切です。

　以前と比べて，強迫観念がありながらも強迫行為をせずに日常生活における行動ができているのであれば，それは子ども自身が本当に頑張っている証拠でもあります。たとえば，手洗いの頻度が1日に30回以上だったのが10回になっている，1回にかかる時間が20分だったのが5分になっている，これらは決して治っていないのではなく，子ども自身が頑張って治りつつある証拠です。他の障害や疾患でも同様ですが，些細な変化や子どもの頑張りを認めるようにすることが重要な支援となります。

　また，OCDを抱える子どもの保護者が，子どもの強迫観念や強迫行為に巻き込まれることがあります。たとえば，帰宅したら20分以上は手を洗うように，外出するときは鍵を閉めたか5回以上確認するように強要されるなどです。子どもの言う通りにすることもつらいですが，言う通りにせずに子どもが暴れ出したりすることの方がつらいこともあります。そのため，保護者も知らぬ間に巻き込まれて疲弊している場合も多いです。そのようなつらさに共感したうえで，手洗いでも確認行為でも，通常の範囲ではするけれどもそれ以上はしないように強迫行為に縛られないことが大切です。ただ，それだけでは子どもが暴れ出したりして，子どもも保護者もつらい思いをします。そのため，強迫に関すること以外でのコミュニケーションを増やすこと，強迫に関すること以外で自尊心を高められるように意識して子どもとかかわることから取り組んでもらうことが功を奏す場合もあります。子どもに巻き込まれていることを保護者も悩んでもいいということ，恥じる必要はないということを言葉にせずとも暗に伝えられることが，保護者をサポートするうえで重要です。

ゲーム障害（GD）

　GDは，ゲームをしたい衝動が抑えられない，日常生活よりゲームを優先し健康を損なうなどの問題が起きても続けてしまうといった依存性が出ている場合は，通院だけではなく，キャンプや入院などでゲームができる環境から切り離すといったことが効果的です。その一方で，不登校になり仕方なくゲームをしている場合は，子ども自身もほかに何をしていいのかわからない，やりたい

ことが見つからないことに苦しんでいる場合もあります。そのため，適応指導教室（教育支援センター）で勉強する，やりたいことがあれば習い事を始めるといった選択肢を，医療現場や保護者から提案することが，子どもの苦しさを軽減することにつながります。ゲーム以外で，やりたいこと・やるべきことが見つかり，それらで楽しさを感じることができ，人とのつながりをもつことができれば，ゲームから徐々に離れることができます。学校以外で，楽しさやつながりが見つかると，余計に学校に行かなくなるのではないかというとそれは違います。子ども自身も学校は行かなければならない，できることなら行きたいと思っていることが多いです。そのため，学校以外で楽しむことができ，自信やつながりをもてることが，不登校からの回復につながります。

性別違和（Gender Dysphoria）

　性別違和に関する悩みを抱えている子どもであっても，医療機関ですぐにその悩みを話せるかというとそうではありません。性別違和に関する悩みや不登校を背景として表面に出ている抑うつ，不眠，希死念慮などの症状を話すことが多いです。医療機関につながる前に，性別違和に関する悩みをすでに保護者に相談できている場合は，医療機関でもその話を聴けることがあります。そのときは，自責の必要はないこと，学校での具体的な配慮について一緒に考えていくことが大切です。学校での配慮を得る場合には，一部の先生であってもカミングアウトをする必要があります。カミングアウトについては，何より子ども自身のペースで行うことが大切です。場合によっては，不登校が持続する可能性があっても，カミングアウトをしないことも選択肢の一つになります。子どものペースで通いやすい適応指導教室（教育支援センター）やフリースクールを利用する，高校進学にあたっては制服やトイレの苦痛を軽減できる通信制を利用するなど，様々な選択肢を提示し，それらについて話し合いながら，子どもが自己決定できることも重要な支援になります。

　医療機関につながる前に，性別違和に関する悩みを保護者に相談できていない場合もあります。その場合は，何らかの症状で継続して通院し，子どもとの関係性が良好になると，性別違和に関する悩みを話してくれることがあります。

そのためには，他の障害や疾患でもいえることですが，子どもと保護者が一緒に受診していても，日頃から子どもだけが話せる時間をつくるなどの配慮が大切です。また，保護者にとっても，子どもの前では言えない悩みや葛藤を抱えていることもあります。特に，性別違和に関する悩みの場合は，受け入れることに時間がかかる保護者も多いです。そのため，子どもだけではなく保護者のためにも，診察や検査の際には，子どもだけの時間，保護者だけの時間を確保しようと意識しておくことが，子どもと保護者への支援を充実させることにつながります。

3　一人ひとりに合わせた支援を目指して

　ここまで，医療現場で出会う不登校の特徴，様々な障害や疾患に合わせた具体的な支援や取り組みについて述べてきました。それと同時に，私はもう一つのメッセージを込めたつもりでいます。それは，同じ障害や疾患であっても，子ども一人ひとり，その捉え方や困り感は異なるということです。もちろん，保護者や学校の先生方の捉え方や困り感，子どもや保護者，先生方の関係性も異なります。障害や疾患について，心理教育をすることも大切ですが，そのうえで目の前の子どもや保護者は何に困っているのか，何を求めているのかといった視点をもってかかわることが何よりも大切です。

　医療現場では，保護者が子どもの話をするなど，子ども自身の問題であるにもかかわらず，子どもが置き去りにされてしまうことがあります。「大人だけで子どものためにどうしたらいいのかを考えていても，本当にその子どものためになることができるとは限りません。たとえ，大人が子どものためになることを考えられたとしても，その子どもが大人の行為を受け取る準備ができていないために，うまくいかないこともあります。子どもに聞いてもわからない，子どもに聞くと傷つけてしまうかもしれない，そのような思いがあって子どもに直接尋ねないことがあるかもしれません。もしそうであれば，子どもにわかるように聞いてみること，子どもが傷つかないためにはどのように聞けばいいのかを考えてみることが大切な心構えになります」（樋口，2021）。医療現場に

おいても，"子どもを置き去りにしないこと"を意識しながら子どもとかかわることが求められます。それと同時に，子どもを中心に考えすぎて，保護者を置き去りにしないように意識しておかなければなりません。

（樋口隆弘）

「キリツセー？　チョーセツ・ショーガイ??」というような反応を示す先生方は，少なくなりました。怠けているのではなく病気であるという説明を聞いて「学校は病院じゃないんだから，治してもらってから来れば……」などとおっしゃる先生方も，さすがにもういません。今では，だいたいは「病気なんだから仕方ないね。どうしよう？」と困惑しつつも，やや諦め気味に応対されるようになってきています。無知から困惑へと，先生方の関心や理解は高まってきているように思います。

　さて，起立性調節障害のために通常の通学ができにくくなったり，不登校になったりしてしまった子どもたちが学校生活を維持していくには，先生方の生徒理解にもとづく支援と，苦境に立たされた生徒を支えてくださる保護者や家庭の協力，そして当事者である子ども自身の自己理解と意欲とが必要です。しかも直ぐには改善しないので，長期にわたって粘り強くかかわり続けていかねばなりません。SC の仕事は，この三者の機能を高めて協働を図り続けることといえるでしょう。

先生方の働き

　昨今，先生方には，これまでの経験を通じて培ってきたのとは違った，教育についてのビリーフ（信念）やスキルが求められるようになっています。たとえば，リモートによる授業が普及していく中で，学校教育は学校ばかりではなく家庭でも行われ得ることを学んだように，「生徒は，毎日，登校して教室で授業を受けるものだ」という教師が抱いてきた従来のビリーフとは違う前提にたつ必要に迫られているのかもしれません。

　これまで，学校では全員一律の「ねばならない」が公平さだというビリーフがありました。しかし，徐々に変化が起きています。朝起きることができず，また起きたとしても身体がダルくてダルくて通常の登校ができない生徒に対して，学校でなくても家庭でも学ぶことが「できるように」試行錯誤してくださっている先生方がいます。学校によっては，別室での補習や学習プリントをもって出席扱いにしたり，欠課の補填を図ったり，別室で試験を受けさせるなどして単位を取れるように配慮しているところもあります。特に高校生の場合，進級や卒業は大きな壁になりますから，このような支援は，彼らを将来へとつなぐ希望になるでしょう。

　しかし，生徒によってはこういう措置を時として負担に感じ，露骨に不機嫌さを示すことがあります。こんな時，先生方は「やっぱりダメか」と思い，無力感や徒

労感を感じてしまわれると思います。これは印象なのですが，この病気に罹る生徒たちには過剰適応の傾向が見受けられます。それだけに，その態度の変化に先生方のショックも大きくなるのでしょう。危機の局面です。「心はいつも揺れ動いていて，そういう時もある」。SC は，本人の心の揺れを伝えて先生方に理解を深めてもらい，ともかく支援が続くように図る役割を担うことになります。

生徒・保護者の不安

　不登校になっていくまでの間に，大抵の場合，親子間の葛藤や諍いが起こっています。自分でもわけがわからないままに，目まいや倦怠感，時には頭痛にも襲われて，気分は沈むし，気力も萎えて頭は冴えずボーっとしたまま，本人は大きな不安を抱えているのですが，その姿を見ている親の方も不安のあまりに苛立ちを感じ，「早く起きなさい！」から始まって「グズグズしないで，早くしなさい！」と叱咤し，「ダラダラしないで，勉強しなさい！」などと叱責を続けてしまいます。子どもの方は反抗する気力もなく，ただ「わかってもらえない」つらい思いを募らせていきます。双方にフラストレーションが高まり，過ストレス状態になります。

　こうして親子の関係に齟齬が生じていきますが，子どもが起立性調節障害という病気だと知ることによって親が変わり，一転して過保護になってしまわれることがよくあります。背景には子どもを責めてしまったことへの罪悪感や自責感があるのでしょう。子どもの方も親への依存を強め，親任せの傾向を帯びていきます。思春期の発達課題を考えると，やや問題のある親子関係が形成されてしまいます。しかも，今まで普通にできていたことができなくなってしまった状態は，当初，本人には大きな不安や焦燥感をもたらしますが，日々繰り返されていくうちに，無力感と諦めにかわっていきます。不登校を難しくしていくのは，こうして二次的に生じてきた要因によるものです。

　ここに SC の仕事があります。目標は，本人が自分でも気づいていない「できていること」「できること」に気づかせて，ささやかな希望のタネを育てることです。現実の変化によってでないと人は変わりません。しかも，それに気づいても，なかなか認めたがりません。「どうせダメだ」という思い込みや，完璧主義的な全か無かの判断が働いて無力感と諦めのスパイラルに陥っているせいでしょう。親との依存関係を崩したくない思いもあるかもしれません。不調であっても「できていること」「できること」は結構あると本人に気づいてもらうことが，保護者や先生方の支援を活かし，二次的な要因改善への始まりになるだろうと思っています。　（太田義人）

コラム 6-2　　トランスジェンダーと不登校

トランスジェンダーとは

　出生時に割り当てられた性別とは異なるありようにアイデンティティをもつ状態を「トランスジェンダー」といいます。性別不合，性別違和，性同一性障害といった用語は医療概念ですが，「トランスジェンダー」は，当事者が発展させてきた尊厳ある名称で，病理や疾患の意味合いはありません。トランスジェンダーは，医療概念とは異なる出自の用語として理解されています。

環境次第でつらさが変わる

　典型的な 6 歳児のケースを二つ紹介します。あおいちゃんもつばさちゃんも戸籍上は男児で，女の子になりたいと思っている幼稚園児です。あおいちゃんの幼稚園はあおいちゃんがスカートを穿くことについて何も言いませんし，トイレも男女の区分けのない個室なので何も問題がありません。あおいちゃんは，女の子のお友達と遊んだり，自由に楽しく過ごしており，幼稚園が大好きです。この幼稚園にはあおいちゃんが不登園になる要素はありません。一方，つばさちゃんの幼稚園は男女で異なる制服があり，帽子の形も男女で違います。先生はよく「男の子はこっちに来てー！」と呼びかけたり，「さすが女の子はカワイイ絵を描くね！」と性別分けした褒め方をします。そんな環境にいるつばさちゃんのお友達たちは，つばさちゃんが女の子側に入ろうとすると「おかしいよ！」と否定したり邪魔をしたりします。女の子の制服を着たいとつばさちゃんが先生に言うと「男の子はこっちの制服なんだよ」と諭され，見かねた保護者が「女児の制服を着させてあげたい」と掛け合っても，「性同一性障害とかそういうのですか？　前例がないので……」と怪訝そうな対応。ついにつばさちゃんは幼稚園に行くのを嫌がるようになってしまいました。

　こういったケースを通じて，筆者は，不登園になるにはそうした園づくりをしているからだと考えさせられました。

性別二分法から性別スペクトラムへ

　性別二分法に則った学校は，トランスジェンダーにとってつらく耐えがたい場所です。中学校では特に，男女を明確に分ける性別二分法的環境が顕著になる傾向があります。男女別の制服や部活動はよくトランスジェンダーから苦痛の源としてテーマにあがります。

　伊藤（2017）は，生徒の制服に関する問題が生じたときに，教師個人としては生

徒の要望を認めてもいいと思ったとしても学年での話し合いや職員会議の中で，認めないという結論になることがあり，全体の決定が優先されるジレンマについて述べています。ここで重要なのは，全体の決定が「児童生徒の心情等に配慮した対応（文部科学省，2015）」となっているかです。すなわち，子どもの人権を尊重した対応をしているのか否かが問われており，その根底を崩してはいけません。

　これは，トランスジェンダーだからということではありません。性別を変える明確な意思をもつ子どものみしか想定できていなければ「男子になりたいなら男子と同じに扱えばいい」と単純に考えてしまいますが，実際を知れば，"性別二分法を前提とした解決法"には限界があると気づかされます。

　幼児期はもとより，思春期の子どもたちは自分自身のジェンダー・アイデンティティを確固たるものとして確立しているわけではありません。性別の非受容は女子に顕著にみられる現象として知られており，中学2年生女子の性別受容率は4割程度にしかすぎず，6割の女子生徒が女に生まれてきてよかったとは思っていないのです（日野林ほか，2007；伊藤，2000）。こうした女子たちの中には，はっきりと自分をトランスジェンダーだと思う者もいれば，スカートだけは穿きたくないと思う者，教師からの「女子はそういうのが好きだなあ」といった性別ステレオタイプ的発言にイライラする者等々，様々です。性別にどの程度帰属感覚を抱くかは，グラデーションでありスペクトラムだという理解が大切です。トランスジェンダーだと伝えてきた子どもだけ対応すればいいということではないのです。スカートだけは穿きたくないと思う女子生徒に対し，「男子と同じに扱えばいい」ということではありません。

不必要な性別区分けをなくし，個が尊重される環境を

　さらに，何も言葉にしないまま，学校に行くことを諦める子どもたちの存在も忘れてはいけません。圧倒的ともいえる男女二分法的な学校環境に打ちのめされ，不安と緊張に苛まれても，その違和感を本人が言語化できるとは限りません。本人も何が嫌で学校に行けないのかわからないということもあります。そのためにも，不要な性別区分けをなくすことに学校関係者は具体的に着手すべきですし，そのことが不登校を減らす一助になると思います。特に，強制的に割り振られる制服，名簿，グループ活動，席順，配布物などが男女別となっていないかどうか，なっているとすればどんな根拠があるのかを考え，洗い出していく必要があります。このテーマは，学校環境に働きかけることが対応の基本です。環境を整えずに不登校だけを何とかしようとすることは本質から目を逸らした対応となるでしょう。　　（佐々木掌子）

第7章

教育支援センター（適応指導教室）からみた不登校とその支援

はじめに

　学校に公立学校と私立学校があるように，不登校の児童生徒が学校に籍を置いて通う施設にも公立の施設と私立の施設があります。一般的に，公立の施設が「教育支援センター」「適応指導教室」と呼ばれ，私立の施設が「フリースクール」と呼ばれています。

　1992（平成4）年9月，文部科学省から「学校以外の場所に登校拒否の児童生徒を集め，その学校生活への復帰を支援するため様々な指導・援助を行う「適応指導教室」について，その設置を推進するとともに，指導員や施設設備等の充実に努めること」という通知が全国の教育委員会に対して出されました（「登校拒否問題への対応について」平成4年9月24日文部省初等中等教育局長通知）。「適応指導教室」という呼称はこの通知にもとづいています。

　通知を受け，全国で適応指導教室の整備が進められました。1991（平成3）年に133か所だった教室数は，2016（平成28）年には1388か所となり，その数は10倍以上に増えました（図7−1）。現在では，全国の都道府県および市区町村のうち約6割に適応指導教室が設置され，年間2万人を超す児童生徒が通っ

図 7 - 1　全国の適応指導教室の教室数

出典：文部科学省初等中等教育局児童生徒課，2019「生徒指導上の諸課題の現状と文部科学省の施策について（令和元年12月）」より作成

ています（文部科学省，2019a）。教室に通う学年は各教室で決められ，「小・中学生」「中学生」「小～高校生」など，教室によって異なります。

　その後，文部科学省は，2003（平成15）年 5 月の通知において，「適応指導教室については，その役割や機能に照らし，より適切な呼び方を望む声があったことから，国として標準的な呼称を用いる場合は，不登校児童生徒に対する「教育支援センター」という名称を適宜併用する」としました（「不登校への対応の在り方について」平成15年 5 月16日文部科学省初等中等教育局長通知）。そのため，現在では「適応指導教室」という呼称と，「教育支援センター」という呼称が混在している状況です。

　当初，適応指導教室の取り組みは，通所を希望する児童生徒への支援が中心でした。しかし近年，通所を希望しない児童生徒への訪問支援や，不登校に関する学校へのコンサルテーションなど，支援の中核組織（センター）としての役割も求められるようになっています。全国的にみると，通所を希望する児童生徒への支援を中心に行っている教室がまだ多い状況ですが，今後徐々に，支援の中核組織としての機能を有した「教育支援センター」と呼ばれる教室が増えてくると思います。

　なお，地域によっては「適応相談センター」や「子ども支援センター」など，

別の呼称を用いている場合もあります。また，「てるしの」「日々草学級」「すなはま」など，親しみやすい愛称を付している教室が多くみられます。

　この章では，筆者が，全国適応指導教室・教育支援センター等連絡協議会の会長（平成26〜29年度）として，全国会議や地域会議などにおいて情報交換した様々な事例を通して，適応指導教室や教育支援センターなど（以下，「教育支援センター」と表記）における不登校の児童生徒とのかかわりや，その支援のあり方について述べていきたいと思います。なお，紹介した取り組み例は会長在職時のものであり，現時点では中止・変更となっている場合がありますのでご了承ください。

1　教育支援センターの目的と取り組み

　教育支援センターの設置の目的は，文部科学省「教育支援センター整備指針（試案）」において，次のように述べられています。

　「不登校児童生徒の集団生活への適応，情緒の安定，基礎学力の補充，基本的生活習慣の改善等のための相談・指導（学習指導を含む）を行うことにより，その社会的自立に資することを基本とする。」

　それぞれのセンターは，この設置の目的をはたすために，工夫を凝らして様々な取り組みを企画・運営しています。その主な取り組みは，次の1〜4項にまとめることができます。

1　体験活動の取り組み

　整備指針に示された「集団生活への適応」を図るため，教育支援センターでは，児童生徒同士の交流・集団活動の場として「体験活動」を企画・運営しています。

　トランプ，ボードゲームなど少人数でのゲーム活動や，スケッチ，工作などの創作活動，読書や楽器演奏などは，どのセンターでも日常的に取り入れている体験活動です。施設に広いスペースや屋外スペースがあればスポーツ活動や園芸活動，簡易な調理施設があれば調理実習なども行っています。講師や地域

人材に依頼して体験活動を実施するセンターも多くみられます。

　センター外に出かける体験活動も積極的に行われています。バスや公共交通機関を利用して，ハイキング・くだもの狩り・社会見学などに出かける事例も少なくありません。また，キャンプや海水浴など，宿泊活動を実施しているセンターもあります。

取り組み例①

　　沖縄県立総合教育センターは，沖縄県適応指導教室「てるしの」を運営するとともに，県内の教室に通所する児童生徒を対象とした，スポーツ交流会や体験活動交流会を実施しています。また，沖縄県適応指導教室連絡協議会の事務局を担い，協議会の合同事業として「自然体験キャンプ（3泊4日）」も共同開催しています。これらの取り組みにより，年間を通して県内の教室の事業支援を進めています。

　教育支援センターの規模は様々です。小規模なセンターにとって，独自でセンター外の体験活動を行う際には，引率スタッフの確保や企画の負担など課題があります。取り組み例①は，複数の，小規模なセンターの児童生徒を集めて体験活動を運営することにより，それらの解消を図っている事例です。また，近隣のセンター同士が連携し，合同で体験活動を行うことにより負担を軽減している事例もみられます。

2　相談活動の取り組み

　整備指針に示された「情緒の安定」を図るため，教育支援センターでは「相談活動」を実施しています。多くのセンターでは，相談員やカウンセラーなどを常駐または非常勤で配置して，個別に相談の時間を設けています。スクールカウンセラーと連携して相談活動を行っているセンターや，保護者との相談活動を並行して行っているセンターもあります。

> ### 取り組み例②
>
> 　埼玉県蕨市が運営する適応指導教室「日々草学級」では，午後の日課である小集団での「活動の時間」に，月2回程度「ライフスキル学習」を取り入れています。セルフエスティーム形成・意思決定・目標設定・ストレス対処・対人関係の5つのスキルに関する活動があり，ブレインストーミングによる学級目標「日々草の誇り」作り，ペア練習による「上手な話の聞き方」などのプログラムを実施しています。

　最近では，取り組み例②のように，「情緒の安定」を図るためにソーシャルスキルトレーニングなどの心理教育的活動を取り入れる事例が増えています。

> ### 取り組み例③
>
> 　鳥取県鳥取市が運営するサポートルーム「すなはま」では，年間を通して計画的にソーシャルスキルトレーニングに取り組んでいます。日課に位置づけられている集団活動として実施する場合と，児童生徒の様子やニーズに応じて個別に実施する場合があります。「頭のチャンネルを切り替えよう」「いかりを小さくする方法を練習しよう」「上手に断ろう〜相手の気持ちを考えて〜」などのプログラムを実施しています。

　心理教育的活動を取り入れる場面については，取り組み例③のように，全体の活動として取り入れるときもあれば，個別に取り入れるときもあります。

　いずれの場合も，心理教育的活動の理論を理解し，導入の方法や留意事項を踏まえて取り入れることが必要です。学校と同様に，教育支援センターにも，カウンセラーや特別支援教育担当者などの専門スタッフが「チーム」としてかかわるようになり，このような専門的なアプローチの導入が可能になってきました。

3　学習活動の取り組み

　整備指針に示された「基礎学力の補充」を図るため，教育支援センターでは「学習活動」を日課の中に取り入れています。各自のペースに応じた個別学習を主体とするセンターが多くみられます。

取り組み例④

　愛知県名古屋市が運営する子ども適応相談センター「なごやフレンドリーナウ」では，タブレットによるオンライン学習を学習活動に取り入れています。「コンテンツの提供」「タブレットの整備・管理」「スタッフの派遣・労務管理」を３本柱とした業務を企業に委託し，授業動画とドリルから成るコンテンツを使用しています。派遣されたスタッフは，センター職員と連絡を取り合いながら，学習活動を中心に支援を行っています。

　最近では，ICT 環境の整備充実が進み，デジタル機器を活用して学習活動に取り組むセンターも増えてきました。デジタル機器はその運用において，接続やトラブル解消などに専門的な知識が必要となることがあります。取り組み例④は，タブレットの整備・管理も含めて企業に委託している事例です。

　なお，学習活動を取り入れる際には「必ずしも学習しなくていいよ」という雰囲気づくりや，内発的な学習意欲を大切にした支援を心がける必要があります。児童生徒によっては，学習に向き合えるまでの心のエネルギーが回復していない場合もあるからです。

4　一日の流れ（日課）の設定

　整備指針に示された「基本的生活習慣の改善」を図るため，教育支援センターでは，これまで述べてきた「体験活動」「相談活動」「学習活動」を組み合わせて，基本的な一日の流れ（日課）を設定しています（図7-2）。

　日課に沿って規則正しい生活を目指しますが，一人ひとりの状況に応じて通所の開始・終了時刻を自由にしたり，学習活動や集団行動を希望しない児童生

9:30	10:00	10:30	11:00	11:30	12:00	12:30	13:00	13:30	14:00	14:30
朝の会	個別学習	活動の時間		お昼の会	昼食	活動の時間	個別学習		活動の時間	帰りの会
個別相談1		個別相談2					個別相談3		個別相談4	

図7-2　一日の流れ（日課）の一例

徒に個別のプログラムを用意したりするなど，流動的に日課を運営するセンターが多くみられます。

5　教育支援センターの目的の推移

　先に述べた「教育支援センター整備指針（試案）」は，教育機会確保法の施行後，改めて記述を整理して2019（令和元）年にまとめ直されたものです（「不登校児童生徒への支援の在り方について」令和元年10月25日文部科学省初等中等局長通知）。以前の整備指針では，「設置の目的」の後半部は「学校復帰を支援し，もって不登校児童生徒の社会的自立に資する」と述べられていました。元来，適応指導教室の目的は不登校児童生徒の社会的自立に資することなのですが，「学校復帰を支援し」という記述に偏重してしまい，学校に登校するという結果のみに重きがおかれた時期がありました。

　整備指針が改められたことは，教育支援センターがその設置の目的を再認識する大きなきっかけとなりました。学校復帰のみを支援するのではなく，児童生徒が将来，精神的にも経済的にも自立して，豊かな人生を送ることができるように支援していくという認識が，すべての教育支援センターに求められています。

2　教育支援センターにおける支援の特長

　教育支援センターに通所する児童生徒の多くは，学校との相談の中でセンターについての紹介を受け，その情報をもとに通所を開始しています。そして，

9割以上の児童生徒が，通所日数を指導要録上の出席扱い（コラム7-1参照）として認められています（文部科学省，2019a）。また，交通費や体験活動に伴う実費負担を除けば，通所に費用はかかりません。これらの教育支援センターの特長は，センターが教育委員会によって設置された公的施設であることを背景としています。

　それぞれのセンターにおいても，公的施設であることを背景とした取り組みがみられます。特に，公的機関や施設との連絡・調整が図りやすいため，学校や，教育委員会施設と連携した事例が多くあります。

1　学校との連携

　教育支援センターと学校との連携は，慎重に行うことが必要です。児童生徒や保護者によっては，センターと学校が連携することを望まない場合があるからです。そのため，学校との連携は，通所している児童生徒の状況を相互に把握することを主としており，連絡会や定期的な文書の送付により情報共有を図っている事例が多くみられます。

取り組み例⑤

　佐賀県が運営する教育支援センター「しいの木」では，企業の実践研究助成を受けたことを機にICTの活用を開始しました。活用事例の一つに教室のブログ運営があります。児童生徒がセンターの様子をブログにアップし，パスワードを伝えた保護者に見てもらうことにより，タイムリーな情報発信と共有を図っています。

　取り組み例⑤は，ICT技術を活用した情報共有の事例です。ブログの記事を児童生徒が作成することにより，ブログを児童生徒の自己表現の場，児童生徒同士の交流の機会として活用しています。ICT技術は劇的な進化を続けています。保護者との情報共有に限らず，今後の支援のあり方を考えるうえで，その技術を活用する視点は欠かせないものとなっています。

> ### 取り組み例⑥
>
> 　大阪府堺市が運営する適応指導教室「スプリングポート」「ユーアイルーム」,出張適応指導教室「栂教室」では, 学校との情報共有の方法の一つとして「適応指導教室通室記録システム」（Web システム）を運営しています。教室の通所状況や活動内容, また学校に登校した場合には登校時刻, 下校時刻などがリアルタイムにパソコン上で確認できるシステムです。

　取り組み例⑥も, ICT 技術を活用した情報共有の事例です。Web 上の情報のやりとりは個人情報の管理が欠かせません。この事例では, 既存の全庁的な情報共有システムを利用し, 市の情報部と連携することにより十分な情報管理を可能にしています。

　2016（平成28）年 9 月, 文部科学省より, 児童生徒一人ひとりの置かれた状況を関係機関で情報共有し, 組織的・計画的に支援を行うことを目的とした「児童生徒理解・教育支援シート」を作成することが望ましい, という通知が出され, あわせてその書式例も示されました（「不登校児童生徒への支援の在り方について」平成28年 9 月14日文部科学省初等中等教育局長通知）。最近では, このシートを活用して学校と情報共有や検討を行う機会が増えています。

　また, 児童生徒・保護者の意向を確認したうえで, 学校の先生が教育支援センターを訪れたり, 学校で使用しているプリントをセンターでも活用したりするなどの事例もみられます。

2　他の教育施設との連携

　教育委員会には教育支援センター以外にも, 図書館・美術館・博物館や, 教育に関する研究や研修を行う教育センター・教育研究所など, 多くの施設があります。様々な形で, これらの教育施設との連携が図られています。

> ### 取り組み例⑦
>
> 　長崎県長崎市が運営する学校適応指導教室「ひかり」は, 同市の教育研究所の

施設内に開設されています。教室の学習時間（11：00〜12：00）の授業は，教育研究所の職員が分担して行っています。児童生徒・授業者両者の負担を少なくするために，毎日の学習時間のうち冒頭の15分間だけを一斉授業形式とし，その後は個別学習としています。

　取り組み例⑦は，教育研究所と連携している事例です。教室担当以外の職員も学習活動にかかわることにより，児童生徒との関係性が生まれるという点においても効果があがっています。

　全国的に，教育センター・教育研究所との連携事例は特に多くみられます。学習活動に携わるほか，教育研究所の特別支援部門の職員がその専門性を生かしてソーシャルスキルトレーニングを運営したり，相談部門の職員がアセスメントの検討に参加したりするなど，その内容は様々です。

取り組み例⑧

　大分県が運営する教育支援センター「ポランの広場」では，大分県立図書館と連携した体験活動に取り組んでいます。バックヤードツアーから始まり，職業講話，職業調べ，図書館での奉仕活動まで，キャリア教育の視点を取り入れた継続的な体験活動となっています。この活動をモデルとして，県立図書館主催の「公立図書館活用支援事業」が始まり，竹田市・佐伯市・日田市などの教育支援センターが市立図書館との連携事業を行っています。

　取り組み例⑧は，図書館と連携した事例です。また，先行事例で得た知見をもとに，他の教育支援センターにも同様の連携が広がっている事例でもあります。各センターが独自に工夫を凝らすだけでなく，それぞれが積み重ねてきた知見を有効に活用し合う体制づくりも，様々な地域で進められています。

　そのほか，地域の大学と連携した事例もみられます。大学は教育委員会の施設ではありませんが，教育機関同士，連携が図りやすい状況にあります。

　佐賀県佐賀市が運営する適応指導教室「くすの実」では，佐賀大学と連携して年6回の「実験教室」を開催しています。教授・大学院生スタッフに赴いてもらい，「3D万華鏡」「指紋・血痕検出で名探偵」「ナイロンを作ってみよう」など，実験室さながらの活動を実施しています。大学院生とのふれあいも児童生徒にとって楽しみの一つとなっています。

　取り組み例⑨は，大学と連携して体験活動を企画・運営している事例です。最近ではボランティア活動を授業の一環とする大学が増えていますので，学生ボランティアが活動しやすい環境が整いつつあります。多くの教育支援センターは，大学に，大学生や大学院生のボランティアを依頼しています。体験活動の支援だけでなく，児童生徒の日々の活動に寄り添ってもらう事例も多くみられます。

3　一人ひとりの状況に応じた支援を目指して

　これまで，多くの教育支援センターでは，通所を希望する児童生徒を対象に，主に集団生活を通して支援が進められてきました。しかし，通所していても集団生活が苦手な児童生徒もいます。通所を希望しない児童生徒もいます。各センターには今後，一人ひとりの状況に応じた支援を進めることができるよう，さらなる工夫が求められています。

1　通所を希望する児童生徒とのかかわり

　通所を希望していても，児童生徒の状況は一人ひとり異なります。そこで，児童生徒にかかわる情報を収集・共有・判断・検証し，一人ひとりの状況に応じて，どのような支援方法が適切であるのかを検討する「アセスメント（見立て）」の取り組みが大変重要となります。

　近年，多くの教育支援センターは，アセスメントがより的確なものとなるよ

う，相談員やカウンセラーなどの専門職を配置するようになりました。専門職が配置されていないセンターでは，外部の専門職に出席を依頼して，検討会を定期的に開催するなどの工夫をしています。

　教育委員会や首長部局が主導して，センターを含めた組織的な支援ネットワークを構築することにより，アセスメントや個々の支援の充実を図る事例もみられるようになってきました。

> ### 取り組み例⑩
>
> 　福井県教育研究所では「教育相談ネットワーク会議」を創設しています。ネットワークは教育，福祉・保健，司法・警察，雇用・就労の分野に及びます。教育研究所の教育相談部がネットワークの総合窓口を担い，教育支援センターをはじめ，多様な相談リファーに対応しています。ネットワーク創設後，複数の機関が連携して相談活動を行うケースが増えています。

　取り組み例⑩は，教育の分野を超えて，様々な関係機関とのネットワークを構築・運営している事例です。不登校の要因や背景が多様化・複雑化していることを踏まえ，教育支援センターと児童相談所がネットワークを構築している自治体も増えています。

　アセスメントの取り組みが充実してきたことに伴い，そのアセスメントをもとに検討されたそれぞれの支援方法を，限られた職員数・設備の中でどのように具体化していくのかが大きな課題となっています。

> ### 取り組み例⑪
>
> 　高知県高知市が運営する教育支援センター「みらい」では，支援の開始時に受理会を開いています。受理会では，集団でのプログラムにそった活動や学習を行う「集団での通所支援」，集団活動やコミュニケーションが苦手な児童生徒を対象に行う「個別通所」，学習支援を中心に行う「学習支援」，家庭を訪問して支援を行う「訪問支援」など，いずれの初期支援が適切であるかを検討し，支援につなげています。

取り組み例⑪は，支援の開始時に複数のプログラムを用意することで，アセスメントをもとに検討された支援方法を具体化しようとしている事例です。受理会以降もアセスメントは継続的に行われ，児童生徒の状況の変化に応じて支援の形は適宜変更されています。

取り組み例⑫

　石川県金沢市は「そだち富樫教室」と「そだち此花教室」の２か所の適応指導教室を運営しています。当初は両教室で集団生活を通しての支援を行っていましたが，現在では，児童生徒の実態に応じ，「そだち Personal（個別支援）」と「そだち Friendship（集団生活を通しての支援）」の２通りのプログラムを設定して支援を進めています。富樫教室では Personal と Friendship を，此花教室は Personal のみを実施し，アセスメントをもとに通所する教室を決めています。

　取り組み例⑫は，教育支援センターをプログラム別に運営することで，アセスメントをもとに検討された支援方法を具体化しようとしている事例です。個別支援のみを行うセンターを運営することは，集団生活が苦手な児童生徒への支援を充実させることにつながっています。複数のセンターを開設している比較的規模の大きな自治体では，このように，プログラム別にセンターを運営する事例が増えています。

取り組み例⑬

　滋賀県大津市は，小中学生を対象とした適応指導教室「ウィング」を運営しています。2016（平成28）年度以降，「ウィング」に加え，小学生のみを対象とした分教室を市内３か所に新たに開設しました。分教室では，活動や学習支援の内容を小学生に合わせることにより，一人ひとりの状況に応じた取り組みを充実させています。

　取り組み例⑬は，通所する児童生徒の対象を限定することで，アセスメントをもとに検討された支援方法を具体化しようとしている事例です。同様に，中

学生のみを対象としたセンターや，高校生のみを対象としたセンターを運営している事例もあります。

2 通所を希望しない児童生徒とのかかわり

不登校の児童生徒の中には，教育支援センターに通所することを希望しない児童生徒もいます。これまで，通所を希望する児童生徒を中心に運営してきたセンターにおいても，通所を希望しない児童生徒とのかかわりをどのように構築していくのかが大きな課題となっています。

取り組み例⑭

福井県坂井市では，旧坂井郡の4町合併に伴い，各町の適応指導教室が「ステップルームさかい」として集約されました。集約に伴って職員数も増えたため，「教室活動」「訪問活動」「相談活動」「学生ボランティア派遣」の4本柱で取り組みを進めることができるようになりました。「訪問活動」では，教室の職員が定期的に学校に出向き，学校や家庭からの要請を受け，それに応じて家庭訪問を行っています。

通所を希望しない児童生徒とのかかわりを構築していく手立てとして，もっとも多くみられるのは，個別の訪問支援です。取り組み例⑭は，教育支援センターの職員が，センターの運営をしながら個別の訪問支援を行っている事例です。

しかし，他の多くのセンターは職員数に限りがあり，両者を並行して行うことは難しい状況です。そこで，教育委員会や教育研究所などが実施している訪問支援事業との連携が試みられるようになっています。

取り組み例⑮

和歌山県和歌山市は，中学校2校に教育委員会から「訪問支援員」を配置しています。訪問支援員は，学校内に設置された「支援室」での支援と，家庭訪問による支援を行っています。支援している児童生徒が，子ども支援センター「ふれ

あい教室」に通所するようになった場合には，継続して相談を行ったり，「ふれあい教室」の活動に一緒に参加したりします。

他の事業と連携を図る場合には，切れ目のない支援となるよう組織的な取り組みが重要です。事業ごとに同じような聞き取りを繰り返したり，支援方法に食い違いが生じたりする状況では，連携が逆効果となってしまうからです。取り組み例⑮のように，家庭訪問を行う訪問支援員が，教育支援センターにおける支援に継続してかかわることは，切れ目のない支援の実現につながっています。

通所を希望しない児童生徒の中には，センターへのアクセスが不便なため，負担感を感じて通所を希望しない場合があります。アクセスの負担をどのように減らすかということも大きな課題となっています。

取り組み例⑯

福島県郡山市は，郡山市総合教育支援センター内において適応指導教室「ふれあい学級」を運営しています。その教室以外に，市域を4エリアに分け，各エリア2人1組の担当者による「ふれあい学級方部分室」を開設・運営して，アクセスの困難さを緩和しています。分室の会場は公民館等を利用しています。

アクセスの負担感を減らす手立てとしてもっとも多くみられるのは，取り組み例⑯のように，身近な場所で教室を開設する工夫です。市内に8か所もの教育支援センターを開設している自治体もあります。

取り組み例⑰

青森県が運営する適応指導教室「こころの教育相談センター」では，ジャンボタクシーを運行して，アクセスが困難な児童生徒の通所を支援しています。教室開室日には全日運行しており，教室の予定にあわせて「通常運行」「午前運行（12：00に帰りの運行出発）」「特別運行（宿泊体験への運行）」の3パターンで年間計画が組まれています。

取り組み例⑰は，教育支援センターが独自に通所方法を確保している事例です。アクセスの負担感を軽減する大変有効な取り組みとなっています。しかし，こうした事例は大変少なく，アクセスが困難なセンターでは，保護者に自家用車での送迎を依頼していることが多いのが実情です。

4　教育支援センターに求められる今後の支援

　教育機会確保法の制定が大きなきっかけとなり，児童生徒の「最善の利益」を最優先にして支援を行っていく重要性が，改めて認識されるようになりました。教育支援センターには，これまでの取り組みを充実させていくとともに，一人ひとりの状況に応じた支援を進めるために，さらなる工夫が求められています。今後のセンターのあり方を考えるうえで，参考となる事例をいくつか紹介します。

取り組み例⑱：校内の教育支援センター

　福岡県久留米市は，市内全中学校（17校）の校内に「校内適応指導教室」を開設しています。教室には適応指導教室助手2名がそれぞれ配置され，生徒の居場所づくりなどの支援を行っています。同市は校外にも適応指導教室「らるご久留米」を設置していますので，適応指導教室が校内・校外それぞれにあります。両者の間では，積極的な連携が図られています。

　これまで，多くの教育支援センターは学校以外の場所に設置されてきました。最近では，取り組み例⑱のように，校内にセンターを設置する事例もみられるようになっています。教室以外の居場所を校内に確保することにより，初期支援の充実を図るとともに，児童生徒が通所するセンターの選択肢を増やすことにもつながっています。

取り組み例⑲：中学校卒業後の支援

　東京都渋谷区の渋谷区教育センターでは，相談指導教室「けやき教室」を運営するとともに，卒業後の支援やフォローアップを図るために，高校生・中途退学者を対象とした「若者サポート事業」にも取り組んでいます。教室に通所していた児童生徒には，電話等で連絡をとり，フォローアップが必要な場合には，若者サポート事業の諸活動につなげています。

　高校生を対象にした教育支援センターは，全国的にみても少ない状況です。多くの児童生徒は，中学校卒業に伴いセンターへの通所を終了します。そこで，一人ひとりの状況に応じた支援を進めるためには，通所を終えた後も，支援を継続していく手立てを検討する必要があります。

　取り組み例⑲は，教育センターが教育支援センターの運営と並行して，卒業生のフォローアップも実施している事例です。最近では，子ども・若者総合相談センターなどの関係機関と情報を共有することにより，卒業後の継続した支援体制の構築を図っている事例が増えています。

取り組み例⑳：民間施設等との連携

　島根県雲南市は，適応指導教室「おんせんキャンパス」の運営をNPOに委託しており，教育委員会スタッフ3名とNPOスタッフ5名が共同で教室を運営しています。NPOスタッフの内訳は，教員経験者・JICA経験者・臨床心理士・教育に関心のある主婦・地域の若者の5名です。

　民間施設等との連携協力については，これまでの文部科学省通知においてその必要性が繰り返し述べられてきました。取り組み例⑳のように，教育支援センターを共同で運営する事例のほか，運営全体をフリースクールに委託する，いわゆる「公設民営」の事例もみられるようになっています。今後，教育支援センターとフリースクール，それぞれの積み重ねてきた知見を相互に協力・補完し合う事例がさらに増えてくると思います。

ほかにも，地域の人材を登録して支援の充実を図る「地域連携」，ICT を利用して訪問支援の充実を図る「自宅学習支援」「オンライン教育相談」，保護者の思いの共有を図る「保護者交流活動」など，さらなる支援の充実を目指して，工夫を凝らした事例がみられるようになっています。

　不登校の児童生徒にとって，「教育支援センターへ通う」ということは，「その時期をどう過ごすのか」を考えるうえでのひとつの選択肢にすぎません。教育支援センター以外にも，別室登校，フリースクール，オンライン学習，自宅で過ごすなど選択肢は様々です。一人ひとりの能力・適性，興味・関心に応じて，多様な選択肢を提供できるよう，関係者同士のさらなる連携協力が求められています。

（森　敬之）

不登校と出席日数

　不登校が問題行動として捉えられてきた歴史的な背景から，少しずつですが子どもたちを取り巻く環境は変化してきています。私自身は複数の行政区でスクールカウンセラーとして働いていますが，出席の扱いとなるケースは学校によって様々だと感じています。2016年に「義務教育の段階における普通教育に相当する教育の機会の確保等に関する法律」（以下，教育機会確保法）が公布され，あらためて文部科学省（2019）から「不登校児童生徒への支援の在り方について（通知）」が出されました。その中では，多様な支援を実施し不登校児童生徒への教育機会を確保するよう示されています。不登校の児童生徒や学校を支援する専門職としては，押さえておかなくてはならない法律です。その法令が施行されてから5年以上が経ちますが，今の学校現場ではどのような支援が行われているのか。「出席扱い」をテーマに少し私自身の経験を振り返ってみたいと思います。

出席として扱うということ

　ある行政区の指導主事の先生に出席扱いについて質問したことがあります。その先生からは「教育課程に基づく学習ができていることで出席と認定できるのではないか」と言われました。つまり，「その時に必要な学習内容を何らかの形で学習をしていること」となります。これは，文部科学省（2019）から「不登校児童生徒への支援の在り方について（通知）」の別記1に記載されている通りになります。しかし，実態としては「校門まで来て先生と少し喋って帰る」でも出席として取り扱われているのです。「何を評価し出席とするか」という視点は，個々の児童生徒の課題を整理して支援するという点でとても重要な視点だと思います。校長先生の裁量により様々ですが，出席として認定する評価の点では柔軟に対応しようとする姿勢がでてきているのではないでしょうか。

オンライン授業の取扱い

　前文に出てきた指導主事とは，オンライン授業の出席をどう考えるかについても議論になりました。教室の中で子どもたちが一人一台タブレットを使用する学校も出てきています。これは，不登校の子どもたちを支援するうえで非常に強力なツールになり得ると思うのですが，その指導主事の先生は「校門まで登校して話だけをして帰る」ということに，「校門まで来た」という本人の「努力」を教師としては

評価してしまう」と話され，「学校まで歩いてきた」という本人の頑張りを評価するということでした。しかし，オンライン授業では電源を入れてアプリを立ち上げるだけで出席となる。そうなると本人の努力を評価することが難しくなるとのことでした。でも，もしかしたら電源を入れるまでにとても抵抗があり，勇気を振り絞って電源を入れたのかもしれない。そう捉えると，たとえ電源を入れるだけでも本人の努力を評価できるかもしれないとも話され，「なるほど！」と思わされるとともに，そこに私たち専門家はどのような助言を出せるのだろうかと考えました。学習の機会は確保され出席として扱われつつも，その子の自立に向けた課題や支援については別に考える必要があるのです。オンラインの良さを生かしつつ，将来につながる支援としてどのようなことができるのか。新たな課題となりそうです。

学校で働いていて感じること

　不登校の子どもたちに向き合いながら，子どもたちの将来のことも考えつつ対応している先生も多くいらっしゃる一方で，学校の対応がまだまだ行き届かないと感じることがあるのも事実です。学校なりの対応をしようとする姿は見られるのですが，やはり学校としては「勉強が一番」「学校に来るのが子どもの役目」「教室への復帰」などが最終目標になっていることが多いように感じられます。学校の先生や保護者からは「どうしたら学校に来られるのでしょうか」と質問をされることも少なくありません。今まで学校に登校できなかった子どもたちが再登校できるようになり，教室で仲間と楽しく生活できるようになれたなら，これほど嬉しいことはないと思います。ですが，現実はそう簡単ではありません。不登校になる多様な要因により，実際には時間をかけ子どもの様子を見守りながら，時には保護者や学校の先生を励ましつつ，成長していく様子を我慢強く待つということをしていることも少なくないように思います。しかし，学校の先生たちとそのような話をすると，「どうすれば出席とみなせるか」という話になることは少なく，「あと何日休んだら不登校になるか」という話になることが多いように思います。それでも，私が現在も勤務している多くの学校では，適応指導教室（教育支援センター）に通っている児童生徒については，出席扱いとしてカウントされています。フリースクールに通っている子に関しても出席のカウントをしているケースがありました。ただし，フリースクールと学校が連絡を取って連携することが条件となっています。中学校区の小学校でもおおむね同様の対応をされています。気持ちに対応が追い付いていないというところでしょうか。学校の先生としては学校に来てもらいたいと思うの

は仕方のないことかもしれません。私たち専門家はその思いも理解しつつ，不登校の児童生徒と向き合っていく必要があるのではないでしょうか。

学校現場での不登校に対する意識

　不登校の児童生徒に対する対応はそれぞれの地域や学校の体制等によって様々です。特に中学校は高校への進路に直結するため，出席に関してもシビアな印象があります。「学校に登校してくる」ということが当面の目標になることは少なくありません。中学校の先生方からも「いま学校に来られないなら，高校に行くのは難しい」という声がよく聞かれます。通信制高校も増えて多様な進路先がある昨今でも，このようにお話される先生もおられます。

　文部科学省（2019）は支援の視点として「不登校児童生徒への支援は，「学校に登校する」という結果のみを目標にするのではなく，児童生徒が自らの進路を主体的に捉えて，社会的に自立することを目指す必要があること」と記しています。つまり，児童生徒がどのような進路に進むかを児童生徒自身が決められるように支援することが通知では求められています。しかし，実際には「どうすれば登校できるようになるか」に焦点が当てられて支援が進んでいることも少なくないのではないでしょうか。もちろん，「学校に行きたいけど行けない」という子もいますので，そのように目標をおくこと自体が悪いわけではないと思います。一律そのような支援になることが問題になるのではないかと思うのです。また，同法令には「児童生徒によっては，不登校の時期が休養や自分を見つめ直す等の積極的な意味を持つことがある一方で，学業の遅れや進路選択上の不利益や社会的自立へのリスクが存在することに留意すること」と登校できないことのリスクについても示されており，リスクに配慮した支援の方向性について児童生徒や保護者，学校の先生と試行錯誤しながら，私たち専門家は具体的な支援の方策を助言することが必要となります。学校に行けない状態について共感的にかかわりながらも，学習の機会をいかに確保するのか。教育機会確保法を前提とした不登校の支援につなげていくことが私たち専門家に求められているのです。

ある小学校の取り組み

　ある小学校で生活指導の先生と不登校に関して話をする機会がありました。その先生に出席日数についてどのように考えているかを尋ねてみたところ，「小学校は集団生活を学ぶ場所だけど，それを学べる場所は小学校だけではないし，学校の責任として顔を確認すること等は必要だと思うが，学校の勉強もできることをやって

くれているならそれでいい」と話されていました。もちろん，すべての小学校の先生が同じ考えではないですし，学校の方針も学校の数だけ違いがあります。あくまで１例ですが，その先生の勤務校では"出席扱い"に関する対応も柔軟にされており，家庭での学習が確認できていれば出席の扱いにしているケースがありました。「感覚過敏が強い児童で，登校が困難であるため」というのが家庭学習を出席扱いにする大きな理由とのことでした。実際に家庭学習が出席扱いになるまでには，校長先生をはじめとして多くの先生方が保護者の方も交えて何度もケース会議で議論をされていたようです。子どもにとって何がつまずきになっていて，どのように対応するのが最適かは十分なアセスメントが必要だと感じるところです。また，学習教材のやり取りは行われているわけですから，法令でいう別記２「不登校児童生徒が自宅において ICT 等を活用した学習活動を行った場合の指導要録上の出欠の取扱いについて」に沿った支援にもなっているのです。法令に沿っていることは大切な要素ですが，それ以上に不登校の児童に一律同じ対応をされているわけではなかったことが，その学校の良さだと思ったところです。多くの不登校を抱える学校が，それぞれの児童生徒に合わせた取り組みを考えていることに，学校の不登校に対する真摯な姿勢を感じました。そのような学校が増えていくことを願うばかりです。

私たちが意識しておきたいこと

　法令の改正が進むにつれて，不登校をどのように捉えるかということも変化してきています。当初は問題行動とみなされていた不登校も，現在では不登校を問題行動と捉えてはならないと法令にも明記されました。文部科学省（2016）は「不登校児童生徒への支援に関する最終報告」において「不登校の児童生徒が悪いという根強い偏見を払拭し，『行きたくても行けない』現状に苦しむ児童生徒とその家族に対して，『なぜ行けなくなったのか』といった原因や『どうしたら行けるか』といった方法のみを論ずるだけではなく，学校・家庭・社会が不登校児童生徒に寄り添い共感的理解と受容の姿勢を持つことが，児童生徒の自己肯定感を高めるためにも重要である」としており，現場の認識を変えていくことが大切であることが示されました。倉光（2021）も法令の変遷に関して「不登校の子どもに対する環境側の認識を改めることが求められるようになってきた」と指摘しています。私たち不登校を支援する専門家は，このような法令の変遷の意味を理解しておき，環境側となる学校にどのように働きかけられるかを意識して臨む必要があるのではないかと思います。

（岡田信吾）

第8章

フリースクールからみた不登校とその支援

はじめに

1 特定非営利活動法人 With 優について

　筆者の勤務する特定非営利活動法人（以下，NPO 法人）With 優は，「地域に住む子ども達，大人が自分らしさを大切にし，生き生きと幸せに生きる事，地域に笑顔が広がる事，優しい地域社会作りに寄与する事」を目的に，主に学校に行けない・行かないことを選択した子どもたち，今の社会の中で生きにくさを抱えた青少年の自立支援を行っている団体です。フリースクールの運営をベースに活動しており，2021（令和 3）年度で団体設立15年目を迎えました。フリースクールのほかには，①置賜若者サポートステーション，②会員制居酒屋「結」，③広場カフェ「はるにれ」，④米沢市生活困窮者就労準備支援事業，⑤置賜地域生活困窮者子どもの学習・生活支援事業など，様々な角度から，包括的・継続的な切れ目のない支援が実施できるよう複数の事業を運営しています。「置賜」とは，山形県の南部，人口約 8 万人弱の米沢市を含む，3 市 5 町からなる地域名です。当団体の利用者は置賜地域在住の方が主ですが，事業に

よっては県内全域から利用がある場合もあります。また、それぞれの事業は1
〜4名のスタッフが担当し、常勤・非常勤のスタッフ10名ほどが在職していま
す。

　①置賜若者サポートステーションは、労働局から委託を受け、置賜地域内で
無業状態にある15〜49歳の若者を対象に、職業的な自立支援を行う事業です。
これまでに700名以上の方が登録・利用し、ハローワーク等の就労支援機関の
ほか、福祉・行政機関等と連携をして支援を行っています。

　②会員制居酒屋「結」は、就労に困難を抱えた若者の中間的な労働の場、就
労決定後もつながりをもつ場、地域の方の憩いの場として、2013年2月に開所
しました。地域の4,700名以上の方に会員として登録していただき、若者の自
立を支えていただいています。「結」では、就労したことがない、前職からブ
ランクがあるといった若者が就労に向けてトレーニングを行っており、清掃・
皿洗い・調理・接客など、自分のできることから始めて徐々にステップアップ
していきます。時には失敗したり、一度就職したとしても続けることができず
にトレーニングに戻ってきたりする若者もいますが、「失敗してもいい」を合
言葉に、何度でも挑戦できる場所として運営しています。2021年1月までには、
50名の若者が「結」でのトレーニングを経て就労し、地域社会とのつながりを
取り戻すことができました。

　③広場カフェ「はるにれ」は、居酒屋「結」と同様に日中にトレーニングが
できる中間就労の場として、2018年12月に開所しました。トレーニングの場で
あるほか、小さなお子さんを連れてでも気軽に足を運んで相談ができる場所と
して、カフェにはたくさんの木製のおもちゃを用意しています。

　④米沢市生活困窮者就労準備支援事業、⑤置賜地域生活困窮者子どもの学
習・生活支援事業は、生活保護を受給している等の生活困窮者・世帯へのサ
ポートを行う事業です。学習支援事業は、ほかにも米沢市・長井市から事業を
受託し、対象者の自宅に直接訪問し、その家庭の子どもに家庭教師のような形
で学習支援を行っており、日中は学校に通っている子どももいれば、不登校状
態の子どもが対象になることもあります。本来であればフリースクールでの支
援が適切と考えられる場合でも、後述するとおりフリースクールは各家庭から

月謝をいただきながら運営しているため，生活困窮家庭でフリースクールに通うことが難しい，また遠方のため通所が難しいといった問題が生じることもあり，そういった場合にはこの学習支援事業を利用して支援を実施します。そのため，学力を高めることだけを目指すのではなく，学習をきっかけに家庭の状況や学校での課題を把握し，各学校や教育委員会，医療・福祉機関等と連携しながら，その子どもはもちろんのこと，世帯全体のサポートができるよう心掛けています。

　上記のように，当団体では支援を必要とする当事者への多角的な支援に加え，そういった方々を地域で支えるためのしくみづくり，地域づくりに力を入れています。

　私自身は心理職としてだけではなく，団体の一職員として，いわゆる心理相談に特化した支援のみならず，担当する事業自体の企画・運営・管理や，団体を運営していくうえでの様々な業務も担っています。はじめこそ当事者支援以外の活動や，面談室の外の支援には不安や抵抗がありました。しかし今では，地域のネットワークを活かし，行政や医療，学校など他の機関の方と一緒に考え，悩み，そしてその連携が子どもにとって役立ったときに感じられる喜びに，この仕事の醍醐味を感じています。

2　フリースクールとは

　「義務教育の段階における普通教育に相当する教育の機会の確保等に関する法律」（2016（平成28）年）にもとづき，文部科学省より出された「不登校児童生徒への支援の在り方について（通知）」（2019（令和元）年10月25日）には，「児童生徒の才能や能力に応じて，それぞれの可能性を伸ばせるよう，本人の希望を尊重した上で，場合によっては，教育支援センターや不登校特例校，ICT を活用した学習支援，フリースクール，中学校夜間学級での受入れなど，様々な関係機関等を活用し社会的自立への支援を行うこと。その際，フリースクールなどの民間施設や NPO 等と積極的に連携し，相互に協力・補完することの意義は大きいこと」との記載が盛り込まれ，昨今フリースクールをはじめとする民間支援機関への期待が大きくなっています。

文部科学省の「フリースクール・不登校に対する取組」によると，フリース
クールとは一般に，不登校の子どもに対し学習活動，教育相談，体験活動など
の活動を行っている民間の施設をいうと説明されています。また，その規模や
活動は多種多様であり，民間の自主性・主体性のもとに設置・運営されている
もので，2015（平成27）年度の調査では全国で474の団体・施設が確認された
とのことです。また，金子（2007）も，フリースクール・フリースペースの運
営方針や目標は様々であり，団体・施設によって活動形態や活動方針には幅が
あり，大きく異なっていると述べています。このように，現在のところ「フ
リースクール」，もしくは「フリースペース」という呼称を用いることに統一
された定義はなく，場合によっては公的な機関である教育支援センター（適応
指導教室）に「フリースクール」という名称が付けられていることもあります
が，本稿では文部科学省の説明に従い，不登校の子どもを受け入れることを主
な目的とする民間の団体・施設（文部科学省，2015）として記載します。なお，
文部科学省（2015）の「小・中学校に通っていない義務教育段階の子供が通う
民間の団体・施設に関する調査」によると，アンケートを送付した474の団
体・施設のうち319の団体・施設から回答を得られ，その中の318団体・施設の
回答のうち234（73.6％）団体・施設がフリースクール（フリースペースを含む）
の類型であり，その他にも親の会・学習塾・その他特色ある教育を行う施設な
どがあると報告されています。

　同調査（文部科学省，2015）によると，民間の団体・施設における活動内容
については，個別の学習を行っている団体・施設が約9割あるほか，相談・カ
ウンセリングが約9割，体験活動等が約7～8割，家庭への訪問が約5割の団
体・施設で実施されています。体験活動等においては，社会体験（見学，職場
体験など），自然体験（自然観察，農業体験など），調理体験（昼食づくりなど），
芸術活動（音楽，美術，工芸など），スポーツ体験といった様々な活動が実施さ
れており，各団体・施設の特色を活かした多彩な支援が行われているといえま
す。フリースクール等に関する検討会議（2017）でも，「民間の団体等が行う
活動は，それぞれの団体等の自主性・主体性の下多様な形で行われており，活
動の目標・内容が共通化されているものではない。不登校児童生徒の状況や

ニーズは多様であり，このような多様な支援の形があることは望ましいことだと言える」と述べられています。

　一方，フリースクール等に関する検討会議（2017）による報告では，民間の団体等による支援の課題として，保護者や地域住民にその存在があまり認知されていなかったり，個々の児童生徒にとって適切な支援の場となっているかを判断する情報が乏しかったりする場合が少なくないこと，その背景の一つとして，民間の団体等の状況を学校や教育委員会が十分に把握していないこと等から，民間の団体等についての情報提供が必ずしも行われていないことが指摘されています。また金子（2007）も，公的機関に比べその実態を知ることが難しく，安心できる機関かどうかの判断も保護者自身や教育関係者自身にゆだねられていると述べています。文部科学省では「民間施設についてのガイドライン（試案）」を策定し，不登校児童生徒が民間施設において相談・指導を受ける際に，保護者や学校，教育委員会として留意すべき点を目安として示し，学校や教育委員会，保護者との連携・協力関係を保つよう呼びかけています（文部科学省，2019）。

　以上のとおり，「フリースクール」は全国において様々な形態で展開されていますが，その一例として，以下筆者の勤務する NPO 法人 With 優で運営するフリースクールの活動を紹介しながら，フリースクールにおける支援や課題について考えていきたいと思います。

3　フリースクール With 優について

①概　要

　With 優の中心拠点である事務所，およびフリースクールは，山形県米沢市小野川温泉近く，米沢の中心部から車でおよそ15分の場所にあります。サルや時にはカモシカも出るような自然豊かな場所で，フリースクールの裏手を流れる小川では夏にはたくさんの蛍がみられます（図8-1）。

　そういった環境の中，With 優のフリースクールでは，学校に行けない・行かないことを選択した子どもたちを対象に，学習支援を中心とした自立支援を行っています。フリースクールには，小学生，中学生，中学校を進路未決定の

状態で卒業した生徒や高校を休学・退学した生徒らが常時15〜20名ほど在籍しており，そのうち高校生年代の子どもが4分の3以上を占めています。小・中学生までは公的な支援機関がありますが，高校生年代になると民間も含め支援機関がほとんどないのが地域の課題であり，そういった子どもたちが多く通ってきています。

図8-1　With優　外観

　多くは米沢市，もしくは置賜地域内に在住している子どもたちですが，これまでには山形県の日本海沿岸部である庄内地域から新幹線を使って米沢市まで来て，3泊ほど泊まり込みで通っていた生徒，米沢市に引っ越しをして一人暮らしをしながら通っていた生徒もいました。県内にはフリースクールのような民間の支援機関は少なく，上記のように県内全域から問い合わせや相談を受けることがあります。

②運　営

　登校日数に応じた月謝を家庭からいただいて運営しています。また，フリースクールに対して継続的に寄付をいただく「若者応援事業所ネットワーク」からの寄付金や，山形県からの委託事業等も活用しながら，現在は2名がフリースクールのスタッフとして対応しています。

③活　動

　フリースクールは，毎週月曜日から金曜日，9時〜17時に開所しています。前述したとおり，フリースクールは市街地からやや離れた場所にあり，公共交通機関も充実していません。そのため子どもたちは，行き帰りは保護者の送迎，もしくは，共働きの家庭も多いことからスタッフの送迎で登下校します（スタッフは送迎保険に加入）。生徒の状態や希望によっては，午前だけ・午後だけ，もしくは数時間だけ登校するということも可能としています。週に何日登校するかは生徒によってそれぞれのため，1日の登校者数は6〜8名です。

図8-2　フリースクールでの学習の様子

　9時に生徒が集まると「朝の会」を行い，その後，1コマ目・2コマ目と計2時間学習の時間があります。フリースクールでの学習支援は，「高校卒業程度認定試験」の受験を目指して学習している子どもたちへの支援のほか，通信制高校に在籍しその課題に取り組んだり，在籍している学校と連携して学習を進めたりと，子どもたちの状況や目標に合わせた個別指導が中心です。もちろん，通所し始めたばかりの頃には，なかなか学習に取り組めない，取り組む気持ちになれない子どもたちも多く，そういった場合には絵を描いたり，将棋をしたり，屋外で薪割りの作業をしたりと，その生徒が好きなこと，できる活動や役割を一緒に考えて過ごします。

　その後，生徒がスタッフと一緒に自分たちで昼食をつくり，大きなテーブルを囲んで，スタッフも含めみんなでワイワイとおしゃべりをしながら食事をします。昼食の後片付けをした後は，休憩をとり，午後も3コマ目・4コマ目と2時間の学習，全員で掃除をして，16時に「帰りの会」，17時頃に帰宅というのがおおよその1日の流れです（図8-2）。

　学習支援のほかにも，スポーツプログラムや，農業体験の実施，地域でのボランティア活動など，子どもたちの自立やコミュニケーションスキルの習得をサポートする活動にも積極的に取り組んでいます。また，春には山菜採りや新潟県の海まで片道100キロの自転車旅行，夏には海キャンプ，米沢の秘湯までの登山，秋には山形名物の芋煮会や松茸採り，修学旅行，冬にはスキーや雪灯籠づくりなど，四季折々，自然や地域の特性を活かした活動も行っています。

④卒　業

　当フリースクールでは，年齢や在籍年数などによる明確な「卒業」の時期は定めておらず，2021年3月時点では，最年長の生徒は21歳，最長在籍年数は6年間です。高校進学を機に一度フリースクールを卒業したけれども，結果的に高校を中退し，再度フリースクールに通うことにしたという生徒もいます。割合として多いのは，おおよそ1年半〜2年間在籍し，高校や専門学校・大学への進学を機に卒業するという生徒です。2021年3月時点では，34名が高校・専門学校・大学等に進学，32名が高校卒業程度認定資格を取得，9名が在籍する学校へ復学しました。

　また，卒業後もできる限り卒業生とのつながりを持ち続けることを大切にしており，卒業生を招いてのイベントや，卒業生に不登校になった当時の気持ちを話してもらう講話・シンポジウムなどの機会を設けています。大学や専門学校を卒業し，県外でシステムエンジニアや看護師，調理師として働いている生徒，地元で仕事をしながら結婚して家庭をもった生徒など，それぞれの道を歩んでいます。もちろん，フリースクールを卒業した後の人生が必ずしも順風満帆というわけではありません。悩んだとき，つまずきかけたとき，いつでも相談できる場所として在り続けたいと考えています。

1　フリースクールで出会う不登校

⌐1　フリースクールにつながるきっかけ

　フリースクール等に関する検討会議（2017）によると，フリースクールを含む民間の団体等は地域によって偏在しており，存在していない地域も多いと報告されています。当法人が活動する地域にも民間の支援機関は少なく，また地域によっては児童・生徒数が少ないこともあり，公的な機関である教育支援センター（適応指導教室）も十分には機能できないといった問題も起こっています。そういった地域の課題もあり，当フリースクールには様々な子どもたちに関する相談が寄せられています。

当フリースクールに最初に問い合わせをくださるのは，保護者である場合が多いです。インターネットで調べて知ったという方のほか，学校や行政などからの紹介を受けての問い合わせもあります。フリースクールを利用していただくにあたっては，まずは当フリースクールに見学にお越しいただきます。はじめは本人が保護者と一緒に見学に来るのが難しいということも多く，その場合には保護者にだけお越しいただくことも可能です。本人にも見学をしていただいた後，2日間の無料体験を経て，本人が希望すれば利用開始ということになります。また，学校の先生が問い合わせをくださり，見学にお越しになることもあります。

　フリースクールへの問い合わせは，学校を休みがちになって心配で……という早い段階での相談よりも，何年も不登校状態が続いている，家族や学校との関係が深刻化している場合の方が多いのが現状です。そのため，先述したとおり本人がすぐにフリースクールに見学に来ることが難しいケースは多々あり，場合によっては訪問支援から始める場合もあります。無理に来所させるのではなく，少し時間をかけてでも支援の入り口の段階でしっかりとした信頼関係を築くことを大切にしています。

　なお，子どもたちへの支援を行っていく過程では，保護者との関係性や連携も非常に重要だと考えています。そのため，定期的に保護者との連絡・面談を実施することはもちろん，3〜4か月に一度，フリースクールに在籍する生徒の保護者が集まっての「保護者会」を開催しています。保護者会では，生徒たちの日頃の様子や支援の状況について情報共有を行うほか，卒業生の保護者に参加していただいての意見交換会や，保護者同士の交流の場としての懇親会も実施しています。保護者自身がそういった場が苦手という場合もありますが，一度参加していただくと，普段周囲には話すことができずにいることを同じような境遇にある保護者同士で共感し合えることで，表情がとても柔らかくなる方が多いです。スタッフにとっても，保護者自身の人柄に触れ，同じ目線でその子どもについて考える機会となっており，非常に有意義であると感じています。保護者自身が孤立しないこと，保護者が少しでも心の荷物を降ろせる場所があることは，子どもに対する支援とも切り離せない，大切な支援だと考えて

います。

2 不登校になった経緯

　良し悪しはあるかと思いますが，当フリースクールでは登録をする際，本人に不登校になった原因や理由，きっかけを積極的に尋ねることはしていません。本人が話したい，話を聞いてほしいという場合には聞くこともあるかもしれませんが，そういった子どもに会うことはあまりありません。どうして不登校になったかという過去よりも，今できそうなことはどんなことか，やってみたいことはあるか，これからどうしたいか，そういった未来の話を中心にするように心掛けています。そのため，フリースクールに通うようになってしばらく経ち，ふとした瞬間に不登校になった理由を口にしたり，フリースクールを卒業するときになってはじめて，後輩たちへのメッセージという形で理由を知ることになったりすることも度々あります。

　そういった子どもたちの言葉を聞く限りでは，たとえば「いじめ」など明確なきっかけや理由がある場合は少なく，「自分でも理由はわからない」，もしくは「はっきりとした理由があったわけではない」と話す子どもが多いように思います。

　筆者がはじめてフリースクールに通う子どもたちに会ったとき，率直に感じたのは「どうしてこの子が不登校になったのだろう？」「本当に不登校になった子どもなのだろうか？」という印象でした。かかわっていくうちにそれぞれの課題や状況はみえてくるものの，挨拶や気遣いがしっかりできて，コミュニケーションも良好で，一見するとつらい経験を抱えているようにはみえない子どもたちにこれまで多く出会いました。一方で，発達的な課題を抱えた生徒，家庭環境が複雑な生徒も通っています。いずれの場合でも，何か一つだけ明確な原因があるのではなく，様々な背景が複雑に絡み合っていることが多く，それが子どもたちの言う「自分でも理由はわからない」「はっきりとした理由があったわけではない」ということなのかと感じています。

　その中で強いて特徴をあげるとすれば，人間関係や交友関係でのつまずきがきっかけの一つとなったケースは比較的多いのではないかと思います。それは

クラスメイトなど同年代との関係性の場合もありますし，学校の先生との関係，保護者との関係など様々です。発達障害の診断の有無にかかわらず，また「いじめ」などを直接経験したということではなくとも，「何となくクラスの人間関係になじめなかった」「人の目が気になる」と，人間関係に苦手意識をもっている，もしくはもってしまったことがきっかけの一つとなり得るようです。なお，不登校生徒に関する追跡調査研究会（2014）の「不登校に関する実態調査　平成18年度不登校生徒に関する追跡調査報告書」でも，「不登校のきっかけ」（複数回答可）として「友人との関係」が53.7%，「先生との関係」が26.6%，「親との関係」が14.4%とあげられています。

2　フリースクールで大切にしている視点

1　学校との連携

　当フリースクールでは復学を第一の目的としているわけではなく，学校に行かないということも選択肢の一つだと考えています。しかし同時に，学校でしかできない経験があるということも子どもたちに伝えていく必要があると思っています。そのため，その子ども・保護者と学校の関係や状況にもよりますが，在籍する学校がある場合には原則的に学校と連携し，情報共有やケース会議の場をもちながら支援を行うようにしています。フリースクールで使用する教材を学校側で用意していただいたり，スタッフが学校やその行事に同行したり，後述する「カフェレストラン」に学校の先生が足を運んでくださることもあります。

　フリースクールへの来所が指導要録上出席扱いとなるかどうかは，文部科学省「不登校児童生徒への支援の在り方について（通知）」（令和元年10月25日）の（別記1）「義務教育段階の不登校児童生徒が学校外の公的機関や民間施設において相談・指導を受けている場合の指導要録上の出欠の取り扱いについて」に記載のあるとおり，在籍する学校の校長の判断によるものです。それによると，一定の条件を満たす場合，教育支援センター等の公的機関だけでなく，民間の

相談・指導施設も考慮されてよいとされています。当フリースクールに通所する生徒に関しても，これまで小学校・中学校に在籍する生徒の多くが登校日数の一部としていただいてきました。高校でも，私立高校では出席日数として認めてくださっている学校があります。なお，先述のとおり在籍していた小・中学校に復学した生徒はこれまでに 9 名いますが，在籍していた学校に復学するというよりは，中学校・高校等への進学をきっかけに学校に通うことができるようになるケースが多いのが現状です。

2　子どもたちの力

　フリースクールで子どもとかかわっている中で強く感じるのは，子どもたち同士のつながりが，子どもたちを変化させる一番の力になるということです。フリースクールの子どもたちをみていると，誰かに言われているわけではないにもかかわらず，互いに傷つけるようなことをしない・言わないことが自然とルールになっており，自分たちの「安心・安全」を自分たちで守っていることが感じられます。もちろん，何気ない一言で嫌な思いをしたり，喧嘩になったりすることはありますが，それをも安心して経験できる場所になっているようです。そういった「安心・安全」な雰囲気を感じるからなのか，大人が話しかけてもずっと表情が硬かった子どもが，フリースクールの「先輩」に話しかけられたことをきっかけに，ふっと輪の中に入っていくことが度々あります。そして，子どもたちの表情がどんどん生き生きしてくるのがはっきりとわかります。

　また，子どもたち同士のつながりは，子どもが自分の進路を選択し，自立していくうえでも，大きな力となります。当フリースクールでは学習支援を中心とした支援を行っているものの，フリースクールに通い始めたばかりの頃には勉強をしたくないと言っていたり，勉強をするエネルギーがなかったりする子どもたちもおり，そういった場合には無理に学習をさせるようなことはしません。しかし，必ずしも進学を勧めているわけではないのですが，卒業生の進路をみると高校・大学・専門学校等への進学を希望して学習し，卒業していく子どもたちが多いのが現状です。周りの大人に「勉強をしなさい」と言われるの

ではなく，他の子どもたちが一生懸命に学習する姿をみたり，受験勉強を一緒になって応援したり，時には卒業する生徒から「勉強はした方が良いよ」と助言を受けたりすることによって，自分がすべきことを自分で考え，学習を始めてみようかなと自ら決める姿が印象的です。そのように自分の意志で学習に取り組み始める姿をみると，学習そのものが嫌いだ，苦手だというわけではなく，自信がなく，勉強をしない・できない自分に向き合うことを避けていたり，そういった姿を他者にみせるのが恥ずかしいといった気持ちがあったのだなと感じることが度々あります。実際に学習を始めると，もちろん苦労をしながらも，わかるようになることの喜びを感じ，できないことができるようになることで自信をつけていき，結果的に進学をしたいという気持ちにつながるのかもしれません。それは学習だけでなく，就労体験やアルバイトを始める際にも同様で，そういった経験を経て自ら進路を選択していきます。

　そのような意味で，当フリースクールが大切にしている行事の一つに「卒業式」があります。卒業生の状況によっては年度途中で実施することもありますが，例年3月に行う「卒業式」に向けて，在学生も一生懸命に準備を行います。もちろん卒業生にとっての大切な節目でありますが，その準備をしていく過程で，また卒業式当日にたくさんの祝福を受ける卒業生の姿，そして卒業生の言葉を見聞きすることで，在学生は自分が「卒業」するときの姿を意識したり，イメージしたりするようになるようです。卒業式の準備をきっかけに，ガラリと雰囲気が変わる生徒も少なくありません。私たちスタッフができることはあくまで手助けであり，子どもたち同士が励まし合い，高め合うこと，そういった機会や場所があることが非常に重要であると強く感じています（図8-3）。

3　地域で子どもたちを支える，育てる取り組み

　当事者・家族への支援はもちろん重要ですが，当法人ではその当事者・家族を支える「地域づくり」を行うことをミッションの一つとしています。フリースクールを運営するにあたっても，フリースクールに通う子ども・家族を支える地域づくり，子どもたちの自立の受け皿となる地域づくり，そして子どもたちの居場所であるフリースクールを継続的に支援していただく地域づくりと

図8-3　在学生による卒業式の装飾

いった視点も重視しています。

　その取り組みの一つが，土曜日にのみ，フリースクールの教室にて営業する「カフェレストラン」です。地域にフリースクールがあったとしても，当事者や家族でなければなかなか来所する機会はなく，中にはどんな場所なのかわからないとネガティブなイメージをもっている方もいらっしゃるかと思います。そこで，地域の誰もが「ほっ」とできるような場所として「カフェレストラン」を営業することで，地域の方に気軽に足を運んでいただき，フリースクールの雰囲気を感じて，実際に子どもたちとかかわっていただく場としています。敷居の低い相談窓口としても機能していますが，手打ちの生パスタと窯焼きピザを中心としたメニューがおかげさまで好評で，一般のレストランと同じように子ども連れの家族など地域のたくさんの方にご利用いただいています。

　カフェレストランではフリースクールに通う子どもたち自身が，スタッフのサポートのもと事前の準備や当日の調理・接客等を行います。責任をもって自身の役割をはたすこと，仲間をサポートする・されること，時には失敗をすること，お客様に「美味しかった」と声をかけていただくこと，そういった様々な経験を繰り返しながら，はじめはぎこちなかった接客が徐々に自信をもってできるようになる等，子どもたちにとっても自身の成長を実感できる場となっています（図8-4）。

　ほかにも，地域の100件近くの事業所から毎年継続的な寄付をいただいている先述の「若者応援事業所ネットワーク」や，経済的な理由でフリースクール

**図8-4　カフェレストランでの
　　　　ピザづくり**

に通うことが困難な子どものために地域の方から寄付を募った「教育支援基金」などを設立しました。なお，「教育支援基金」は，フリースクールの利用料の一部を基金から立て替えて，本人が自立，就職した後に少しずつ基金に返金をするというしくみとしています。しかし，将来的な展望がもちづらい不登校状態の子どもや保護者にとっては利用のハードルが高くなってしまい，現段階では十分に活用できていないことが課題です。フリースクールに通う子どもたちに対する公的な支援がなかなか得られない現状ではありますが，地域の方々に支えられている，応援していただいていると感じられることが，子どもたちにとっても財産になればと考えています。

3　不登校支援においてフリースクールに求められる役割

　フリースクールの卒業生からは，「不登校にはならないに越したことはない」という言葉を聞くことがしばしばあります。その言葉からは，「本当は他の子どもたちと同じように学校で楽しく過ごしたかった」という思いが感じられますし，そういう思いがあるからこそ進路として進学を選ぶ生徒が多いのかと思います。フリースクールでどんなに充実した時間を過ごしたとしても，学校に行かなくなった・行けなくなったこと，学校でしかできない経験ができなかったことについては，多少の後悔を抱えて過ごしていくのかもしれません。しかし，同時に卒業生からは「フリースクールでしか出会えない人に出会えた，フリースクールでしかできない経験ができた」という言葉も聞かれます。フリースクールは，学校の「代わり」にはなれません。しかし，その時々で変化していく子どもたちの姿と向き合って，柔軟に対応できることがフリースクールの

強みであり，そういった環境だからこそ引き出せる子どもたちの力があると感じることができます。

　また，フリースクールを「卒業」することは，ゴールではなく，自立を目指して地域・社会で生きていくスタートです。子どもたちが旅立っていくその「地域」や「社会」が，そういった子どもたちやその家族をどのように支えていくのか，これまでの形にとらわれない様々な形を模索し，子どもたちと地域，支援機関と地域をつなぐ，地域のしくみづくりを行っていくことも，フリースクールに求められる役割であると考えています。

　フリースクールに出会ってくれた子どもたちには，たくさんの経験や出会い，失敗や努力を重ねながら，後悔を受け入れて，後悔を抱えているからこそ，他の人に優しく，未来を力強く生きていってほしいと願っています。

（廣木明日実）

不登校の子どもたちにとっての「学習」

　小・中学校で不登校を経験した通信制高校生に不登校だったときに困っていたことについて尋ねたところ，休み始めから高校進学までの期間を通してあげられていたことに「勉強」がありました。学校を休み始めた頃，子どもたちは体調不良や気分の落ち込みを経験しながら，同時に「勉強が遅れてしまう」ことを気にしていることも少なくありません。また，高校進学が目前に迫ってくると，「勉強」に対する焦りはさらに高まります。一方，「勉強」が不登校のきっかけになっている場合もあります。文部科学省（2020）の調査では，小・中学校の不登校の要因として，「学業の不振」が主たるものである割合は7.2%，主たるものではないけれども当てはまる要因になっている割合が9.4%となっています。不登校生徒に関する追跡調査研究会（2014）の調査でも，不登校のきっかけについて，「勉強が分からない」を選択した割合は31.2%となっており，勉強についていけないこと，それによって自信をなくすことが不登校のきっかけになっている場合もあることがうかがえます。さらに，不登校の子どもたちにとって，学習はその後の進路や将来にもかかわる問題になります。「平成5年度不登校追跡調査」（森田，2003）では，中学3年生時に不登校だった子どもたちに，その5年後（20歳の時）にインタビューを行い，不登校時の状況や不登校経験への思いを尋ねています。自分について考える時間をもてた，人の気持ちや痛みが理解できるようになった，自分が強くなったなど，不登校の経験を通して得たものについて語られている一方で，「働くにしても勉強するにしても，自分には勉強していないという負い目がある」，「教室へ行けなくても，勉強ができるところがほしかった」といった語りも見られ，学習の機会を得たかったという切実な思いが伝わってきます。20年ほど前の調査のため，現在よりさらに支援が十分ではなかったという状況も考えられますが，学習が不登校のきっかけとしても，不登校状態にあるときの困りごととしても，そして不登校のその後にとっても非常に重要なものであることが感じられます。2016年12月に「義務教育の段階における普通教育に相当する教育の機会の確保等に関する法律」（教育機会確保法）が成立し，2017年2月から施行され，学校外における多様な学びへの支援にも目が向けられるようになりました。子どもたちが教育の機会を確実に得られるように，子どもたちの状態に合わせてどのように学習支援を行っていくかを考えていくことが重要です。

不登校の子どもたちへの学習支援

　フリースクールは，不登校の子どもたちにとって居場所としての役割を担っていることが注目されますが，その活動の中で学習が行われることも多く，学習を支援する役割も担っているといえます。フリースクールによって支援方針や運営体制が異なるため，どのように学習支援が行われるかはそれぞれのフリースクールによって異なりますが，子どもたちへの学習支援においては，子どものペース，特性，興味関心を大切にし，自信を高めていく働きかけが重要だと感じます。フリースクールに通っている子どもの中には，最初から積極的に学習したいと考えている子どももいれば，学習でつまずいた経験から苦手意識をもち，学習を避けている子どももいます。また，心理的に不安定で学習に取り組める状態ではない場合や発達上の特性から学習に困難を感じている場合もあります。そのため，それぞれの子どもの学習意欲，これまでの学習経験，現在の心理状態，発達上の特性などをきめ細かに把握しながら学習支援を行っていくことが求められます。子どもの学年相当の学習内容やすべての教科を学習することにこだわりすぎずに，好きな教科や単元から学び始めることで学習に楽しさを見出すことができたり，これまでの学習でつまずいたところに戻って学び直していくことで自信を取り戻せたりすることもあります。検定試験といった具体的な目標を決めて，それを達成していくことも自信につながります。子どもが「できた」と感じられる体験を一つずつ積み重ねていけるように支援していくことが重要であり，学習において少しずつ自信をつけていくことが，心理的な安定を回復し，将来について希望をもって考えていくという変化が生じるきっかけになることもあります。

　また，学習を支援していく前提として，子どもが安心して学べる環境をつくることも大切だと感じます。一人で課題に取り組めるスペースがあることで安心できる場合もあれば，フリースクールの仲間とテーブルを囲みながら取り組むことで楽しく学べる場合もあります。学年や習熟度が異なるため内容には工夫が求められますが，集団での授業形式の学びが良い刺激となることもあります。また，新型コロナウィルスの感染拡大により集団での活動を行うことが難しくなった2020年は，オンラインでの学習が積極的に取り入れられるようにもなりました。個別指導や集団指導，オンラインでの学習を上手に活用していくことが求められます。フリースクールのスタッフとの信頼関係づくりをまずはしっかり行ったうえで，子どもの状態を丁寧に把握し，学習環境や方法を工夫していくことが重要です。　　　（金子恵美子）

第9章

特例校からみた不登校とその支援

はじめに

　私は1993年に京都市教育委員会生徒指導課指導主事に着任以来，首席指導主事，生徒指導課長，京都市立洛風中学校・洛友中学校開設準備室室長，京都市教育相談総合センター所長，カウンセリングセンター長を歴任し，京都市における不登校をはじめ「困りを抱える」児童生徒へのサポートを様々な観点から行ってきました。「困り」と言っても様々なものがあり，それぞれの子どもたちが独自の背景を抱えていることを深く考え，現象面に現れる問題だけにとらわれず，なぜその現象が起きるのか，その背景に何があるのか常に考えるようになりました。たとえば，学校を休み出すそのきっかけが，子ども同士のトラブルであった場合，そのトラブルを解決しても登校できないことがあります。そのような場合，友人関係，学習の問題，教師との関係，子ども自身の心身の問題や特性，家庭の背景など様々な要因が考えられます。現象にとらわれず，できる限り本質を見極め，対応を考えるようにしてきました。その課題解決のためには，当事者である本人自身が，自分自身で考え，適切に行動できるように，周りはサポートに徹することが大切であることを学んでいきました。

1 特例校の成り立ち

特例校とは，不登校児童生徒の実態に配慮した特別の教育課程を編成して教育を実施する必要があると認められる場合，文部科学大臣が，学校を指定し，特定の学校において，教育課程の基準によらずに特別の教育課程を編成して教育を実施する学校です。本章ではなかでも先進的な試みをしてきた京都市の例をもとに紹介します。

京都市では，「子どもたち一人ひとりを徹底的に大切にする」という教育理念が以前からありました。1952（昭和27）年に開始された教育研究所での「教育相談」は，「京都市カウンセリングセンター」「永松記念教育センター相談課」と名称を変え，困りを抱えた児童生徒および保護者に寄り添い，その問題解決をサポートしてきました。

故河合隼雄氏，故樋口和彦氏，村山正治氏，西村洲衛男氏，故鑪幹八郎氏等多くの著名な臨床心理学者を輩出し，当時の実践レベル，研究レベルにおいても，教育相談機関として群を抜く専門性を有していました。臨床心理学研究が盛んであった京都大学からの支援や影響を受け，早くから学校教育にカウンセリングの考え方を導入し，一人ひとりの児童生徒を大切にした教育が行われていました。

また，1962（昭和37）年には，京都市教育委員会において，生徒指導課の前身である生徒福祉課が設置されました。当時の記録に「問題性の多い児童生徒の指導上の問題に積極的に取り組んで，"社会"の，"学校現場"の，"保護者"の，そして"児童生徒"の悩みについて民生的視野（ケースワーク）による社会的施策と専門的教育相談（カウンセリング）による科学的処理によって，善導し，解決しようとするものです」と紹介されています。当時としては，画期的で，先進的な試みは，様々な分野から注目され，現在なおその考え方が受け継がれています。

1982（昭和57）年には，生徒福祉課から分離独立した生徒指導課が①児童生徒の健全育成，②児童生徒のいじめ，不登校及び問題行動の対応，③就学援助，

図 9-1　京都市教育相談総合センター
（こども相談センターパトナ）

④野外活動の施設の運営等を目的に設置されました。

1989（平成元）年，不登校の児童生徒を対象に，5 泊 6 日のキャンプ生活での自然体験活動「山のおじさん事業」を展開し，共同生活体験をとおして仲間づくりや自分にもできるという自信を取り戻す取り組みは，登校のきっかけづくりとして根付いていきました。

1992（平成 4）年には，「適応指導教室」（現在の教育支援センター）の開設，1995（平成 7）年には「スクールカウンセラー」を導入し，不登校対策事業を展開してきました。また，1999（平成11）年に，「京都市児童生徒登校支援連携協議会（座長 藤原勝紀氏）」を設置し，不登校にかかわる行政機関，PTA，学校関係者，大学，医療機関，NPO 法人が一堂に会し，連携を図る取り組みが開始されました。この協議会が，子ども支援・相談ネットワークのセンター機能の役割を担うとともに，「不登校フォーラム」を開催するなど市民ぐるみの活動を促進していきました。2003（平成15）年には，教育委員会で取り組んできた「心の居場所づくり推進事業」の新たな展開として，「生徒指導」「カウンセリング」「ふれあいの杜（適応指導教室）」を一体化した全国初の専門機関「京都市教育相談総合センター（こども相談センターパトナ）」を開設しました（図 9-1）。

2　京都市における不登校特例校の取り組み等について

上記にあるように，京都市では不登校についての様々な取り組みを行ってきたものの，不登校児童生徒数の推移に減少がみられず横ばい状態でありました。そこで不登校傾向の子どもたちがどのように社会とつながっていくか，将来の社会的自立の問題などが課題となり，不登校の生徒の新たな選択肢・学びと社

表 9 - 1　洛風中学校と洛友中学校の概要

洛風中学校	学校名	洛友中学校
40名程度	定員	15名程度
9：30〜15：20	活動時間	13：30〜17：30（18：20）
教科の枠を超えた独自教科	主な特色	午後からの登校，夜間部との合同授業・活動

会とのつながりの場の創造に向け，新たな中学校の設置に向けた検討を本格的に開始しました。

　不登校を経験した子どもたちに「学校」という枠組みの中で「居場所」や「活動の場」をどのように生み出せばいいのか，どのような学習のかたち，カリキュラムや授業のあり方がよいのか，どのような子どもを対象にすればいいのか等，モデルとする取り組みがほとんどない中で，様々な議論を重ね，「学び」を通して社会との「つながり」を取り戻すための「学び直し」の場を創っていくこととなりました。

　中学校の設置を検討するにあたり，当時の法律や学習指導要領の枠を超えての学校づくりが必要不可欠であり，また，教員定数も確保できることから「構造改革特区制度」を活用して具体的な検討を進めていきました。2003（平成15）年10月に「不登校児童生徒対象学校設置に係る教育課程弾力化事業」を活用した「京都市不登校生徒学習支援特区」の認定申請をし，同年11月に認定されました。2004（平成16）年1月「不登校生徒学習支援特区中学校開設準備室」設置，新しい教育課程や学習内容の編成，スクールカウンセラー，学生ボランティアを中心とした教育相談や支援体制の確立，転入学方法の検討等も行いました。2004（平成16）年10月「京都市立洛風中学校」を開校し，続いて2007（平成19）年4月「京都市立洛友中学校」（不登校特例校と夜間中学を併設）を開校しました（表9-1）。

　ここからは両中学校での具体的な取り組みを紹介していきます。

1　京都市立洛風中学校

　京都市立洛風中学校は不登校生徒の自立に向けて，新たに「学び」と「育ち」の場となる学校です。2004（平成16）年10月に構造改革特区制度を活用し，

図9-2 京都市立洛風中学校

こどもセンターパトナの敷地内に開校しました（図9-2）。

構造改革特区とは，地方公共団体や民間事業者の自発的な立案により，地域の特性に応じた規制の特例を導入する特定の区域（構造改革特区）を設け，地域経済の活性化を図る制度です。本来，文部科学省の学習指導要領では，中学校1学年の年間総授業時数を1015単位時間に定めていますが，その一方で，洛風中学校は特別な指定を受け，無理なく学習できるように年間770単位時間に設定されています。

それにより，柔軟で特色のある教育課程が可能となり，これまでの教科の枠を超えた「新たな教科・時間」が設けられました（社会・理科・音楽・美術・技術・家庭科の教科や道徳・特別活動の時間は設けられておらず，これら教科の特色を生かした授業内容を「新設された教科・時間」で実施しています）。

新設された教科・時間としては下記のものがあげられます（洛風中学校の時間割はたとえば表9-2のようになっています）。

① 「科学の時間」

小・中学校の理科や社会で学んでおきたい知識や技能を広く把握し，自然的・社会事象や現象を学ぶなかで，科学的な見方・考え方の基礎を養い，観察や実験を通して，発見し，驚き，興味や関心をもち，子どもたちの「探求心」を育てる科目です。個人やグループで探求し，その成果を全員が共通して理解できるようにまとめ，発表することを目標としています（歴史・地理・文化・自然についての調査，見学，観察，実験学習など）。

② 「創造工房」

みる・きく・ふれるなどの感覚をフルに活用して様々な色・音・素材などと出会う体験活動をしています。そこから感じたものを自分の感性を生かして，描く・つくる・歌うなどと自己表現ができるような創造活動（京都の伝統・文化を教材にした表現，製作，鑑賞学習など。図9-3参照）を楽しんでいます。

③ 「ヒューマンタイ
　　ム（H・T）」

洛風中学校では「道
徳」「特別活動」に変
わって「ヒューマン・タ
イム（H・T）」という時
間を設置しています（不
登校児童生徒等を対象と
する特別の教育課程を編
成しています）。この
「ヒューマン・タイム」
の時間の学習を中心とし
て人権学習につなげています。

表9-2　洛風中学校時間割

		月	火	水	木	金
	09：30 09：45	朝の風				
1	09：50 10：40	英語	国語	数学	科学の時間	選択教科
2	10：50 11：40	数学	英語	保健体育	国語	保健体育
	11：40 12：50	昼食・昼休み・掃除				
3	12：50 13：40	科学の時間	風夢風夢	創造 工房	数学	H・T
4	13：50 14：40	国語	H・T		英語	風夢風夢
5	14：50 15：10	H・T	H・T	H・T	H・T	H・T
	15：10 15：20	明日の風				

　多様な体験活動と様々な人や自然と
の交流などを通して，人間としての生
き方について自覚を深め，自己を生か
す能力を養うとともに，豊かな心を育
み，社会性の涵養を図ることを狙いと
して実施されています。たとえば，
ヒューマン・タイムの時間では話し合
いやグループ活動，交流を通して様々

図9-3　「創造工房」：洛風の明かり展
　　　　―ランプシェードづくり

な出会いやつながりを体験できるようにプログラムされており，その中でいろ
いろと心に響く発見や出会いにつながるようにしています。

④ 「風夢風夢」

　身のまわりにあるいろいろな課題に目を向けます。そして深く知りたいとか，
原因を解き明かしたいという探求心を大切にして，自分で研究主題を決めてい
きます。さらに各教科の学習で得た力を生かして横断的，総合的に学習を進め
ていきます。

　全校生徒は毎年40数人程度。基本的な授業は学年ごとに行います。一方，学

図9-4 「ウイング」の拠点スペース（リラックスゾーンになっている）

年を超えた交流を促す仕組みが「ウイング」と呼ぶ学年縦割りのクラス編成です。四つの各ウイングに教員が三人ずついます。生徒は話しやすい先生を見つけ相談をしています。ウイングでは一日の始まりと終わりにホームルームを行い，昼食も一緒に食べます（図9-4）。職人を招いて伝統工芸体験をしたり，博物館の学芸員の講義を聴いたりする活動もあります。

　特に私の目を引いたのは，清水焼の有名な陶芸家の方に生徒たちが土捏ね，花器の成形の仕方を教えてもらったことです。それらを陶芸家の釜で焼いてもらって，できあがった花器に生徒たちは花を生けるため，近隣にある華道家元「池坊」の指導者に来ていただき，いけ花の指導を受けています。そして出来上がった作品を洛風中学校の1階部分にある「万華鏡ミュージアムギャラリー」で展示をするといった取り組みが行われました。一流の方々からの指導支援に目を丸くしながら楽しんでいた光景が今も目に浮かびます。生徒にとってはまたとない機会であり，心に残る取り組みでした。

　生徒へのサポートは，保護者をはじめ教職員，スクールカウンセラーなどの外部専門家だけではなく，地域の方やそれぞれの方面の一流の専門家の協力もえながら，教育活動が進められています。たとえば，専門家による「握り寿司体験」「和太鼓演奏」などを行いました。なお，洛風中学校では，教員を公募するシステムをとっているところも特徴的な点です。

　また，洛風中学校では，子どもたち自身が理解できるような文章表現による評価をくわえた，独自の教育課程に沿った通知表を提示しています。評価・評

定については京都市のスタンダードに則って行っています（従来どおりの9教科の評価・評定も行っています）。

2 京都市立洛友中学校

　洛友中学校は，不登校特例校（中間部）と二部学級（夜間部）を併設する全国で唯一の学校です。不登校を経験し，それを克服しようとする生徒（中間部）と，様々な理由により学齢期に義務教育をはたせなかった生徒（夜間部）が，世代や国籍を超え，ふれあい学び合っています（図9-5）。

　また洛友中学校は，校舎以外に体育館やプール，本校舎内に適応指導教室（教育支援センター「ふれあいの杜」）や小さなお子さんをもつパパ，ママのためのスペース「格致つどいの広場」等が設置されており，学校祭では地域の人々も参加するイベントがあるなど，地域にも開かれた学校であるとともに，地域から愛された学校でもあります。

　同校の中間部と夜間部は，5校時（5限目）授業が重なっており，中間部の生徒と夜間部の生徒が合同で授業を受けています。そこでは13歳から80歳までの生徒が同じ教室でともに学んでいます（図9-6）。また，昼・夜間部合同の校外学習の機会が多く設けられており，これは中間部の不登校経験のある生徒が，出席し易くなるようにとの工夫です。さらに，独自教材や小学校の学習教材を使用するなど，個別対応のきめの細かさも同校の特徴です。夜間部には幅広い年代や様々な国籍の生徒たちが学んでおり，日本語の習熟度や教科の能力別クラス編成，年配の生徒さんが疲れないよう休憩や給食を

図9-5　京都市立洛友中学校

図9-6　中間部と夜間部生徒の合同授業の様子：不登校の子どもがおばあさんに文字を教えている場面

表9-3　洛友中学校の時間割

《週時間割》

校時	クラス	月	火	水	木	金
13：30～ （10分）	全昼間部	学活	学活	学活	学活	学活
1校時 （50分）	1年	道徳	数学	英語	社会	数学
	2年		社会	数学	英語	英語
	3年		英語	社会	数学	理科
2校時 （50分）	1年	国語	国語	理科	数学	美術
	2年	理科	数学	美術	国語	数学
	3年	数学	美術	英語	英語	社会
3校時 （50分）	1年	理科	国語	国語	英語	美術
	2年	英語	数学	美術	社会	理科
	3年	国語	美術	理科	国語	国語
4校時 （20分）	全昼間部	総合・学活	総合・学活	総合・学活	総合・学活	総合・学活
5校時 （30分）	昼夜合同	総合・交流	音／技家	課外	美／保体	総合・交流
6校時 （45分）	昼夜合同	課外				課外

※火・木の5・6校時（実技教科）は夜間部と合同授業です。
※交流の時間は夜間部と合同で地域や外部の専門家を招く茶道やストレッチ体操など，様々な取り組みを行っています。
※課外は運動等の自由な活動時間で，自由参加です。

挟むなどに配慮した時間割（表9-3）で，出席のモチベーションを上げる配慮がなされています。年配の彼ら，彼女らの元気の良さが，全体の雰囲気を引っ張っていってくれるといったところも同校の魅力だそうです（京都市立洛友中学校　間野郁夫校長談）。

　同校には，ほかにも不登校の生徒が通いやすいように様々な工夫があります。たとえば始業時間は午後1時半，終業時間は午後6時20分で，一般的な中学校と異なる時間帯にしているのは，朝起きられない起立性調節障害の生徒や，登下校時に地域の中学校に通う同級生と顔を合わせたくないという生徒もいるためです。年間の授業時間も標準より2割程度少ない770～780時間にして，ゆったりとカリキュラムを組み，在籍生徒も10数人と少人数です。

第Ⅱ部　支援の場からみた不登校

218

① 洛友中学校の生徒の様子について

　起立性調節障害やゲーム中心の生活のため昼夜逆転の生活になる生徒がいます。朝起きなければと思いつつもゲーム等に夢中になり，自分で生活（時間）の管理が上手くいかず，生活が不規則になる生徒がいます。また生徒の中には，コミュニケーションが上手くいかず，「こだわり」があるために「困り」を抱える生徒もいます。

　このように集団での「学び」が苦手なため，小集団や1対1での学びが中心となっています。洛友中教育の特徴の一つでもあります，夜間部と中間部との交流活動では，中間部生徒は，夜間部生徒の学習に対する姿勢や生活の姿を見て，「頑張ろう！」と大いなる刺激を受けています。

② 生徒の特長や特性に対して

　洛友中学校では登校や下校に対して厳しさを求めず，本人の意思に任せる指導を行っています。また，様々な活動は準備するものの，その活動では，無理をさせず，指導者はサポートに徹し，参加するか否かは本人の判断により決定させるように努めています。

　先生方からお話を聞くと，発達の課題を抜きにして教育活動は考えることができないと話されます。一人ひとりの状況をつぶさに把握し，SCやSSWなどの関係者とのケース会議を重ね，具体的にどう指導・支援をしていくかが考えられています。一人ひとりの生徒の発達の課題や特長及び特性を把握し，指導・支援に生かされています。

　保護者は，学校は不登校の専門家，プロが揃っていると思われていますが，実態はそうではなく，子どもたちから学ぶことが多く，子どもの思いや願いにしっかりと耳を傾け，子ども一人ひとりの違いを意識し，試行錯誤を繰り返していると先生方は話されています。

　「行事」も「授業」も連続してつめつめの予定にならないようにしたりと，絶えず「余裕」をもって行われています。（1週間の間授業ばかりという設定にならないよう組まれている）課外活動は，子どもたちのストレスを和らげることに重点がおかれ，好きなことに挑戦し，やり甲斐をもたせることを念頭においた活動がされています。課外活動のみ参加する生徒がいますが，出席に関して

図9-7 授業風景

「よく来たな！」と迎え，しかし「明日も来いよ！」とは言わないようにしているとのことです。

　また中間部と夜間部合同の修学旅行，校外学習の意味は大きいと話されます。非日常的な行事の場面で，相互の状況を互いに理解し，交流を深めることで，その後，学習が意欲的になるなど，生活に変化が生じることもあります（図9-7）。

　学校として直面する課題が多くありますが，とりわけ生徒一人ひとりの発達の課題に向き合い，専門家の意見やアドバイスを聞きながら取り組みを進めていく必要があると思われます。そのために保護者の協力を取り付け，保護者，学校の役割を明確にしながら連携していくことが求められています。

　また，上級生に役割と責任をもたせたいとの考えから，文化祭等の行事では，下級生をリードしていく経験をし，上級生としての自覚をもたせ，自信を取り戻し，意欲的に生活ができるようにと考えられています。

　校長は，「洛友中学校での学習は“じっくり”“しっかり”と進んでいきます。不登校を経験した人は，学習できていない部分があり，わからないところがあると思います。そのような仲間がひとつの教室に入り，小集団で学習します。国語，社会，数学，英語は学年別に行い，少人数の教室で，丁寧に学ぶことができます。他の教科では，時には学年の枠を超えて，時には夜間部の皆さんとともに学習します。学習内容は，学年のこだわりはありません。年間770時間という少ない授業時数ですが，わかるまで丁寧に学ぶことができます。これが洛友中学校のスタイルであり，一番大切にしていることです」と話しています。

③　夜間部について

　不就学，小学校教育未修了の生徒の実態から，特別な教育課程が編成されています。さらに，洛友中学校には「学ぶとは何か」「人は何のために学ぶのか」という京都市立郁文中学校（洛友中の前身）夜間学校（二部学級）時代から受け継いだ「学びの原点」があります。夜間部に在籍する生徒の年齢と国籍は以下

のとおりです。様々なルーツをもつ生徒が在籍しています。

> 夜間部の平均年齢：50.5歳（16〜87歳），最高齢87歳，計26名
> 国籍：日本をはじめ韓国・朝鮮，ネパール，中国，モロッコ，フィリピン

④　中間部生徒と夜間部生徒の合同授業

　年齢の離れた集団の中で，新たな人間関係を築くことで，信頼感や自己肯定感を感じるとともに，夜間部の生徒の学習への姿勢から「学びの原点」を見出すことにより，学習への意欲を高め将来展望を拓くことを目指して合同授業が行われています。

　図9-8は，中間部の生徒の作文です。洛友中学校の取り組みの特色がよく表れています。

3　特例校において，求められる大切な視点

　「登校」とは，文字通り学校に通うことで，学校に向けて「登る」と書きます。やはり「登る」ことは大変です。「不登校」とは，登校しない又は登校できないという意味です。他章でも紹介されているように，文部科学省による公式な定義では，「不登校児童生徒」とは，「何らかの心理的，情緒的，身体的あるいは社会的要因・背景により，登校しない，あるいはしたくともできない状況にあるために年間30日以上欠席した者のうち，病気や経済的な理由による者を除いたもの」としています。

　不登校ということばについては，「学校恐怖症」「登校拒否」「登校拒否・不登校」「不登校」という変遷がありますが，1990年代には，拒否というほどの強い意志がみられない，ということで単に「学校に登校しない，登校できない」状態を示す用語として，「不登校」ということばが用いられるようになりました。ちなみに「不登校」という用語をはじめに使ったのは，京都市教育委員会です。拒否はしていないが行けないということを端的に示したことばです。

　不登校の要因は，一つのことで説明できるものではありません。子ども本人

「勉強　〜意味を考えて〜」

　みなさんは，自分がなぜ勉強しているのか，本気で考えたことがありますか。「高校に入るため」「いい会社に入るため」……そんなふうに考えている人もいるのではないでしょうか。私は，考えたことがありませんでした。「勉強は，しかたがないからやる」「勉強は義務だ」と漠然と感じていたと思います。小学校の友達はこう言いました。「勉強っていうのは，将来豊かな生活を送るための，いわば踏み台のようなものだと思う。だから，我慢して勉強するの」。そうか，そういう考え方もあるのか。でも，彼女は今我慢することで，その見返りが手に入る，と言っている。もう少し別の考え方もあるのではないか，とそのとき私は思いました。これが私が勉強の意味を考えるきっかけとなりました。それ以後も私は，「義務だ」と感じながら，勉強に取り組んできました。だから，体調がすぐれず，学校に行けないときには，「私はやるべきことをやっていない」と，自分を責める気持ちで苦しくなっていました。

　今，私は洛友中学校に通っています。洛友中学校には，私たちが通う昼間部のほかに，夜間部があります。そこでは，様々な事情により，学校に通えなかった，三十代から八十代の人たちが学んでいます。その大きな事情というと，やはり戦争や差別が挙げられます。外国籍の方もたくさんいらっしゃいます。中には日本語を話すのが難しいという方もおられます。私たち昼間部は「交流の時間」に，夜間部の生徒さんと一緒に活動したり，授業を受けたりしています。皆さんとても熱心に，楽しそうに学習しておられます。夜間部の生徒さんは，どうしてあんなに楽しそうなのだろう，と私はいつも思っていました。

　そんなとき私は，夜間部生徒さんの文集の中に，こんな言葉を見つけました。「私は，学びたいから学ぶのです。心の底から学びたい，夜間部の生徒さんにそう思わせた勉強は，ものすごく価値と魅力があるものに違いない。勉強というものへの考え方が，私の中で大きく変わっていきました。それまでの「勉強は義務だ」という考え方が，ひどく狭いものに思えてきました。私の友達は，「勉強は見返りを求めてするもの」と言いました。しかし，夜間部の生徒さんは，勉強そのものを心の底から楽しんでいる。そこが大きな違いなのだとわかりました。

　校長先生の「洛友中学校には学びの原点がある」という言葉の意味も，そのとき理解できた気がしました。勉強は人生においてずっと続くものです。だから，義務ではなく，心の底から学びたいと思える勉強を，私もしてみたい。それが見つかったとき，私の本当の勉強がスタートする。みなさんは，勉強の意味をどのように考えておられますか。人はなぜ勉強するのだと思いますか。私は，まだ答にはたどり着いていません。けれど，勉強の意味を本気で考えたことで，私は確実に成長できたと思います。

　「洛友中学校という場所」「学びたいから学ぶということば」は，私にとって大切な原点です。これからもっと考えて，納得できる答えを必ず見つけたいと思います。

図9-8　洛友中学校の生徒の作文

の課題にくわえて，家庭・学校・地域・社会のそれぞれに問題が複雑に絡み合って，不登校が生じます。子どもたちは，登校することに不安をおぼえ，登校しなければならないという義務感を感じ，周囲から登校するようにというプレッシャーもかかり，しばしば立ちすくんでしまいます。それらの不利な要因がからみあった中で，子どもは精神的に疲れ果て，ついには様々な心身症状を示し，「登校しぶり」から不登校に陥ってしまいます。

1　居場所の重要性

　子どもの発達や成長を支える場所を「居場所」と呼んでいます。家庭に加えて学校や地域，さらに物理的な場所だけではなく，熱中し打ち込める活動も「居場所」と考えることができます。「居場所」は，誰と一緒にいるか，どの場所にいるか，という物理的問題とともに，心理的に誰と一緒に居られるか，誰を信頼し，誰が自分の仲間と思えるか，という心理的問題は子どもたちにとって，学校へ行く条件としてきわめて重要な問題であると思います。

　核家族化，少子化の進む現代の家庭では，家庭の規模は大幅に縮小し，「家族機能」がすっかり低下してしまいました。かつて，今よりもずっと開放的であった家庭では，子どもたちは家族だけでなく近隣の人々とも密接に接し，守られ鍛えられ，多くのことを学んでいきました。しかし，現在では各家庭は外部に対して閉じることが多くなってきました。こういう状況は，不登校者やひきこもり者の成長や自立を支える家庭の力をそぎ落としてしまい，彼らが家に閉じこもることを促進してしまう条件にもなってしまっています。

2　不登校の今昔

　不登校は，以前は大都市や管理教育が強いところに多いといわれていましたが，最近は地域格差がほとんどなくなり，全国どこでも，小・中・高等学校どの学年でも，不登校に陥る傾向にあります。

　かつて不登校傾向のある子どもの家庭の多くは，父親は会社では生真面目で，一心不乱に働き，職場で受けたストレスをそのまま家庭に持ち込み，母親はそんな夫を気遣い，一人で子育てをするという不安を抱えながらも，子育てしていた人が多くいました。子どもはそんな両親に迷惑をかけまいと，精一杯がんばっていましたが思春期に入って父親のストレス，母親の不安をまともに受け，息切れをして不登校になるケースが非常に多くありました。しかし，今はどんな家庭の子どももなりうるという「大衆化」が進んでいます。

　最近は少子化が進んだことによる，母子密着や母子分離不安から小学１，２年生で不登校になる子どもが増えてきました。対応方法が登校刺激型対応から

受容的対応に変化し「様子を見守りましょう」「心にエネルギーが溜まるまで待ちましょう」というふうに学校現場では変化していきました。また，不登校状態でも，義務教育課程では，進級や卒業ができるようになったことや少子化の影響で高校受験の壁が低くなったことなどが総合的に働いて，登校しなければならないという圧力が低下し，本人および親に影響を及ぼし，気分的に楽になった分，問題を先に延ばしていく傾向が，不登校の「長期化」を招く1つの要因になっていきました。

　また，不登校に関して新たに指摘されている課題として注目されているものに，学習障害（LD），注意欠如／多動性障害（ADHD）等の発達の問題があります（コラム参照）。これらの児童生徒は，周囲の人との人間関係がうまく構築されず，学習のつまずきが克服できない状況が進み，不登校となる事例が増えてきたとの指摘があります。

　思春期は子どもから大人に向けて急速に心身が変化・成長する時期です。子ども同士の関係やコミュニケーションも，小学校低学年までとは質的に異なったものへと変化していきます。そのような仲間関係やコミュニケーションづくりに乗れない子どもの中には，孤立を深める子も出てきます。元々コミュニケーションが苦手な自閉スペクトラム症などの発達障害の子は，小学校高学年以後，孤立やいじめの被害にあう可能性が高いということもあります（コラム参照）。その結果，それまでの「発達障害」そのものに加えて，不安や抑うつが重なり，学校への適応がますます困難となります。これは「二次障害」と呼ばれています。

4　おわりに

　不登校が発生し始めてから，すでに40年以上たって，初期の頃の不登校児はすでに40歳代，50歳代となっています。その子どもたちに，第二世代の不登校が現れても不思議ではありません。時代の流れとともに，現代の社会の病理を反映して，不登校自体にも確実に変化が現れてきています。

1．不登校に対する理解が深まることによって，登校させようとする教師や親からの余計な圧力が減ったこと

2．不登校の児童生徒の数が増えて，自分だけではない，と思えるようになったこと

3．学校以外に，出席扱いにしてくれたり，勉強したり遊んだり出来るところが増えたこと（例；フリースクール，適応指導教室など）

4．パソコン，ビデオ，各種ゲーム機器などの普及により，学校から逃避しやすくなったこと

5．学歴にこだわらない生き方をする若者が増えてきたこと

　上記のようなことを背景として，学校はどんなことがあっても登校しなくてはならない所である，という意識が薄くなってきています。今後，こうした新しいタイプの不登校に対しても，教育現場では対処していかなければなりません。

1　不登校の子にどう向き合うか？

　不登校の原因が身体の病気による場合は，まずその治療をしますが，そうでない不登校では，基本的には「今は無理して学校に行かなくても大丈夫だから，心配しなくていいよ」という対応をします。そのうえで，その子が学校へ行けない事情を子どもの立場から明らかにし，それを周囲の人たちが受けとめること，そして子どもが自分の意志で動き出せるようになるまで，周囲の人たちが協力して待ってあげられるようにすることです。

　基本は「待つ」こと，「見守る」こととよくいわれますが，どうして「行かないのか？」「なぜ学校に来ないのか？」その原因を探り，原因を除去すれば問題が解決すると考え，原因を追及してしまいがちですが，不登校の原因の追及などに終始しないことは大切なことです。「一体，何があったの？」「どうしたいの？」「これからどうするつもり？」と執拗に問いつめるのは，子どもの心の負担を増すだけです。でも，何も聞いてはいけないということではないと思います。親子のコミュニケーションは重要で，「私たちは，いつでもあなたの力になるよ，そのためには苦労を惜しまないよ」というメッセージを伝えて

いくことが大切だと思われます。

2 自尊感情を高めるための支援

　自尊感情の欠如は，二次的な問題として，「不登校」「問題行動」等の行動面に現れることがあり，自尊感情を高めるためには，的確な実態把握とともに，一人ひとりのニーズに応じた指導と支援が必要です。

　基本的自尊感情とは，「生まれてきてよかった」「自分には価値がある」「このままでいい」「自分は自分」と思える感情です。他者との比較ではなく，絶対的かつ無条件で，根源的で永続性のある感情です。これが弱いと自身のいのちの大切さに確信がもてません。

　社会的自尊感情とは，「できることがある」「役に立つ」「人から認められる」「人より優れている」と思える感情で，他者と比較して得られるものです。相対的，条件的，表面的で際限がなく，一過性の感情です。

　社会的自尊感情は他者のかかわりによって変動するものでありますが，基本的自尊感情は揺るぎないものであるということです。

① "ちがい"を認め合える学級経営・集団づくり

　「聞いたことを忘れないようにメモをする」「間違いをなくすために見直す習慣をつける」など，自分でできることを工夫して行うことは大切なことです。しかし，課題によっては，手助けがなければできない人もいることを，子どもに日頃から機会があるごとに語りかけるようにしたいものです（図9-9）。学級の中に「みんな同じ」から「"ちがい"を認め合う」文化づくりを行っていくことが大切だと思います。

② これからの不登校への対応に何が必要か

　学習に対する姿勢，進捗の状況，得意不得意が何なのかを知り，友人関係，仲間と群れることを好むか否か，仲間とけんかやトラブルはあるか，また発達や特性の傾向について，こだわりはどうか，決まりやルールが守れているか，その子どもが困っていることは何か，コミュニケーションはとれているか，家庭での様子はどうか，虐待や不当な扱いはないか，経済状況は問題ないか，両親の不和はないか，基本的な生活習慣は定着しているか等，一人ひとりの児童

生徒の状況をしっかりと把握することが重要です。

③　教師の感性を磨く

いうまでもなく，教師は子どもにとって，一番の理解者です。また，そうであってほしいと願うのは，子どもを学校に預けている親ならば，誰もが望むところです。子どもの目に映る

- 自分で選んだ方法で自ら努力させて「できた」という経験を積ませ，できた時はしっかりと認め，よりよい習慣の形成につなげる。
- 否定から入るのではなく，我慢できたときや指示通りできたときは必ずほめ，努力が継続するよう励ます。
- 好きなことや興味があることを生かし，できたことを実感できる場面や学級全体で認められる場面づくりをする。
- 自分の役割をはっきり持たせることにより，学級や集団の中での自分の居場所を明確に意識させる。
- 家庭でも，ほめることを積極的に見つけられるよう，具体的に支援する。

図9-9　発達課題のある生徒への支援

教師像の中で，一番困るのは，「子どもの危機的状況においてもそれを察知せず（察知できずという場合もある），そのまま見て見ぬふりをする」およそ教育に携わる者らしからぬ，教育の立場からはあってほしくないような教師です。もちろん主観的には，何とかしたいとの思いがなくはないでしょう。しかしながら，展開する子どもの状況に余りにもついてゆけない自分の力量の乏しさがあり，一人で抱え込んでしまう教師像がみえてきます。

今教師に求められることは，子どもの声に耳を傾け，こころの叫びや動の裏側にある感情をしっかりと読み取ることが大切だといわれています。子ども自身がどういった立場におかれ，どういう気持ちでいるのかという，子どもの心情を推し量ることができる力の育成が求められています。「先生は，子どもたちの顔を見るよりも，パソコンの画面を見ている時間のほうが長い」等といわれ，今日の教育現場が揶揄されることがあります。子どもとのかかわり時間を確保し，子どもの話に耳を傾けることは，生徒理解，生徒指導の基本です。

教師自身の感性を磨くことは，教師の日々の忙しさの中で難しいことではありますが，難しいからしなくてもいいものではなく，子どものこころを受け止めることは，どのような場合であっても教師として必ずやらねばならないことであると思います。

（桶谷　守）

奈良県大和郡山市 学科指導教室「ASU（アス）」は特例校として設置され，弾力化されたカリキュラムのもと成績評価が可能で，調査書の作成も行える不登校の子どもたちのための「小さな学校」です。2021年で開室18年目を迎え，卒業生は160人を超えました。

「ASU」が目指すもの

「ASU」では，9教科の教員免許をもつ教員スタッフが，時間割（図1）に沿って授業を行い，卒業生の98%が高校に進学しています（図2）。しかし，「ASU」に通い始めた当初の子どもの多くは，過去に傷つき体験をし，自己肯定感が低く，大人への不信感，将来への不安をもっています。それらを少しずつ解消するためには，「ASU」に行けば，ほっとする場があり，自分を理解しようとするスタッフがいる，と子どもが思えることが何より重要であり，それがあってからの学力だと考えてきました。この順番が変わることはほぼありませんでした。そのため，スタッフはまず子どものありのままを受け入れ，信頼関係を育むことを何よりの優先課題としています。そして，子どもが自分の課題に向き合い，乗り越えていけるように支援します。「ASU」の目標は，学校に復帰することでもなく，高校に進学することでもありません。子どもが元気になり，未来への希望をもち，自立した人間として歩いていくことです。

「あゆみルーム」からのなだらかな接続

「ASU」入室前のステップとして，家から一歩出て，家族以外の他人とかかわる場所として，「あゆみルーム」を週に2回，開室しています。希望される場合はまず，学校から市の教育委員会に申し込み，親子で施設見学し，説明を受けます。その後，「あゆみルーム」への通室を希望された場合，「ASU」のカウンセラーとの親子面談を行い，今までの経緯や現在の状況などをもとに見立てを行ったうえで「あゆみルーム」への通室が始まります。最初は個別でスタッフと話したり，プリント学習に取り組んだりしながら，少しずつ小集団での活動（カードゲームや卓球などの軽スポーツなど）に参加できるようになり，通室が安定してきた頃に，「ASU」の授業見学，授業体験を経て，「ASU」に正式通室するのか，学校復帰するのか，本人の気持ちを丁寧に聞き取りながら相談します。もちろん「あゆみルーム」に継続して通えない子もいますし，「ASU」にはつながらない子もいます。親

図1 中学 3 年生の時間割

		月	火	水	木	金
9:20〜9:30		朝 の 会				
9:30〜10:20	1 限目	英語	社会	社会	数学	理科
10:30〜11:20	2 限目	理科	数学	英語	国語	チャレンジ
11:30〜12:20	3 限目	スポーツ	チャレンジ	チャレンジ	音楽	社会
12:20〜13:00		昼 食・昼 休 み				
13:00〜14:30	4.5 限目	ASU タイム	美術	家庭科	技術	スポーツ
14:30〜14:40		清 掃				
14:40〜14:50		終 わ り の 会				

図2 卒業生の進路状況

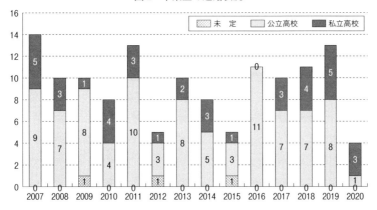

御さんが焦りや不安から前のめりで話を進められてしまい，子どもの気持ちが置い
ておかれるケースも少なくありません。入室までのプロセスをスモールステップで
ゆっくり丁寧に進めることが大切だと考えています。

心理的な支援

「ASU」には，過呼吸や手を洗い続けるなど神経症圏の不安を抱えている子ども
や，リストカットや摂食障害など医療機関との連携が必要な子どもも通ってきます。

また，保護者を支えることは大変重要で，保護者が変わっていかれると同時に子どもの状態が変化することはよくあります。「ASU」では，2人のカウンセラーが子どもや保護者のカウンセリングを行っています。スタッフはカウンセラーと連携し，アセスメントをともに行うことで，より深く適切に子どもを理解することができるようになります。さらに，時間割の中に「ASU タイム」という心理教育的プログラムが入った授業があります。この時間は，主にグループワーク等を行い，他者とのかかわりの中で自分や仲間への理解を深め，人間関係を体験的に学ぶ場として機能しています。最初は戸惑って参加できない場合は子どもを無理に参加させず，見学することから始めますが，少しずつ笑顔を見せ始め，楽しむことができるように変化していきます。自分を安心して出せる場所と仲間がいることが，子どもの心を豊かに育んでいくことを日々実感しているところです。

多彩な体験活動と異年齢集団での学び

「ASU」では，四季折々の伝統行事，校外学習，文化祭，職場体験など，年間を通じて様々な体験活動を行います。それらは小学生から中学3年生までの異年齢集団での活動です。同じ年齢の子どもが同じ教室で同じ教材を同じ時間に同じペースで学ぶ，そんな学校のシステムや同調圧力がしんどい子は必ずいます。異年齢での活動は，より実際の社会の形に近く，自分が年少者である時期からやがて年長者の立場になることで，多様な視点から自分や他者を見られるようになるなど，そこからの学びは有意義です。「「異年齢の交流活動」を意識的に行わせる取組を実施した学校では，他の人との関わりについての自己評価が高まる」との報告があります（文部科学省国立教育政策研究所，2011）。先輩がしてくれたことへの感謝とやがて自分もそうできるようになりたいという憧れをもち，また年長者の立場として，誰かの力になれたことやお手本になれたことに喜びと自己有用感を感じるのでしょう。居場所がやがて絆を結ぶ場所となり，好ましい影響力で満ちる場所となっていきます。

教室という場のチカラ

子どもたちの休んでいた時期や期間は様々で学力の差は大きく，一斉型指導は難しいため，「ASU」の授業は，基本的には個別最適化された学習となります。課題別・段階別のプリントを準備し，教科担任だけではなく，他のスタッフや学生チューターが複数で指導にあたります。2021年度より市からタブレット端末が貸与され，学校に行かなくても学べる環境が整い始めました。「ASU」でも AI 教材を

使ったタブレット学習であるオンライン「ASU」という取り組みを新しく始めました。学習支援を行うと同時にメールやチャットによる心理的支援を両輪としています。しかし，リモートでは育てられないものがあると感じています。傷ついた子どもの心を癒やすのは，人間にしかできないことです。個別対応から始めても，最終目標は教室に入れることです。その意味でオンライン学習もきっかけの１つと考えています。教室は，授業を受ける場だけではなく，そこでのスタッフや子ども同士の交流から化学反応が起き，予想外の「なにか」が生まれる場所だからです。

スタッフとしての姿勢

　１日朝夕２回のミーティングで情報を共有し，カウンセラーとも連携し，担任一人で抱えることなく，チームとしての支援方針を考えています。しかし，マニュアルも正解もなく，日々悩み，試行錯誤を繰り返し，時には自信を失いそうになりながらも，不登校支援に必要なのは，子どもと向き合う姿勢を持ち続けることだと感じています。非常勤の勤務体制や学校現場での勤務経験をもたないスタッフも多い中で，私たちスタッフが継続的に学び続け，「ASU」にまだつながっていない子どもたち，なかでも日々しんどい思いを抱えながら登校している「隠れ不登校」と言われる子どもたちが少しでも元気になれるように，市内小・中学校の先生や保護者からの相談を受けられるような資質や専門性を高めていかなければならないと考えています。

今後の課題

　新型コロナウィルスの流行で，学校のあり方や学び方のスタイルも少しずつ変化しています。不登校の子どもたちも時代とともに多様化しています。不登校や隠れ不登校の子どもたちが増えているという報告を聞く一方，コロナ禍での分散登校でそれまで不登校だった子が登校できるようになったという報告も聞きます。オンラインでの学習支援や面接の在り方など，不登校支援もまさに変化の途上にあります。不登校になった原因は百人百様ですが，子どもが発する SOS のサインに早く気づき，それぞれの背景を正しく読み取り，一人ひとりに応じた最善の支援方法を検討する必要が今まで以上に高まっているのではないかと感じています。

（伊藤佳代子）

　「学習支援」と「心理的支援」とを対比してどちらが重要か？と問われることがあります。学歴社会の厳しさを知っている大人は，不登校の間，勉強せず選択できる進路が狭まる状況を心配し，「やはり強く言ってでも学習させるべきではないのか」という追い込まれた気持ちになるからだろうと思います。しかし，焦りから学習を勧めることは，子どもの成長を阻害することのほうが多いと思います。それは子どもの主体性形成を侵害するからです。筆者は奈良県で公立不登校特例校「学科指導教室〈ASU〉」を中心として30年近く不登校支援にかかわっていますが，300人を超える不登校の子どもや保護者と出会った経験から，子どもにはまず安心・安全を提供することが肝要だということを学ばせていただきました。

　それは調査結果にも表れています。2020年に ASU 卒業生に実施したアンケート調査および手元の情報を総合すると，卒業生の約 9 割が「高校や大学に半分以上出席している」か「常勤・非常勤・自営業で働いている」ことがわかりました。この調査には，「ASU では何が良かったか」という質問が，不足を問う質問とともにあるのですが，大半の回答は，「先生と距離が近い，自分の話を聞いてくれ寄り添ってくれた」でした。この結果は，子どもたちは，しっかりと守りのある人間関係を体験してこそ，はじめて歩みだすことができる，つまり，心理的支援が第一義であるということを意味すると考えます。特に，小 3 以降の不登校には，思春期的心理に根ざした課題という視点が必要です。

　不登校は，前思春期から思春期にかけて増えますが，この時期には，心理的には，さなぎから脱皮する時期に相当します。子どもたちは，それまでは大人との関係の中，大人の言うことの範疇で，納得しているかどうかは別として，大きく自己主張せずに生きています。しかし，自我が育ち，自分と他者との違いや家庭環境をより客観化してみられるようになると，「私って何？」「どう生きていったらいいのかわからない」と「私」にまつわる不安が顕在化します。そのため，子どもたちは傷つきやすくなり，自分を受け入れてくれる集団や他者がいない場合，自分はだめなんじゃないかという深い不安に襲われることが少なくありません。近年は，不安の高い子どもたちほど，LINE の既読や，Facebook の「いいね」の数を気にし，ますます落ち着きをなくすという悪循環に陥りがちです。また虐待等，心的外傷を受け迫害不安を抱える子どもたちは，生きることをまさに戦場にいることと体験してい

ます。砲弾がいつ飛んでくるかわからない状況で学べと言われてもできないでしょう。

　そえゆえ，まずは子どもが安心し，心理的に元気になることが不可欠です。勉強は，今の時代，やる気さえあれば，いつからでもできます。心的外傷が著しく，中学校の間，全く勉強する余裕のなかった人が，その後，必要性に目覚め，公立単位制高校から専門学校に進学，国家資格をとって就職されたこともあります。

　ただし，「学ぶこと」が後回しでよいと言っているのではありません。学ぶことは心理的な事象であり，その観点から考えることで，学ぶこともよりよく支援できるのではないかと言いたいのです。たとえば，好きな先生の科目は頑張るといった行動はよくみられますが，臨床心理学的にみると「学ぶこと」は，子どもが世界に対して関心をもち，生きた知を取り入れ，考えるという形で咀嚼し，生きる糧とする営みです。しかし，安心が少なく，大人への不信感の強い子どもたちは，たとえば，「そんなことは知っている，大人はバカだ」と万能感的に防衛して学ぼうとしないかもしれません。また自己否定感が強い子どもは，勉強がわからないことでさらに不安定になって学ぶことを放り出すかもしれません。さらに，自分の感情を入れる器が脆い子どもたちは，事象について深く考えずに右から左に人の話を聞き流すでしょう。ネット依存で勉強を放棄しているように見える子どもたちの中にこういう状態がみられることがありますが，そこへの支援がまず必要です。

　こうした場合，本人はもちろん，保護者だけがカウンセリングに来られ，いろいろと考えていかれる中で，変化が生じることがよくあります。保護者のカウンセリングが進むと，子どもたちが動き出す時期がやってきます。その時点で学習を勧め，進路があるという希望を本人および保護者がもつことで，より本人の力が出てくることが多いです。なお，すべての子どもにおいて，支援早期からの学習が無理ということでもありません。たとえば，「学習」という一定の枠を提供することによって，自分のことを出さなくとも他者とかかわれることが，子どもを支えることもあります。

　学ぶことは人として自然な営みであり，人は一生学ぶ存在です。その力をつける支援こそが真の学習支援であり，心理的支援と表裏一体なのです。子どもが学ぶことの面白さを知り，「私」を育めるような教育とは何なのか？　人間が生きていくうえで必要となる力は何なのか？　増え続ける不登校は，学校教育において何を育むのか？という，痛切な問いを社会に投げかけているようにも思われます。　（千原雅代）

コラム 9-3 **アメリカのホームスクールとオルタナティブ教育**
　　　　　　　　　　——不登校支援を背景に

　教育の目途は何でしょうか？　アメリカの教員養成では「国に貢献できる人を育てる」という指針が明確に示されています。日本でも，文部科学省（2019）により，不登校児童生徒の支援に「国家・社会の形成者として必要とされる基本的な資質を培う」ことを目指すと明記されました。本コラムでは多様で適切な学びのルートを設け，より豊かな選択肢を示す方法を，不登校支援の視点から考えてみます。

アメリカのドロップアウト

　アメリカに不登校はありますか？と聞かれることがあります。実際は不登校に近い状況は少なくありません。学校を中途でやめてしまう，いわゆる「ドロップアウト」は課題とされ続けており，2017年には平均5.4％と報告

> **アメリカの教育**：高校までが義務教育のアメリカでは，公立高校の学費は無料，教科書も無償で貸与される。初等中等教育期間は K-12（ケイスルートゥウェルブ）と言われ，幼稚園の年長から高校3年生までが含まれる。義務教育終了は厳密には州が設ける年限（16〜18歳）に達し，卒業認定試験に合格するか，または高校3年までの課程を終えることで認められる。

されています（NCES, 2017）。州の間で開きがあり，ドロップアウト率がもっとも高いルイジアナ州で9.6％，もっとも低いマサチューセッツ州では3.8％とされています。行政機関ではドロップアウトを教育課題とし，学校区が取り組むべきとしています。これは，日本で不登校対策を教育課題としていることと共通しています。

アメリカでの子ども・保護者・学校／行政機関の間の責任分担

　学齢期の児童生徒が，学校で学ぶことが困難な「慢性的不登校（Chronic Truancy）」の状態にある場合，日米のいずれにおいても，詳細な検討や対応がなされるべきとされています。子どものキャリア発達や社会的自立の点からも，社会全体の面からも見過ごせない問題であるからです。

　アメリカでは，就学は子ども・保護者・学校／行政機関の責任とされています。保護者には「未成年である18歳未満の子どもに教育機会を提供する義務」により，国を背負う市民を育てる責任があり，学校は適切な教育を提供する義務を負います。子どもは校則に従うことを就学時に約束し，保護者はそれを監督する立場であることを承認する署名をし，違反には処遇が伴うことが確認されます。子どもが校則を守ることの最終的な責任は，保護者に帰属するため，子どもの欠席状況への対応をしないことは，保護者の義務の不履行とされるのです（図1）。

図1　カリフォルニア州条例

> 理由の如何にかかわらず，保護者は 6 歳から18歳までの未成年の子どもを学校に通わせる義務があり，不履行の場合は罰則がある。
> 州法に基づく理由のない欠席・遅刻への手続の概要（CDE，2021）：
> - 1・2 回目：学校から電話等で確認
> - 3 回目：学校が電話等で確認し，1 通目の怠学注意書①送付
> - 3〜5 回目：校内担当が保護者と面会し問題の同定と解決策の決定，協力の署名
> - 4 回目：怠学注意書②を送り校内委員会で保護者と対面。出席管理者に報告
> - 5 回目：怠学注意書③を送り校内委員会で保護者と対面。出席管理者に報告
> - 5 回目以降：学校区の出席管理委員会で，出席を阻害する問題の克服への協議

出典：CDE（2021）より作成

ケース：カリフォルニア州での不登校防止の実践

　カリフォルニア州では，学校出席管理委員会（School Attendance Review Board：SARB）を組織し，出席の問題に個別対応する取組が行われています（西山，2007）。怠学を背景とする不登校は，ドロップアウトにつながると考えられているためです。SARB は学校区レベルの支援として，SARB コーディネーター，児童生徒支援コーディネーター，管理職，学校区メンタルヘルス担当者，学校区健康管理担当者，校内のメンタルヘルス担当者（主にスクールカウンセラー：SC），自治体警察青少年課担当者，当該校管理担当者で構成されます。より深刻な場合は，カウンティ（郡）や州レベルで SARB が開かれ，保護者の義務の履行などに対する検討が行われます。多くの学校で，早期介入のため SART（校内出席管理委員会：Tは Team の意）を設け，個別ケースを検討しています。さらに SARB を通した不登校防止の取組向上のため，州ウェブサイトでモデル実践を公募・表彰したり，カウンティ内での実践向上の取組を共有したりしています（CDE，2021）。

アメリカのオルタナティブ教育のカテゴリー

　日本で不登校・長期欠席の課題とされる事項は，アメリカではどう対処されているでしょうか。いじめ・友人関係・教職員との関係や校則などについては，SC をはじめ，対人援助職が支援と予防にかかわり，管理職が指導を行います。学業不振が背景にある場合，「やる気」の問題にとどめず，状況を科学的に分析し，適切なアセスメントにもとづく教育環境（取り出し学習や Special Education の学級への配属など個別カリキュラムにもとづく学習）へ移行します。進級や進学の際も，移行期の課題が起こることを防ぐため，接続プログラムが橋渡しのために設置され，かつ指導履歴が K-12（前頁参照）を通して共有される仕組みになっています。進路に係

る不安には，最前線で SC が窓口になり，対人援助職の心理的サポートをコーディネートし，スクールソーシャルワーカー（SSW）等により，養育のネグレクトや貧困にかかわる課題の有無が検討され，必要に応じて経済支援の手続きの紹介を含む支援が行われます。疾病や無気力については，教室での学習参加が困難な場合，医療の専門家が欠席理由を裏付ける診断書を出して証明します。ホームスクーリングの活用を積極的に勧められるのは，こうした課題のある子どもです。

　アメリカでオルタナティブ（代替）教育というと，通常の公立学校に通う以外のすべての学校や教育形態が含まれます。細かな規定は州法で定められ，公設で公営または民間運営される多様な志向性の学校があります。特定の目標言語等の習得と通常の教育課程の習得を併行させる「イマージョン学校」，高い IQ や特別な能力をもつ子どもを対象に行われる「ギフテッド・タレンテッド教育」，および多様な問題行動を克服する過程にある生徒を受け入れるコンティニュエーションスクールなどです。また，モンテッソーリ教育・シュタイナー教育など，教育理念上の特徴もあります。

　ホームスクーリングは，これらの分類の１つの選択肢とされています。保護者が賛同する理念にもとづく教育形態で子どもを学ばせ，義務教育に通わせる法的義務を代替することを積極的に選択する際に，オルタナティブ教育への配属が決定します。

ホームスクーリングの種類

　ホームスクーリングは，アメリカの権利と義務を背景に，1993年までに全州で，法的に保障され，学齢期の学びの場として正式に認められました。1970年代には十数名でしたが，2018〜19年の時点で利用している人は230万人ともいわれ，学齢期の児童生徒全体の４％ほどを占めています。それを支える民間団体も多く設立され，ICT を活用した学習形態は進んできました（図２参照）。

　カリフォルニア州のホームスクーリングの場合，a）インディペンデントスタディ（Independent Study）またはチャータースクールを通した公的ホームスクーリングプログラムを利用するか，b）有資格の指導者（チューター）のもとで学ぶか，または c）認可を受けた私立学校に入学させることが求められます。私学では，保護者が家庭で私設の学びの場を設置するか，保護者が数ある独立学習や遠距離学習プログラムを利用してもよいとされています。学校所属以外のホームスクーリングでは，公立学校が進捗を個別に管理します。

　ここで示されるインディペンデントスタディは，健康上の理由，就労の必要性，芸能活動，アスリート活動，カリキュラムのレベル調整，通常の教室学習での不足

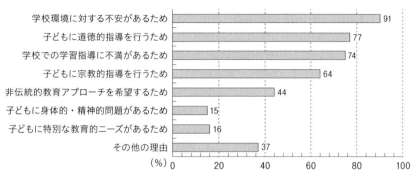

図2 アメリカにおけるホームスクーリングの選択理由（2011-2012）

出典：U.S. Department of Education (2014)

内容を抱えている者などが，幼稚園から高校までの各段階で，希望により学習する場合をいいます。各学校区が認可するカリキュラムに沿って学習プログラムが組まれる必要があり，実施には本人・教師・保護者および適切な成人の署名が必要です。

オルタナティブな学びの出口

アメリカでは不登校傾向の子どもには，法に支えられた中で，多様な学びの場の選択肢があります。許可を得た子どもは，それぞれの選択した学びのルートを経て義務教育・中等教育を終えます。その際には進学か就職かを選択しますが，いずれの場合も高校の卒業証書が求められます。万一，何らか

> アメリカで中等教育修了を保証する GED (General Education Diploma)：アメリカには，各州が定める High School Diploma（高校卒業証書）の取得に至らなかった者等に設置された，GED という証明が発行されている。設置された1942年当初は，アメリカで高校卒業前に入隊した軍人・退役軍人の学力証明のためであった。教科は国語（言語による推論）・数学（論理思考）・理科・社会の４科目からなる (U.S. Department of Education, 2021)。アメリカの98％の大学が GED を通常の卒業証書と同等に取り扱うとしている。

の理由で卒業証書が得られなかった場合に対応するのが，GED 取得という選択肢です。

GED の取得は，学齢期の子どもの選択肢としてだけでなく，成人にとっても保障される学びや進路の選択肢です。多様化が進む社会において，再チャレンジを可能にする工夫には，参考にできるところがあるのではないでしょうか。

アメリカの不登校対応と選択肢としてのオルタナティブ教育は，様々な学びのルート作りを示しています。学齢期の支援が社会的自立への取組と位置づけられる今日，学習の質の保証を伴った学びのルートの複線化にも目を向けたいものです。

（西山久子）

第Ⅲ部

これからの不登校支援のために

第10章

不登校の子をもつ母親の心理とその支援

240

はじめに

　筆者は，スクールカウンセラー（以下，SC）として様々な悩みを抱える中学・高校生とのカウンセリングを行っています。子ども本人が登校できる状態であれば直接会って話を聴きますが，本人が登校できない場合は，保護者，特にお母さんと面接することになります。筆者のところに相談に来る子どもの多くが「学校がつらい」「登校したくない」と訴えますが，実際に不登校になると今度は「不登校もつらい」と訴えてきます。不登校の子どもは学校にも行かずに好きなことをして，毎日気楽な生活を送っているようにみえるかもしれません。しかし“この先，私はどうなるの？”といった不安が頭から離れず，“親に心配や迷惑をかけている”と罪悪感を抱き，日々悶々としているのです。一方，保護者の方もわが子の不登校をすんなり受け入れられるものではありません。不登校の原因を突き止め，一刻も早く登校につなげたいと必死です。以前，教師をしていた私は，不登校をめぐる保護者と子どもの複雑な心境を理解しているつもりでした。しかし今，SC として多くの不登校の子どもとその保護者と接していると教師時代にはみえなかった苦悩や本音に触れることも多く，

不登校による心理的負担の大きさを実感しています。SC として不登校にまつわる様々な語りに触れ、"こういった本音を教師時代に聞けていたら、もっと寄り添ったかかわりができたかもしれない"と残念に思います。

　本稿は、「子どもが不登校だったとき、お母さんはどのような気持ちの変化を経験しましたか？」というテーマで不登校の子どもをもつお母さん方にインタビューを行い、そこで語られた内容を元にしています。お母さん方の複雑な心情がより伝わるよう、実際に一人娘の不登校を経験したあるお母さん（40代前半）に、不登校だった期間の子どもと家族、学校の先生や SC とのかかわり、そしてそこで経験した複雑な気持ちの揺れ動きについて語ってもらいました。現在、子どもの不登校について悩んでいる多くの保護者にとって、本稿が何かの指針になることを願っています。また不登校の子どもや保護者とかかわることの多い先生方や SC が、子どもばかりではなくそのお母さんをサポートする際のヒントにしていただければ幸いです。

1　子どもが不登校になったとき

お母さんの語り①

　娘の夏美（仮名）の不登校の始まりは中学1年生の2学期でした。始業式の朝、娘は腹痛で学校を休みましたが、夕方にはすっかり元気になっていました。そんな様子だったので私は特に心配もしませんでしたが、翌日も翌々日も娘は腹痛を訴えて登校できませんでした。担任の先生が心配して電話をくださり、その電話口で娘は「もう大丈夫です。明日は必ず行きます」と言っていました。でもその翌日も登校できませんでした。さすがの私も心配になり、仕事を休んで娘を病院に連れて行きました。いろいろ検査をしましたが異常は見つからず、お医者さんから「気持ちの問題ですね」と言われました。それを聞いた私は"気持ちの問題＝甘えやサボり"と解釈してしまったのです。娘に「腹痛は気持ちの問題だって。何か学校に行きたくない気持ちあるの？」と尋ねると、娘は「そんなことはない。学校には行きたい」と答えました。娘の言葉を真に受けた私は、何とか娘の気持ちを奮い立たせ、登校させることが母親の務めだと

思いました。翌朝，登校を渋る娘を無理やり車に乗せ，学校に連れて行きました。でも娘は一向に車から降りようとしませんでした。イライラした私は「ママ，仕事に遅刻して送ってあげたのよ。さっさと学校に行きなさい」と声を荒げると，娘は固まってしまいました。仕方なく職員室に電話を入れ，迎えに来た担任の先生が娘を抱えるようにして校舎に入っていきました。"これで一安心"と思ったのも束の間，娘は廊下で吐き戻して動けなくなったようで，先生から「すぐに迎えに来てください」という電話が入りました。結局，その日，私は一日休みをとって娘とじっくり話をすることにしました。登校できない理由を優しく尋ねたのですが，娘は下を向いたまま何も言いません。そんな娘に腹が立ち「明日も送って行くから，絶対に登校しなさいよ」と叱りました。翌日も何とか娘を車に乗せ学校まで連れて行きましたが，娘は車の中で大泣きし，登校どころではありませんでした。その日以降，娘は完全に登校できなくなりました。

＊SCからのコメント＊

不登校の始まりに子どもが微熱を出したり，腹痛や頭痛を訴えたり，朝起きられないことはよくあります。自律神経失調症や起立性調節障害と診断されることもあります。何か病名がつくと"病気だったら仕方ない"と保護者も子どもの状況をそれなりに受け入れられるようです。しかし医師から「どこも悪くありません。気持ちの問題ですね」等と言われると，子どもの体調不良が仮病や単なる甘えやサボりのように感じられ，子どもを叱り，無理やり登校させようとしがちです。しかしこのような体調不良は仮病ではありません。「気持ちの問題」と言われても，子ども自身ですら登校できない自分の気持ちがよくわからないのが本当のところでしょう。子どもは登校しなければならないことは十分にわかっています。わかっていても登校できないのです。また"このまま登校できなかったらどうなるの？"といった不安や"親に心配をかけている"という申し訳なさで胸がいっぱいなのです。そういった不安や心配でいっぱいの心の状態が「気持ちの問題」として体調に表れるのかもしれません。保護者や担任の先生がそんな子どもの心の声に耳を傾け，うまく言葉で「気持ちの問題」を受け止め，寄り添い続けることで，子どもは少しずつ心を開き，安心し

て大人を頼るようになることができるのかもしれません。

2　学校とのかかわり

お母さんの語り②

　娘の欠席が長引くにつれ，私と担任の先生との関係も微妙になっていきました。担任の先生は20代後半の男性の先生で，娘の気持ちを優先するタイプの方でした。「無理強いはダメ」「しばらく様子を見ましょう」というのが口癖で，私は先生のそんな姿勢に物足りなさを感じていました。先生には娘にもっと積極的に働きかけ，登校を促して欲しかったのです。先生がはじめて家庭訪問に来たとき，娘は「絶対に会いたくない！　勝手に家に来ないで！」と部屋から私に怒鳴っていました。娘とのやり取りを聞いた先生は「夏美さんは SC に紹介した方がいいですね。でもあんな状態ではそれも難しいかなあ」と言うのです。私は先生の発言にガッカリしました。SC より担任の先生にもっと娘とかかわって欲しかったからです。さらに先生は「僕も夏美さんの不登校のことは SC に相談しているんです。夏美さんが無理なら，お母さん，カウンセリングどうですか？」と私にもカウンセリングを勧めてきました。その頃私は，娘の欠席は一時的なものにすぎず，不登校という認識はありませんでした。ですから先生の「夏美さんの不登校」という発言がショックでした。それ以降，私は"夏美が不登校？　違うよね？　違う！"と自問自答を繰り返し，ついには"ずっとこのままだったらどうしよう。高校はどうなるの？　大学は？"と不安が膨らんでいきました。その一方，"SC に相談するなんて大げさ。私の力で必ず登校させてみせる"とも思っていたのです。

　その後も担任の先生は定期的に家庭訪問には来ていましたが娘は会おうとしませんし，先生からも娘への特別な働きかけはありませんでした。そんな状態に業を煮やした私は，何とか娘の登校意欲を掻き立てて欲しいと先生に思い切ってお願いしました。すると先生は「クラスの友達に夏美さんのお迎えを頼みましょう」と提案してきました。翌朝，娘の友達３人が登校時に家に寄ってくれましたが，娘はそのことに激怒し「頼んでもいないのに何で余計なことを

するの！　ママのせいでもう絶対に学校に行けなくなった！」と大泣きしたの
です。先生に娘の状況を報告すると「お友達作戦，失敗だったかな？」と軽い
返事でした。私は先生のその言い方に怒りを覚え，"この先生に頼っても無駄
だ"と確信しました。勿論，先生にそんな本音は口が裂けても言えません。そ
こで「娘が嫌がるので……」という口実で家庭訪問を断りました。すると先生
は「お母さん，毎日の欠席連絡も大変でしょう。夏美さんが登校するときだけ
電話を入れることにしませんか？」と言うのです。それを聞いた私は，先生が
完全に私たち母娘を見捨てたと感じました。その後も先生は様子伺いの電話を
時々寄越しましたが，私は先生と話すことすら苦痛でした。先生から誘われる
学校行事や授業参観にも一切参加せず，しだいに学校とのつながりが切れて
いったのです。

　＊SCからのコメント＊

　不登校の初期，保護者は担任の先生なら何とかわが子を登校させてくれるの
でないかと期待しがちです。ちょっとした友人関係の揉め事が不登校の原因で
あれば，先生の介入によって問題が解決し，登校再開につながることもありま
すが，不登校の多くは担任の先生がちょっと介入するくらいで解決するほど単
純ではありません。保護者の一刻も早く不登校を解決したい思いと担任の先生
への期待の大きさがあることで，本事例のように先生とお母さんの間で些細な
言葉や気持ちのすれ違いが生じ，それがやがて大きな溝になって先生や学校と
のつながりが切れてしまう事態にもなりかねません。そうでなくても子どもが
不登校になると，保護者は何となく先生や学校と縁遠くなりがちですし，先生
から見捨てられたような心細さを感じるようです。そのような保護者の心情を
察し，担任の先生が保護者とのつながりづくりを意識することが大切なように
思います。その第一歩は，まず先生が保護者の話をじっくり聴くことではない
でしょうか。保護者の話には，子どもの家庭での様子だけでなく，子どもを取
り巻く家族関係や家庭環境，保護者の不登校についての考え方など，子どもを
サポートするうえで有用な情報が盛りだくさんです。担任の先生からじっくり
話を聞いてもらうことで保護者は先生とのつながりを実感できます。また先生
も保護者から得られた情報を手掛かりに，SCにつなぐベストなタイミングを

見計らうこともできます。

　子どもの登校を促す目的で友達に迎えを頼む「お友達作戦」は，子どもの状態によっては逆効果になるので注意が必要です。不登校からの回復時期にあり，友達が迎えに来ることで子どもが登校できる状況であれば有効かもしれません。そのような場合でも，はじめて友達が家に寄る際の時間帯は朝より下校時の方が子どもの気持ちの負担が少ないようです。またこの作戦を実行する前に，子どもの気持ちを確認することも忘れないでください。

　このほか，家庭訪問やプリント類の受け渡しをどうするか，欠席連絡の方法，学校行事等についても担任の先生は子どもの気持ちと保護者の気持ちをしっかりと聞き，双方が納得できる方法を選べるようにするのがいいでしょう。

3　周囲からの影響

お母さんの語り③

　娘の欠席が長期化するにつれ，私はどんどん被害妄想的になっていきました。特に気になったのはご近所さんでした。「夏美さんどうしているの？」と聞かれるのが怖く，ゴミ出しの時間を早朝に変更し，道で知り合いを見かけると角を曲がって隠れていました。買い物も近所を避け，職場の近くで済ませていました。元気に登校する近所の子の声を聞くと“なんで夏美だけが学校に行けないの？”と涙ぐみ，クヨクヨしていました。職場の同僚は「不登校なんて珍しいことじゃない！　気にしない方がいい！」と励ましてくれましたが「私の気持ちなんかわからないくせに勝手なこと言わないで」と感情的に言い返したことで気まずくなりました。ママ友から気分転換にと誘われたランチ会もすべて断り，私は周囲から孤立していきました。

　家庭内でもいろいろありました。私は姑に娘の状態を隠していたのですが，夫が勝手に話してしまいました。姑は私に電話を寄越し，いろいろな助言をしてくれましたが，最後に「不登校なんてわが家には一人もいなかったわ。夏美は一体，誰に似たのかしら？」と嫌味を言われました。帰宅した夫に「何でお義母さんに夏美のこと話したのよ」と文句を言うと，夫は「隠すお前の方がお

かしい」と言い，さらには「一人で抱え込まず，担任の先生や SC に相談すればいいのに，お前は担任の先生の文句ばかり。だったら信頼できるお袋に相談するのが一番いい」と意見するのです。腹が立った私は「すぐにお義母さんに相談っていうけど，私は絶対に嫌よ！ 夏美は私たちの娘なのよ。あなたも父親としてちゃんと夏美と向き合ってよ」と日ごろの鬱憤を爆発させてしまいました。それ以降，なんとなく夫との関係も気まずくなってしまいました。

＊SC からのコメント＊

不登校の子どもは気持ちが不安定なものです。そんな子どもを見守る家族の方も落ち着かず，気持ちの余裕をなくしがちです。特に子どもを身近で支えるお母さんは，子どもへの心配が頭から離れず，些細なことで容量オーバーとなり，ちょっとしたことで夫婦喧嘩や親子喧嘩に発展しがちです。また子どもは家族の様子にとても敏感です。"夫婦喧嘩は不登校の私のせい"と自分を責め，"不登校の私なんかいない方がいい"と自分を追い込み，どんどん心を閉ざしてしまいます。お父さんや家族の皆さんは勿論，担任の先生や SC は不登校の子どもと子どもを支えるお母さんの複雑な心情や気持ちの揺れについて理解し，できるだけ二人をサポートする温かい気持ちでかかわって欲しいと思います。

4　不登校の本格化と母子関係の悪化

お母さんの語り④

娘が登校できなくなって 3 か月も過ぎると，さすがの私も娘は「不登校」だと思いました。そして早く不登校を解決したいと思い，不登校の関連本を読み，ネット検索をしては不登校解決に関する情報収集に没頭し始めました。その結果，学校でのいじめや子どもの精神的な問題，発達障害や家庭の問題等，不登校の原因にもいろいろあることを知りました。それらのすべてが娘に当てはまるように思え，ますます不安になりました。また何とか不登校の原因を突き止めたくて，娘に登校できない理由をしつこく尋ねては嫌がられていました。勉強の遅れも心配になり「保健室登校をして勉強をしなさい」や「期末テストは受けた方がいいよ」と登校刺激も繰り返していました。そんな私を娘はしだい

に無視するようになりました。無視されると私も腹が立ち「その態度は何よ？ママがどれ程，心配しているのかわからないの」と感情的に叱りつけていました。それに対して娘は「うるさい！　黙れ！　あっちに行け！」と大声で怒鳴り，手元にあった物を投げつけ，椅子をひっくり返し，大暴れをするようになりました。そんな娘を見ると“こんなの私の娘じゃない”と絶望的になるのですが，しばらくして気持ちが落ち着くと“夏美のつらい気持ちを理解できるのは私しかいないのに，酷いことを言ってしまった”と情けなくなり，母親としての自信をなくすのです。そういうことを何度も繰り返すうちに，どんどん私は精神的に追い詰められていきました。

　娘は中学2年生に進級しても相変わらず不登校でした。新しい担任の先生はベテランの女性の先生で，娘のことを心配して電話を寄越し，時々家庭訪問にも来てくださいました。しかし私はこの先生に対しても拒絶的な態度をとっていました。私の気持ちを察したのか，先生は「お母さんの気持ちが向いたとき，いつでも電話くださいね」と声をかけてくれました。

　この頃，私と娘との関係は最悪でした。昼夜逆転の自堕落な生活を送る娘へのイライラが抑えられず，私は娘の顔をみるとつい嫌味な一言を言っていました。そこから言い争いや喧嘩が始まり，娘が大暴れというパターンを繰り返していました。荒れ狂う娘の将来を思うと不安で夜も眠れず，私の身体の調子も気分も最悪でした。毎日，心の中で“つらい。苦しい。何もかもウンザリ”とつぶやいていたように思います。

　そんなある日，私は仕事で大きなミスを犯し，上司から厳しく叱責されました。そのことが酷く応え，帰宅しても何をする気も起きずに，ぼーっとしながら“もう限界。夏美と一緒に死んで楽になりたい”と真剣に考えていました。夫が帰宅したとき，私は電気もつけずに泣いていたようです。そんな私の様子が余程変だったのでしょう。夫は「お前，相当疲れている。一人で夏美のことを抱え込むのは良くない。一度，担任の先生から SC につないでもらおう」と言ってくれました。こうしてやっと私はカウンセリングに行くこととなりました。娘が不登校になってすでに1年がたっていました。

＊SC からのコメント＊

　本事例のように不登校の子どもとお母さんは家庭という閉鎖空間の中で密な関係になる一方，周囲からは孤立しがちです。母と子の距離が近すぎて，お互いに言葉や態度で傷つけあうといった悪循環に陥りがちですが，渦中の二人はその悪循環にすら気づけない状況にあります。お母さんは不安定な子どもを刺激してはいけないと思いつつ，一向に動き出さない子どもに対して怒りを覚え，その感情を抑え切れず子どもにぶつけてしまうこともあります。また“私がこの子を理解してあげなくては”と思っても，その一方“もっと厳しく接することが必要では？”と相反する思いの狭間で揺れ動きます。子どもの方もお母さんの様子に敏感で，些細なことを機に突然キレて暴言や暴力をふるうこともあります。このような子どもの反抗や攻撃は，不登校に対する不安だけではなく自分自身に対する情けなさや怒りといった，うまく言葉にできないモヤモヤした感情の爆発とも捉えられます。暴れて暴言を吐きながら，心の中で“お母さん，どうして私の気持ちをわかってくれないの？”と叫んでいるのかもしれません。しかしお母さんの方も気持ちに余裕がないため，子どもの心の声に耳を傾けるどころではありません。このようなとき，ちょっと子どもと距離をとってみてはどうでしょうか。子どもがカウンセリングに行くのも良いことですが，それが難しい場合，お母さんがカウンセリングに行くことも意味のあることです。一時的に子どもから離れ，お母さんだけの時間を確保し，心の中にたまっているモヤモヤを誰かに聞いてもらう。それだけで肩の力が少し抜け，気持ちに余裕が生まれ，新たな気持ちで子どもと向き合うことができます。どうしてもお母さんは子どもの問題を自分の責任と感じ，一人で抱え込みがちですが，それでは心理的負担が大きすぎます。誰かお母さんのつらさや不安を共有する存在が必要です。勿論，ご家族や担任の先生や SC といった身近な存在でも構いません。場合によっては地域の相談室や適応指導教室（教育支援センター）等，家庭や学校と離れた場所で相談するほうが気持ちの負担が軽い場合もあります。

5　スクールカウンセラーとの出会い──そして新たな気づき

お母さんの語り⑤

　初カウンセリングには夫婦揃って出かけました。夫が娘の状況や私のことをSC に説明し、私もこれまでのことを全部話しました。SC は「ここまでよく一人で頑張って来ましたね。本当に大変でしたね」と言ってくれました。それを聞き、不覚にも私は泣いてしまいました。夫も横で涙ぐんでいました。それから、私は２週間に一度、カウンセリングに通い始めました。カウンセリングに行っても娘の不登校がすぐに解決したわけではありませんが、私の気持ちはとても楽になりました。誰にも言えず心の中にためていたものを SC に吐き出せたことが大きかったようです。SC は私の話を否定せずに聞いてくれましたし、時には私の気持ちや行動を肯定し、励ましてくれました。また SC はカウンセリング後に娘の担任の先生を部屋に呼び、３人で情報共有をする時間を設けてくれました。ずっと担任の先生に拒絶的だった私ですが、SC の仲立ちによって、わだかまりなく話ができるようになりました。担任の先生は別室登校のことや、適応指導教室（教育支援センター）やフリースクールなど娘の状況にあった施設を紹介してくださいました。SC は教育委員会主催の「不登校の勉強会」や通信制高校主催の「不登校の親の会」への参加を勧めてくださいました。そのような会に参加して、不登校でも高校進学や大学進学の道があることを知りました。また不登校経験のある大学生や高校生の体験談を聞き、娘の複雑な気持ちも何となくわかるようにもなりました。同じ不登校の子どもをもつ保護者さんと知り合い、不登校に関する情報交換や子どもや学校に関して本音で話せる仲間ができました。こうして私の気持ちに少しずつ余裕が生まれていきました。

　そんなある日のことです。ソファーで昼寝をする娘を眺めながら"あの小さい赤ん坊から、よくここまで大きくなったなあ"と感心し、ふと"不登校でも夏美は大切な私の娘。元気に生きていてくれるだけでうれしい"と思ったのです。そう思うと私の気持ちはまるで憑き物が落ちたように軽くなりました。こ

のことを SC に話すと，SC から「この調子だったら，お母さんはこれまでの
苦しみから自力で脱出できますね」と言われました。私は SC の発言が意外で
した。娘が不登校の苦しみから脱するのではなく，私がこれまでの苦しみから
自力で脱するとはどういうことかと疑問に思ったのです。そこで私は改めてこ
れまでの私自身の苦しみについて考えてみたのです。当然，娘が不登校である
ことが私の苦しみだと思いましたが，よくよく考えてみると「娘の不登校＝母
親の苦しみ」というのは何か違うようにも感じました。勿論，娘の不登校は私
にとって深刻な問題です。でも不登校で苦しいのは娘であって私ではないはず
です。娘の不登校の陰に，何か私の苦しみの核心があるように思いました。そ
の後，何日もそのことについて考え続けましたが答えは見つかりませんでした。

　ある早朝，ごみ捨てに出たときのことです。"なぜ私はこんなに暗いうちか
らゴミ捨てしているの？"と思い，そして次の瞬間"娘のことを何か言われる
ことが怖くて人目を避けている"ことに気づいたのです。娘が元気に登校して
いた頃，私は"不登校なんて弱い子がなるもの"とか"何か家庭に問題がある
から子どもが不登校になる"と誤った認識をもっていました。また"不登校な
んて夏美には関係ない"と傲慢な考え方をしていました。実際に娘が不登校に
なると，周囲から「夏美は弱い子」「きっと家庭に何か問題があるに違いない」
と噂されるように感じて怖かったのです。何とか娘の不登校を隠し，一日でも
早く登校をさせることで，娘の不登校をなかったことにしたかったのです。私
が娘の為にと思って頑張ってきたことは嘘ではありません。でも不登校になっ
ている娘の気持ちより，周りの目を気にしていたのも事実です。きっと娘はそ
んな私の思いに気づいていたのでしょう。娘が私に反抗し拒絶するのも当然だ
と思いました。

　SC にそのことを話すと「深く自分自身に向きあったのですね」と褒めてく
ださいました。そして「次は夏美さんの気持ちについても考えてみませんか」
と提案されました。私は「夏美も苦しかったと思います」と答えましたが，ふ
と"私は本当に娘の苦しみをわかっているかしら？"とも思いました。不登校
の始まりの頃，娘は登校を渋る理由を一切言いませんでした。朝に腹痛を訴え
ても昼には元気になっていたことや，医師から「気持ちの問題」と言われたた

め，登校渋りは娘の甘えやサボりだと単純に思い込んでしまいました。また当時の私は「登校することは子どもの義務，登校させることは親の責任」と信じていたので，嫌がる娘を無理やり学校に連れて行くことは当然だとも思っていました。そのような話をすると SC は，「登校しぶりは子どもからの SOS ということもある」と教えてくださいました。それを聞き"娘の登校渋りは SOS だった"と直感しました。先生に抱えられるようにして校舎に入った娘は，廊下で吐き，結局，早退しました。娘にとって学校はそれほど苦痛な場所だったのです。娘からの SOS を母親の私は全く気づけず，受け止めてすらいなかったのです。あの時の娘の気持ちを思うと胸が潰れそうになり，SC の前で泣いてしまいました。SC は「夏美さんが一番頼りにしているのは，やはりお母さんですよ」と励ましてくれました。その言葉に救われ，私は"落ち込んでいる場合じゃない。娘のためにも，まず私が変わらなくてはいけない"と思い，何とか気持ちを立て直しました。

＊SC からのコメント＊

SC として不登校のお子さんをもつ保護者と面接していると，多くの方がはじめは「この子の将来はどうなるのか？」「将来ひきこもりになるのでは？」という不安や心配とそれに伴う保護者としての苦しみについて語りますが，しだいに SC と信頼関係ができてくると子どもや家族，学校の先生に対するドロドロした本音を吐き出すようになります。保護者はわが子の不登校という先の見えないトンネルをくぐりながら，自分と子どもの関係を見直す作業を続けていきます。SC はその伴走者といったところでしょうか。本事例における SC は，お母さんへのカウンセリングばかりでなく，担任の先生とのつながりを回復し，「不登校の勉強会」や「不登校の親の会」を紹介し，お母さんの視野を広げ，新たな外部とのつながりをつくる働きかけをしています。こうして徐々にお母さんは新たな交友関係の中で気持ちの余裕を取り戻していったようです。

6 新たな道筋——母子関係の再生

　その後，私は娘にカウンセリングでの気づきを話し「ママ，夏美の気持ちに気づけなくて本当に悪かった」と謝りましたが，娘から完全無視されました。「ママ，やっと私の気持ちをわかってくれてありがとう」という返事を期待していたのでガッカリでした。でも散々娘の気持ちを無視してきた私です。無視されて当然だと思いました。私はついつい"娘にこうあって欲しい"とか，"娘はこうあるべき"と思い，娘がその通りになることを期待してしまうのです。娘に無視されてみて，私の願望や期待と娘の気持ちは違うことを痛感しました。そして改めて私自身が，娘とのかかわり方や娘に対する考え方を変えていく必要があると思いました。

　まず変えたのは娘への声かけでした。それまで，毎朝「もういい加減に起きなさい！」と叫び，さらに「普通の子はとっくに登校しているよ」とか「こんな生活していたら将来ひきこもり決定よ」といった声かけをしていました。改めて振り返ると，朝から娘への不満と嫌味をたっぷり込めた嫌な声かけをしていたものだと呆れてしまいます。そこで私は嫌味な言い方を一切やめ，「おはよう」とか「ママ，仕事に行くよ。ごはんちゃんと食べてね」という普通の声かけに変えたのです。

　それから1か月ほどしてからのことです。仕事から帰ると，洗濯物が取り込まれ，きちんと畳んでありました。びっくりして，思わず娘に「ありがとう」と言うと，娘は「暇だし。これからもするわ」と言うのです。喧嘩腰ではない娘との会話は本当に久しぶりのことでした。ずっと私を警戒して殻に閉じこもっていた娘が，少しだけ殻から頭を出したように感じました。その頭を引っ込めさせてはいけないと思いました。そこで私が気をつけたことは，娘に対して指導モードで母親としての意見や考えを言うという私の癖を改めることでした。最初に娘に意見や気持ちを尋ね，それを受け，私が意見や感想を伝えることを意識しました。すると徐々にではありますが，私と娘との関係に変化がみ

られました。娘の方から「コンビニに行きたいけど，人目が気になる。どうしたらいいと思う？」と相談を持ち掛けるようになったのです。私は「夏美は何にも悪くない。堂々としていたらいいと思うよ。それでも人目が気になるならママも一緒に行くけど，夏美はどう思うの？」と尋ね，結局，娘の希望を聞き入れて二人で出かけました。それがきっかけとなり母娘一緒の外出ができるようになりました。二人で近所のスーパーに買い物に行ったとき，ご近所の同級生のお母さんとばったり会ったことがありました。その人は，私たちを見て何とも気まずそうに会釈し，逃げるように立ち去っていきました。娘は「ママ，大丈夫？」と心配そうでしたが，私は「全然，平気！　あの人，何も逃げなくていいのにねえ」と笑いながら答えると，娘は「ママ，変わったよね」と言いました。娘から「変わった」と言われてとても嬉しかったことを覚えています。この頃から，何かが娘の中で動きだしている気配を感じるようになりました。

　中学２年生の12月のことです。娘が真剣な顔で「学校は無理だけど，ちゃんと勉強したい。高校にも進学したい。でもどうしていいのかわからない」と相談してきました。私は娘の気持ちを受け止め，一緒に進路について考え始めましたが，いい知恵は浮かびませんでした。そこで娘の了解をとって，担任の先生と SC に相談しました。結局，娘は担任の先生が勧める別室登校は無理でしたが，民間のフリースクールが気に入り，中学２年生の３学期から通い始めました。最初は時々行く程度でしたが，同学年の新しい友達ができたことがきっかけで毎日通うようになりました。中学３年生に進級しても娘は学校には登校しませんでしたが，フリースクールには毎日通い，勉強も積極的に取り組んでいました。高校の進路選択に際しては，娘の希望を聞いたフリースクールの先生が担任の先生と連携しながら娘の受験を応援してくださいました。その後，娘は無事に高校入試に合格し，今は高校１年生として元気に通学しています。

　娘が不登校だった期間は２年７か月です。当初は娘の不登校を受け入れられず，娘の状況を否定し，元気に登校できることだけを願い，それが叶わないことに腹を立てていました。しかし SC との出会いを通じ，娘が変わるのではなく母親である私自身が変わろうと思うようになりました。これが大きな転機になったのです。母親の私が変わることで娘も変わっていきました。本文には書

きませんでしたが，私が変わることで夫も随分変わりました。娘や私と過ごす時間が増え，かなりマイホームパパになりました。不登校を脱した今だから言えることかもしれませんが，娘の不登校経験を通じて娘だけでなく私たち夫婦も親として成長させてもらったと思います。これからも娘の人生にはいろいろあると思いますが，この不登校経験で学んだことを糧にして，きっと乗り越えていってくれると思っています。

　＊SCからのコメント＊

　本事例のお母さんはカウンセリングを通じて自分と向き合い，徐々に親子関係を変えていきました。そして親子の絆を取り戻した頃，子どもは自ら動き出しています。お母さんが子どもの動きの兆しをキャッチし，担任の先生やSCの協力を得てフリースクールにつながり，そこで子どもが本来もっている友達とかかわる力，登校できる力を回復させ，高校での登校再開が実現したのです。子どもが不登校になると，子どもばかりでなく保護者までも学校とのつながりが希薄になりがちです。子どもが担任の先生やSCに対して拒絶的で，かかわりやつながりをもつことが難しい場合もありますが，そのような場合でも担任の先生が保護者とのつながりを保ち続けることは大切なことです。今，子どもに何も動きが見えなくても，後々子どもが動き出そうとしたとき，担任の先生と保護者とのつながりが，子どもと保護者にとって大きな手がかりや足がかりとなる様子がこの事例からうかがえます。

7　おわりに──スクールカウンセラーとして私が伝えたいこと

　不登校のお子さんをもつお母さんの語りはいかがだったでしょうか。不登校の状況は子ども一人ひとり違いますし，お母さんの気持ちも一人ひとり違います。しかし筆者がインタビューをしたどのお母さんも不登校になっているわが子への心配と将来への不安に圧し潰されそうになっていました。本事例では，夏美さんが不登校だった時間経過の中でお母さんが徐々に精神的に追い詰められていった様子や，SCとの出会いを通して自分自身を見つめ，徐々に子どもとのかかわりを変えていった様子が見て取れます。多くのお母さん方からお話

をうかがうと，その気持ちの揺れ動きの様相は，不登校になっている子どもの気持ちの状態とまるで表裏一体です。子どもの不安がお母さんの不安を高め，お母さんの不安がさらに子どもに影響しているようです。このような母と子の密接した影響関係は，お母さん方にインタビューをし，その語りの分析によって明らかになりましたが，通常の学校生活や日常生活では見えにくいものです。そのため担任の先生やSC，あるいはお母さんを含めた保護者やご家族は，不登校の子どもとそのサポートをどうするのかという点に注意を向けます。ところがそのお母さんへのサポートとなると，ちょっと及び腰になってしまう印象を受けます。担任の先生が「不登校の子どもの対応だけでも大変なのに，お母さんまでは無理」と心理的負担を感じるのは当然です。しかしそんなに大げさに捉えるのではなく，お母さんの心情を察し，その心情に寄り添いながらかかわっていく姿勢，そしてできるだけお母さんとのつながりを切らず，関係性を保とうとする姿勢。不登校の子どもとかかわる多くの先生方がこの2つの姿勢を心に留めつつ，子どもやお母さん，保護者とかかわっていくことが大きなポイントのように思います。

（森下　文）

不登校の子どもをもつ保護者への グループ・アプローチ

個人アプローチとグループ・アプローチ

　不登校児童生徒数の増加に伴い，学校現場でのその扱いは大きな課題であることは言うまでもありません。不登校児童生徒が最初からカウンセラーのところに直接相談に来ることはまれであり，多くは保護者（主に母親）が子どもの将来のこと，学習への遅れに不安を感じて来談されます。私は不登校の子どものことで悩む母親へ，個人アプローチだけでなく，来談された母親の状況を見てグループへの参加を提案しています。

　グループ・アプローチには個人アプローチと共通した治療的要因があり，またグループ・アプローチ特有の治療的要因もあります（野島，1999）。

　個人アプローチとグループ・アプローチに共通な治療的要因としては，受容，支持，感情転移，知性化，カタルシス，自己理解，ガイダンスがあります。またグループ・アプローチに特有な治療的要因には，愛他性，観察効果，普遍化，現実吟味，希望，対人関係学習，相互作用，グループの凝集性があります。

　私はこれらの治療的要因を意識しグループ・アプローチを実践しています。

「不登校の子どもをもつ保護者へのグループ・アプローチ」の概要とその目的

　私は勤務校で「学校に行きづらい子どもをもつ親の集い（通称：親の集い）」を主宰しています。この「親の集い」は参加したいときに参加できるオープンなグループで，月2回程度，90分間，本校にかかわる保護者（在校生および中退生，卒業生の保護者）を対象に実施しています。

　不登校にかかわる母親の多くは，子どもが不登校になった当初，家族の協力が得られないといった孤独感，育て方が悪かったのではないかといった自責感，学業の遅れが生じるのではないかといった焦燥感，今後の見通しがつかない不安感を抱いていることを語られます。不登校といった同じ悩みを抱えたメンバー同士の中で語ることを通じて，そういった感情から解放され，グループ内での連帯感，精神的安定感を得ることができます。また相互の交流を通して得られる対人関係学習（傾聴，共感，応答する力）の場，他の家族の様子を知り，自分とは違ったものの見方を実感する場，違った価値観・生き方を知る場，そして情報交換の場を提供することを目的として「親の集い」を実践しています。

グループに継続的に参加する母親の心理的な段階の変化

　私は「親の集い」に継続的に参加した母親の参加姿勢や会話内容，半構造化面接から母親の心理的な変化を調べました。（伊藤，2016）ここでは，グループに参加することで母親がどのように心理的に成長していくかを，またそれに伴い子どもに対する認識がどのように変化したかを時期に分けて記します。

(1)　グループ参加がもたらす母親の心理的成長過程（Ⅲ期7段階モデル）

│Ⅰ期│　同質性の認知による孤独感，自責感からの解放と自尊感情，精神的不安定
　　　　　さからの回復過程

〈特徴〉グループ内において「子ども」のみが関心の対象である時期

1．グループの同質性の認知による孤独感，自責感からの解放の段階

　同じ不登校の子どもをもつ親という共通の悩みをもつグループ内での，他者との出会いによって「苦しんでいるのは自分だけではない」といった安心感を抱き，それにより孤独感や自責感から解放されます。

2．開示，被開示経験による低下した自尊感情，精神的不安定さからの回復の段階

ⅰ　他者の語りに対して参加者から批判されることなく「傾聴」「共感」「応答」される様子を観察することで，グループに対する安心感が得られます。また他者の開示内容に共感することで低下した自尊感情や精神的余裕の回復につながります。

ⅱ　自らのつらさを開示し，他者から共感的に理解をしてもらえていると実感することが自尊感情や精神的余裕の回復につながります。

ⅲ　他者から活動を始めた子どもの現状報告を聞くことは希望となり，単位制高校や通信制高校といった進路選択の情報を得ることで，所属校へ登校させるこだわりから解放され，精神的余裕の回復につながります。

│Ⅱ期│　自己理解，子ども理解の促進に伴う自分らしく生きることへの模索および
　　　　　対人関係学習獲得過程

〈特徴〉グループ内での関心を示す対象が「子ども」から「自分」へと移行する時期

3．被開示内容の現実吟味や知性化に伴う「自己理解」「子ども理解」が促進する
　　段階

　他者の子どもに対する思いや家族のやり取りなどを聞くことで，自分と比較をしながら現実吟味を行います。また不登校を客観的に見ることを通して自己理解，子ども理解がさらに促進されます。

４．「自己理解」「子ども理解」が深化し，自分らしさを取り戻す段階

　自尊感情や精神的余裕が回復し，自身の開示や他者からの開示から，自身を見つめる作業を通して「自己理解」「子ども理解」がさらに進みます。そして子ども中心であった生活から，子どもとの精神的な程よい距離を保ち，自分らしく生きるとはどういうことかを模索し始めます。

５．自身の開示や他者の開示に対して，他の参加者の「傾聴」「共感」「応答」の観察から対人関係学習を獲得していく段階

　他者の開示に対して，先輩の母親の「傾聴」「共感」する姿勢やその母親の経験談をふまえ「応答」する姿勢から，対人関係のとり方を見習い取り入れていきます。

　Ⅲ期　新たな役割認知と自尊感情安定，精神的安定の発展過程

〈特徴〉グループ内での関心を示す対象が「自分」から「他者」へと移行する時期

６．自身の開示が他者に役立っていると実感できる段階

　周囲からの話を聞くだけでなく，他者に自身の経験を話すことで他者に役立っていると実感でき，それがさらに自尊感情安定，精神的安定の発展につながります。

７．他者の開示に対して「傾聴」「共感」に加え積極的に「応答」していく段階

　他者の開示内容を要約し，自身の経験談をもとに自己開示するだけでなく，開示者に対して支持的なバーバル，ノンバーバルな返報をする。またその行為はグループ内だけではなく，家庭においても同様に「傾聴」「共感」「応答」が行われるようになる。そうすることで，家族内で今までとは違ったコミュニケーションパターンが生じ，子どもとの間に「言える－聞ける」関係が再構築されていきます。

(2)　グループ参加による母親の，子どもに対する認識の変化過程（Ⅲ期6段階モデル）

　Ⅰ期　登校へのこだわり解放過程

１．登校へのこだわりを示す段階

　子どもの不登校は母親にとっては一種の喪失体験であり，子どもが学校へ行かないことに対する否定的な気持ちから，何とか学校に戻そうと登校刺激や強迫をします。

２．行き詰まりと諦めの段階

　登校刺激や強迫をするが子どもからの抵抗にあい，あるいは子ども自身が接触を拒否することで，母親の思い通りにならずどうしていいのかわからなくなり，母親自身，心身ともに疲弊します。将来に対する絶望感を抱き，登校期待を諦めます。

３．登校へのこだわりから解放される段階

登校刺激，強迫しても子どもは思い通りにならないことを悟りつつも，諦めきれない状態の中，被開示内容から「希望」「情報」を得ることで登校へのこだわりから徐々に解放されます。

|Ⅱ期|　子どもの現状の受け入れと子どもを一人の個として扱い始める過程

4．子どもの現状受け入れ段階

　グループに参加し自尊感情，精神的余裕が回復し，他者の開示内容から自己理解，子ども理解が深化することに伴い，子どもの現状を受け入れることが必要と「思おうとする（意識水準）」の状態から徐々に「自然に思える（行動水準の）」状態に移行します。

5．子どもを一人の個として扱い始める段階

　グループに参加し，自尊感情，精神的余裕の回復に伴い，「子どもは子ども，私は私」と子どもとの程よい距離を取り始め，子どもを一人の個として扱い始めます。

|Ⅲ期|　ありのままの子どもを受け入れる過程

6．子どもの存在そのものを素直に喜べる段階

　「生きていてくれるだけでいい」という，子どもの存在そのものを素直に喜び，ありのままの子どもを受け入れ始めます。

家族関係の変化と子どもの居場所

　本稿は，グループに継続して参加した母親の心理的な変化および子どもへの認識の変化を述べました。またここでは紙幅の都合で言及できませんでしたが，母親の変化に伴って子どもへのかかわりだけでなく，夫婦の関係変化や家族全体の変化などもみられるようになります。この変化が子どもにとって成長の基盤ともいえる家族関係に程よい「凝集性」と「保護性」を生じさせ，家庭に居場所感を得ることで，家庭そのものが外界に踏み出すための「安全基地」「探索基地」となります。そこを拠点として思春期の仲間関係の中に自分の居場所を見出していきます。

　保護者のいう「子どもの将来に関する不安」の解消のためには「登校させること」が目標となると思いがちですが，まずは家庭内で子どもに，どのようにすれば精神的なエネルギーを溜めることができるか，またどのようにすれば保護者と子どもとが互いに「言える－聞ける」関係をつくれるかを考えていただきたいと思います。そのためにはカウンセラーに話を聴いてもらうことや，私が実践しているようなグループに継続的に参加していく中で多くの気づきを得るのも一つだろうと考えています。

（伊藤　隆）

（本文）

第11章

これからの不登校とその支援

はじめに

　1975年に埼玉県のある小さな市で，はじめて「登校拒否」が出たと話題になりました。その頃，小学校教員と兼務で市の教育相談員として毎週金曜日半日勤務していた私が担当することになりました。しかし，「登校拒否」については全くわかりません。大きな本屋さんに行って本を探し手に取ったのが，佐藤修策先生の『登校拒否児』（国土社，1968）でした。この本をバイブルにし，手探りでカウンセリングのまねごとをしていきました。

　本人は中学3年生の男子生徒です。外出をいっさいせず，自室に閉じこもっていました。はじめての訪問は玄関のドア越しの対応で，部屋の中に入れてくれるまでひと月ほどかかりました。部屋に入ってみますと髪が肩より長く伸びていて，窓には目張りで黒いごみ袋を貼って，ひっそりと息をころして生活しているようでした。しかし長い髪は洗い，部屋も片付けた様子がみられました。それから半年ほど訪問し，本人とラポール（信頼関係）をつくっていきました。佐藤先生の本には，カウンセラーはあきらめず本人とのかかわりを根気強くつくっていくようにと書いてありました。とにかく根気強く，毎週将棋や五目並

べをしてかかわっていきました。その後，本人は夕方の外出もできるようになり進路についての話題もでるようになりましたが，学校に行くことはできませんでした。その後，卒業式に出ることはできませんでしたが，校長先生が定時制高校と就職先を紹介し，校長室で小さな卒業式までしてくれました。

このことを契機に「登校拒否」の子どもたちにかかわり，その後，佐藤修策先生から直接指導を受けたく，兵庫教育大学の門を叩いて35年近くになります。この間，多くの不登校の子どもたちと接してきました。

1　不登校の子どもたちと教育機会確保法

不登校（長期欠席）「問題」の解決なくして日本の教育改革はあり得ません。不登校「問題」にこそ日本の教育問題の本質があると考えます。こうした視点からここでは制度・政策に対する提案も含めて述べていきます。

不登校は「学校に行かない・行けない」状態像です。一時期不登校をしたが，その後の生活は充実し心理的に安定しているならば，不登校を大きな「教育問題」や「社会問題」にする必要性はありません。また，不登校を経験した多くの人が，社会的に自立し充実しているならば，不登校は「成長の一過程」の「問題」であり，「一時期の混乱」として捉えることができます。

文部科学省（2019a）による「不登校児童生徒への支援の在り方について（通知）」では，「不登校の時期が休養や自分を見つめ直す等の積極的な意味を持つことがある一方で，学業の遅れや進路選択上の不利益や社会的自立へのリスクが存在することに留意すること」とありますが，確かに不登校をしたことにより，自分を見つめなおすことができたという子どももいます。しかし，日常的にカウンセリング活動をしている筆者のような立場の者からみると，不登校に積極的な意味を見出すことは少なく，むしろ，不登校をしたことによる学業の遅れや進路選択上の不利益，社会的自立へのリスクがあまりにも大きく存在することに警鐘を鳴らしたいと考えています。また，ようやく学校に再登校をしたとしても，その後のケアがなく再度不登校になる場合もあり，毎年のように特定の学校や学級から不登校の相談に来ている場合もあります。さらに，「不

登校の子はフリースクールや適応指導教室に行けばいい」と暴言を吐き，不登校の子に対しての学校からの支援もほとんどみられず，担任が学期に一回程度，電話をかけてくるだけのような学校もあります。

　不登校の子どもたちに不利益があってはなりません。憲法や教育基本法，「義務教育の段階における普通教育に相当する教育の機会の確保等に関する法律」（以下，教育機会確保法案）（平成28年法律第105号）を持ち出すまでもなく，教育は国民の権利であり義務です。子どもたちに教育を受ける機会を与えなければなりません。教育機会確保法の具体的な実現を国や地方公共団体は講じる必要があります。

　不登校に関する追跡調査研究会（2014）の「不登校に関する実態調査」によると，不登校をした生徒の中学卒業時の進路状況は，「就職せずに高等学校等に進学した」が81.4％，「高等学校等に進学せずに就職した」が6.0％，「就職して働きながら，高等学校に進学もした」が4.2％，「高等学校等に進学もせず，就職もしなかった」は8.4％でした。同時期の中学生の進学率が約98％を超えている状況を考えれば，不登校経験者の進学面での不利益が読み取れます。また，進学先は「希望どおりだった」は44.7％，「希望とは少しちがっていた」は30.9％，「希望とはかなりちがっていた」は10.5％，「希望とはまったくちがっていた」は14.0％で，約55％の人が不本意な進学先と答えています。このように，不登校をした多くの人は不本意な進路選択を余儀なくされ，さらに中学卒業時点で，進学・就職の進路が確定しなかった生徒が8.4％もいることを重く受け止める必要があります。

　不登校からの「ひきこもり問題」も指摘されています。不登校を，ただ単なる「教育問題」だけでなく将来の「社会保障」の「問題」ともあわせて検討していく必要があります（相馬，2007）。また，何よりも，不登校をした子どもたちが充実した人生が歩めないことが最大の不利益であり，不登校の本質がここにあると考えます。不登校の「きっかけ」の多くは学校にあり，当然のことですが，学校が魅力的であり生き生きする場であるならば，子どもたちは喜んで登校するのです。

　文部科学省「児童生徒の問題行動・不登校等生徒指導上の諸課題に関する調

査結果について」(2020) は，学校からの報告がもとになっていますが，そうした調査の中でも不登校状態になった直接の要因として，「学校に係る状況」が主たるもので，小・中学校においては30.4%にものぼります。「学校に係る状況」の多くは，友人関係や教職員との関係の「問題」であり，それを是正する努力を学校はまず最優先にするべきです。

　すでに第Ⅰ部で詳細に述べているように，文部科学省初等中等教育局(2020) によると，2019年度の国・公・私立の小中学校の不登校児童生徒数は181,272人（前年度164,528人）で，前年度から1万6千人以上も増加し過去最多となっています。この間の不登校児の数と増加率は驚異的です。旧文部省が年間30日以上の不登校を集計するようになった1991年度は年間66,817人でした。約20年で，児童生徒数は約276万人も減っているにもかかわらずです。不登校児童生徒数は一時期横ばいの状態がありましたが，2012年から急増しているのです。不登校児童生徒だけではありません。文部科学省 (2020) によると，「不登校・経済的理由・病気・その他」を含めた長期欠席者は，252,825人で前年度より1万2千人以上の増加です。ここで「問題」になるのは，不登校・長期欠席をした子どもたちへの教育の保障です。義務教育は憲法第26条に規定する「教育を受ける権利」を保障するものとして位置づけられていますが，不登校や長期欠席の子どもたちの教育を受ける権利は十分には保障されていません。こうした現状も踏まえて，国は「教育機会確保法」を施行したと考えられます。

　また，法律の施行をより具体的にするために，文部科学省 (2017) は平成29年3月31日に「義務教育の段階における普通教育に相当する教育の機会確保等に関する基本方針」を定めました。教育機会確保法第3条基本理念の二には，「不登校児童生徒が行う多様な学習活動の実情を踏まえ，個々の不登校児童生徒の状況に応じた必要な支援が行われるようにすること」と述べられています。さらに，三には「不登校児童生徒が安心して教育を十分に受けられるよう，学校における環境の整備が図られるようにすること」を掲げ基本理念をまとめています。

　文部科学省はこの基本理念を踏まえ，まずはすべての児童生徒にとって魅力あるより良い学校づくりを目指すとともに，いじめ，暴力行為，体罰等を許さ

ないなど安心して教育を受けられる学校づくりを推進することが重要であると
しています。また，不登校は取り巻く環境によっては，どの児童生徒にも起こ
り得るものとして捉え，不登校というだけで「問題行動」であると受け取られ
ないよう配慮し，児童生徒の最善の利益を最優先に支援を行うことが重要であ
るとしています。さらに，不登校の子どもたちに学校内外の「多様な学びの
場」を提供することを目的とし，具体的には公立の教育支援センター（適応指
導教室）や特別な教育課程をもつ不登校特例校，民間の団体（フリースクール）
など，そして家庭等への訪問による支援について明記もなされています。学校
復帰を前提としていた従来の不登校対策を大きく転換し，無理な学校復帰は状
況を悪化させるという懸念から子どもたちの「休養の必要性」を認めるものと
なっています。

　不登校児童生徒が行う多様な学習活動の実情を踏まえ，個々の不登校児童生
徒の状況に応じた必要な支援が行われることが求められますが，支援に際して
は「登校」という結果のみを目標にするのではなく，児童生徒が自らの進路を
主体的に捉えて，社会的に自立することを目指す必要があるとされています。
また，不登校になった主たる要因として「学業の不振」も上位にあげられてお
り，そのため文部科学省は不登校児童生徒が学習内容を確実に身に付けること
ができるよう学ぶ意欲の向上を図るほか，状況に応じて指導方法や指導体制を
工夫改善し個に応じた指導の充実を推進するとしています（文部科学省，2017）。

2　不登校の子どもたちへの多様な支援の現状

1　教育支援センター（適応指導教室）の現状

　第Ⅱ部4章にあるように，文部科学省初等中等教育局（2020）によると，
2019年度の不登校児童生徒のうち教育支援センター（適応指導教室；以降は教育
支援センターと記す）や教育委員会等の学校外の機関での相談・指導等を受け
たのは64,877人（35.8％）でした。学校種別にみると，小学校では病院，診療
所を利用した人数が8,021人ともっとも多かったのですが，不登校の在籍人数

が多い中学校では，教育支援センターを利用した人数が16,145人ともっとも多い状況でした。全国各地に約1,300か所設置されている教育支援センターは気軽に利用できることから利用人数がもっとも多かったのではないかと考えられます。また，全国の教育支援センターは，不登校児童生徒への対応策として大きな役割をはたしているといえます。これは，不登校児童生徒が教育支援センターに通っている場合，在籍校において「指導要録上での出席扱い」とすることができ，学校復帰までの一時的・緊急避難的な場として重要な場であることからも，全国の教育支援センターは，不登校児童生徒への支援機関として大きな役割をはたしているのがわかります（第Ⅱ部7章も参照）。

　また，先に述べた教育機会確保法にもあるように，不登校の子ども支援では，個々の不登校児童生徒の状況に応じて社会的な自立を目指した支援をしていくことも不可欠です。不登校児童生徒に多く利用されている教育支援センターこそ，その役割を担うのに適しているのではないでしょうか。文部科学省（2019b）では教育支援センターを「不登校児童生徒等に対する指導を行うために教育委員会及び首長部局（以下，教育委員会等という）が，教育センター等学校以外の場所や学校の余裕教室等において，学校生活への復帰を支援するため，児童生徒の在籍校と連携をとりつつ，個別カウンセリング，集団での指導，教科指導等を組織的，計画的に行う組織として設置したものをいう。なお，教育相談室のように単に相談を行うだけの施設は含まない」と定義しています。

　相馬（2013）によると，教育支援センターはもともと不登校児童生徒の増加という現状を前に，公的機関・民間施設を問わず，それぞれの主体がそれぞれの理念や考えにもとづき設置され活動を展開していました。それが「不登校問題」への対応策として注目されたのは，1992年に文部科学省の「学校不適応対策調査研究協力者会議」が「不登校問題」についての報告をまとめてからです。同報告では学校外の不登校児童生徒に対する取り組みを，学校生活への復帰を支援するうえで効果的なものとして積極的に評価し，国としてもこのような教育委員会の取り組みを支援すべきと提言されました。これを受け文部科学省がこのような役割と機能を有するものを「適応指導教室」と総称したのが始まりです。しかし，適応指導教室は学校そのものではなく，適応指導教室での様々

な支援・指導は制度的には学校教育とは位置づけられていません。また，適応指導教室は学校に代わるものではなく，支援・指導はあくまでも不登校児童生徒の学校生活への復帰を目指すものでなければならないなど適応指導教室の位置づけに関する課題も多くみられます。

　また，伊藤（2005）は教育支援センターでの活動の限界について述べています。その一つとして，職員のほとんどが非常勤であり常勤職員はごくわずかであることをあげています。教育支援センターの66.6％の教室において常勤職員がいないのが現状です。さらにもう一つの限界として施設設備の不足をあげています。運動場や体育館等の不足も指摘され，それにより児童生徒の状態に合わせた対応や活動が制限されている状況がうかがえます。著しい教育環境の不備がここにあります。施設設備の充実と責任をもった常勤職員の配置は緊急の課題です。

2　フリースクール等の現状

　第Ⅱ部8章で紹介されたようなフリースクールは，文部科学省（2015）によると，施設は全体で474か所あり，調査回答のあった319か所のうち，その運営団体は特定非営利活動法人（NPO法人）が146か所45.8％，法人格を有しない任意団体が70か所21.9％でした（表11-1参照）。在籍児童生徒数は，表11-2のように小学生約1,833人，中学生2,363人，合計4,196人。合計人数を施設数で割ると1施設の平均在籍者は約13.24人で，小学生5.78人，中学生7.45人です。

　ただし，ここでの1施設の在籍平均者数は一日でもフリースクールに通った児童生徒の数で，定期的に毎日通級している人数を表しているとは限りません。勤務するスタッフ数は，有給スタッフで1,971人68.8％，無給スタッフで893人31.2％で，1団体あたり週5日以上勤務しているスタッフは平均約2.8人でした。活動内容（調査対象318名で複数回答）は相談・カウンセリングが90.9％ともっとも多く，次いで個別の学習が87.1％，芸術活動が76.1％，スポーツ体験が76.1％，調理体験が75.2％，社会体験が74.2％，自然体験が73.0％と，教育支援センターと同じような活動内容となっていました（表11-3）。

表 11 - 1　フリースクールで法人格を有する団体・施設

区　分	団体・施設数	割　合（%）
特定非営利活動法人（NPO 法人）	146	45.8%
学校法人（準学校法人を含む）	7	2.2%
公益社団・財団法人，一般社団・財団法人	28	8.8%
営利法人（株式会社等）	27	8.5%
1 ～ 4 以外の法人（社会福祉法人など）	10	3.1%
法人格を有しない任意団体	70	21.9%
個　人	31	9.7%
計	319	100.0%

出典：文部科学省（2015）
注：調査対象：474団体，回答319団体，回収率67%）

表 11 - 2　フリースクール在籍者数等（n＝317）

	男　子	女　子	計
小学生	1,095	738	1,833
中学生	1,340	1,023	2,363
計	2,435	1,761	4,196

出典：文部科学省（2015）

表 11 - 3　フリースクールの活動内容（n＝318）

区　分	団体・施設数	実施率（%）
相談・カウンセリング	289	90.9%
個別の学習	277	87.1%
芸術活動（音楽，美術，工芸など）	244	76.7%
スポーツ体験	242	76.1%
調理体験（昼食づくりなど）	239	75.2%
社会体験（見学，職場体験など）	236	74.2%
自然体験（自然観察・農業体験など）	232	73.0%
子供たちによるミーティング	165	51.9%
宿泊体験	164	51.6%

出典：文部科学省（2015）
注：実施率の高い順に並べ替え

表11-4　フリースクールの月額会費等の状況（n＝262）

区　　分	団体・施設数	割　合（%）
～5,000円	25	9.5%
5,001～10,000円	15	5.7%
10,001～30,000円	100	38.2%
30,001～50,000円	95	36.3%
50,001円以上	27	10.3%
計	262	100.0%

出典：文部科学省（2015）

　教育支援センターと大きく違っていることは月額の会費等の状況です。教育支援センターは各自治体で運営し原則無料ですが，フリースクールは月額1万円～3万円が38.2%，3万円～5万円が36.3%，5万円より高い団体・施設も10.3%でした（表11-4）。具体的な活動内容は本書第Ⅱ部8章「フリースクールからみた不登校とのその支援」をみていただきたいのですが，多くのフリースクールの実態は法人の認可がなく，運営状況は不明な内容が多くあり，財政的に厳しい状況を抱えながら，熱意と努力で運営しているのが現状と考えられます。

3　教育支援センター（適応指導教室）・フリースクールの課題

1　学習指導面の課題

　多くの教育支援センターやフリースクールでは，基礎的な教科の補習を中心とした活動や学校復帰や高校進学に向けて学習活動を行っています。教育支援センターやフリースクールの児童生徒は，教室に入級する時期や一人ひとりの発達段階が異なるため，通常の学校のような一斉指導型の学習指導を行うことは難しい状況です。また，長期欠席が伴っていることから，基礎学力の低下がみられたり，学力のばらつきや理解力・計算力などの能力にもばらつきが多い傾向があります。個人に応じた学習指導や支援を行うには，学力の実態を多角的に捉えることと，教育支援センター・フリースクールでの系統的で効果的な

指導方法の開発・研究が必要です。さらに，教育支援センター・フリースクールでは，学習の個別化は基本ですが，現実問題として現状の指導員数では十分に対応できていません。子どもたち一人ひとりへの個別的支援は，指導員の増員を図らなければ十分な効果をあげることは難しいと考えられます。

しかし，教育支援センター・フリースクールの指導員構成の多くは，非常勤職員であり，たとえば個別・継続指導という点で，ケースカンファレンスを行っても断続的な指導や援助になってしまうため，十分な教育効果が上げられない現状があります。パソコンやインターネットを使用した教育も注目されていますが，インターネット環境や学習ソフト等の教材などの物理的な環境の条件整備もできていない状況です。さらに，高校進学という進路達成目標だけでなく，高校進学後も主体的な学習が行えるような基本的な学習スキルや学習態度の形成や定着が求められていることを考えれば，学習指導を行う指導員の常勤化は急務と考えます。不登校児本人や保護者からの学習支援のニーズが高いことからも常勤職員を積極的に配置することが望まれます。

2　教育プログラムの教育効果と課題

教育支援センター・フリースクールでは，多くの教育プログラムや，対人関係能力の育成，自己肯定感の形成を考えた様々な体験活動を実施しています。たとえば，自然体験活動のような開放的な空間の中での体験活動が，対人関係能力の育成や自主性の形成に寄与していることは多くの実践で証明されています。しかし，体験活動ができる施設設備がないことやスタッフが配置されていないことが多く，施設設備の充実とスタッフの配置が望まれます。

3　指導員の配置の課題

指導員の熱意に甘え，行政として為すべきことをしないのは怠慢と考えます。文部科学省初等中等教育局（2020）によれば，小・中学校で不登校児童生徒が通室，通級，通院などで対応している校外機関等の現状をみると教育支援センターの支援率は12.0％となっています。不登校児童生徒をもっとも多く支援をしている教育支援センターですら全体の約12％程度で，他の校外機関をあわせ

ても合計で35.8％です。また校内では，一度でも相談や指導を受けた割合は，養護教諭で19.8％，スクールカウンセラーで37.0％です。

「不登校問題」の大きな課題として，約3割の児童生徒はどこからも相談・指導を受けていない現状があります。相談や指導を受けたくても受けられない「ひきこもりタイプ」などの不登校児童生徒を掘り起こし，積極的にかかわる活動を一部の教育支援センター・フリースクールでは取り組んでいますが，圧倒的に予算不足で必要な人件費すらままならない状況です。不登校対策として「予算の充実」と「人員配置」をして，現在の教育支援センターを活用しながら，ひきこもっている子どもたちへの訪問支援を担うような「総合的な教育相談センター機能」の強化も必要と考えます。

このように，教育支援センターの設置は不登校への対応策としてきわめて大きな役割をはたすようになってきていますが，その位置づけについては，特に学校制度との関係という観点からみた場合，現状においては一般に以下のように整理することができます。

第一に，教育支援センターは学校そのものではないということです。教育支援センターは教育委員会が設置する公的な機関であり，組織的には学校とは別のものと位置づけられています。したがって，そこで支援・指導を受ける児童生徒は，本来登校すべき小・中学校に在籍しながら，実際には教育支援センターに通ってくることになります。

第二に，教育支援センターで行われる不登校児童生徒に対する様々な支援・指導の活動は，制度的には学校教育とは位置づけられないということです。このため，教育支援センターについては，教育課程や教員の資格，施設設備など，学校に対して適用される基準や規制は適用されていません。それゆえにこそ，学校生活に適応できない児童生徒に対して一人ひとりの状態に応じた多様で弾力的な支援・指導を行うことが可能となります。

第三に，教育支援センターは学校にとって代わるものではなく，そこでの支援・指導はあくまで不登校児童生徒の学校生活への復帰を目指すものでなければならないということです。もちろん不登校児童生徒への指導に当たっては，何が何でも学校に復帰させればよいというわけではありません。

第四に，不登校児童生徒が教育支援センターに通っている場合，在籍校において これを「指導要録上の出席扱い」とすることができるということに矛盾があります。その正当性を制度面から明確に説明することは困難であり，未だ必ずしも明快な整理はなされていないように思われます。ポイントとなる点は，学校復帰を目指していることと，児童生徒の社会的自立に向けての一つのステップと捉え，その教育的意義は学校活動に準ずるものとして積極的に評価することが可能であるということと考えられます。このように学校制度や就学制度とのかかわりにおいて曖昧さを残しつつも，教育支援センター（適応指導教室）は不登校への対応策として現に大きな効果をあげ，その設置が進められてきているのです。

　フリースクールの場合は，施設・運営等がさらに厳しい状況です。先述のように文部科学省（2015）統計で，施設は全体で474か所でしたが，これらの施設においては，学習内容も様々な状況で，実数や具体的な内容はつかめていない状況です。

　しかし，いくつかの地方公共団体において，「教育機会確保法」の制度を活用して，新たな枠組みによる施策を展開する試みが現れてきています（第Ⅱ部9章：不登校特例校，洛風・洛友中学校参照）。これらの取り組みの中には，特区制度を活用して設置された学校があります。国の定める教育課程の基準によることなく，不登校児童生徒に対し，その実態に応じて学習活動をはじめ自立のための様々な支援・指導を行うという点では教育支援センターと類似する側面がありますが，これは学校外の「適応指導の場」ではなく，学校制度上に位置づけられた学校そのものです。これらの施設は，制度上は正規の学校として位置づけられ，児童生徒はこれらの学校に在籍することになります。したがって，形式面からも教育支援センターやフリースクールの場合におけるような就学上の問題は生じません。「出席扱い」にできるのではなく，当然出席となるからです。不登校の児童生徒向けの学校に在籍し，指導を受けることによって学校教育が行われていると考えられるのです。

4　今後の不登校の子どもたちへの支援について

⌞1⌟　教育支援センターの法的位置づけと積極的活用

　教育支援センターの設置は不登校への対応策としてきわめて大きな役割をはたすようになってきていますが，その位置づけについては，特に学校制度との関係という観点からみた場合，多くの課題があります。まず，先述のように，教育支援センターは学校そのものではないということです。組織的には学校とは別のものと位置づけられます。したがって，教育支援センターで行われる不登校児童生徒に対する様々な支援・指導の活動は，制度的には学校教育とは位置づけられないということです。

　今後は，学校教育法等に「教育支援センター」を位置づけることによって，不登校児童生徒，長期欠席児童生徒，外国籍児童生徒等への教育的支援のよりいっそうの充実が望まれます。不登校児童生徒や長期欠席児童生徒等への「教育支援的総合センター機能」を目指すべきです。

　たとえば，以下のような，ホームスクーリング（訪問支援機能），研究機能，相談機能，コンサルテーション機能等を教育支援センターが担うことも効果的です。

○ホームスクーリング（訪問支援機能）

　　不登校や長期欠席児童生徒・外国籍児童生徒等の子どもが家にいながら受けられる。教育支援センターに入・通所していない子どもに対する出張教育相談や訪問教育であり，いわば「出前による教育」である。

○研究機能

　　不登校等への対応にかかわる基礎的・臨床的研究や，不登校等の予防等の基礎的研究。

○相談機能

　　不登校等の子どもやその保護者に対するカウンセリング・教育相談機能。

○コンサルテーション機能

不登校等の対応に関し，学校の教師やスクールカウンセラー，他の不登校等の対応機関に対するコンサルティングの活動。

○家庭機能

家庭に居場所を見出すことができなかったような子どもが家族関係を味わうことができるようにする活動。

○研修機能

学校の教師に対し不登校等の予防と早期対応について様々な研修活動を行うもので，高度な内容による上級コースの場合は訪問指導員や相談員の育成の役割も含めることができる。

○情報提供機能

不登校等や長期欠席児童生徒・外国籍児童生徒等への対応にかかわる様々な情報を，学校や地域社会に提供するものである。

2　不登校児童生徒等への新たな取り組み：特例校の設置

不登校児童生徒等に学習等の場を提供するための取り組みとして，いくつかの地方公共団体において，先述のように新たな枠組みによる施策を展開する試みが現れてきています。

文部科学省（2020）「不登校特例校の設置に向けて」は，ぜひ多くの自治体で実施すべき内容です。特例校については第Ⅱ部9章を参照していただきたいのですが，2022年現在，日本においては，不登校特例校は21校設置されています。公立が12校で私立が9校です。たとえば，八王子市立高尾山学園小学部中学部，京都市立洛風中学校は2004（平成16）年に設置され多くの成果を上げています。課題としてあげられるのは私立不登校特例校の中学校の年間平均授業料は47.6万円と高額であることで，入学を断念する児童生徒も多くいます。ぜひ，京都市や八王子市等のような公立の不登校特例校の設置を全国で早急に展開すべきです。不登校特例校を都道府県に1校設置することこそ「教育機会確保法」の趣旨に合うものです。また，不登校特例校の設置は，教育支援センターの欠点を補うものとしての意味もあります。

各地方公共団体でも，八王子市や京都市の不登校対策事業を学び，各地域に

あった不登校対策に真剣に取り組んで欲しいと考えます。不登校児童生徒の将来は，「社会保障費の増大」にもつながることを認識し，教育機会確保法第3条基本理念にあるように，「個々の不登校児童生徒の状況に応じた必要な支援が行われるようにすること」「不登校児童生徒が安心して教育を十分に受けられるよう，学校における環境の整備が図られるようにすること」の具現化こそが求められます。また，東京都の調布市教育委員会（平成30年），大田区教育委員会（令和3年）では，本校から分離し，他の建物の一部を使用して設置する「特例教室」も分教室として設置運営されています。さらに，このほかにも，さいたま市では不登校等でひきこもり傾向のある児童生徒に対してタブレット端末を使って学習機会を提供した自宅での学習の取り組みも行われています。これは，ICT を活用することにより，支援・指導の場を学校外の施設から自宅まで拡大しようとする試みであるといえます。必要なのは創意工夫であり，これは不登校の子どもたちを決して見捨てないメッセージでもあります。

3　ホームスクーリング（訪問支援事業）の試み

　アメリカ合衆国では，不登校児童生徒への対応としてもっとも効果があったものとして，ホームスクーリング（訪問支援事業）をあげています。日本においても，不登校児童生徒に対して，ホームスクーリングを学校経営方策の一つとして実施している学校があります。A市立B中学校は，校務分掌として“不登校対策教員”を置き，生徒の不登校情報を集中管理する組織を整えました。集約された情報にもとづき，不登校になる可能性の高い生徒一人ひとりにかかわる指導プログラムを作成していき，その指導方策の中の一つとしてホームスクーリング制度を設置しました。具体的には，コーディネーターと管理職が必要と認めた生徒に対し，教員免許をもつ学校職員が家庭に出向き，出前による訪問指導を行うもので，その場合には「指導要録上の出席扱い」にしています。

5　不登校を生まない学級づくりと学校づくり

　管理職はリーダーシップを発揮して，不登校児童生徒や長期欠席児童生徒を出さない取り組みや「いじめ」のない，人間関係がよくなる学校づくりに全力投球をすべきです。

　そのための方策として，グループ・アプローチをあげたいと考えています（コラム 10-1 参照）。グループ・アプローチはまさに，個人と集団の成長発達が同時に行われ，集団や個人に対し，有効な教育・成長，個人間のコミュニケーションと対人関係の発展と改善を図る心理的・教育的な援助活動として位置づけられています。

　相馬（2012）は，グループ・アプローチを，学校教育で子どもの成長発達上の諸課題について支援していく援助サービスの過程と位置づけ，子どもの「良さ」や「長所」を見つけ，「支持」と「承認」を与えることにより，子どもは心を開くことができると解説しています。多くの教師は，グループ・アプローチの基本的理論・技術を研修し実践していますが，さらに広めていくことが望まれます。日本は諸外国と比較しても教育予算が低いのは報道のとおりです。OECD（2018）の報告にあるように，GDP に対する教育機関に対する公的支出の割合は比較可能な38か国中最下位から 2 番目でした（加盟国平均4.1％，日本2.9％）。とりわけ，公財政比率が66.4％，私費が33.6％と私費に依存している部分が多く，公的には教育に予算をかけていないと考えられます。まず何よりも，学校現場に人員を配置することが，「不登校」を防ぐことにつながっていきます。

　「不登校」「長期欠席」は，子どもたちからの叫びとして真摯に受け止め，国家存亡の危機として捉え，地域の核となる「不登校特例校」や「教育支援センター（適応指導教室)」の増設，「スクールカウンセラー」や「教員」の増員に取り組むべきです。不登校や長期欠席を社会や保護者，子どもに責任転嫁し，学校現場に「がんばれ」「がんばれ」の掛け声だけで，具体的な対応をしない無責任体制を続けていく限り不登校は増え続けます。首長のリーダーシップを

発揮し，教育予算の増額も含めて学校のあり方を根本から再認識し，できるところから確実な一歩を始めるべきです。

　アメリカ合衆国では，複数のスクールカウンセラーが学校教育に従事する常勤専門教育者として，公立のすべての小学校・中学校・高等学校に配置されている現状を考えれば，日本の現状はあまりにも貧弱な体制です。スクールカウンセラーは，日本で1995年度に配置されて以来，いじめ問題や不安など情緒的混乱を伴う不登校児童生徒や長期欠席児童生徒の対応に成果をもたらしています。ところが，配置以来25年を過ぎていますが，いまだ1週間や2週間に1日の配置状況です。そこで，スクールカウンセラーの各学校への配置を自治体の事業として推進し，児童生徒の指導相談に当たって教師と同等の責任を有し，それにより主体的な活動が保障されるように自治体の常勤職員（教育専門職）としてスクールカウンセラーの身分が確立されることが望ましいと考えます。諸外国と同様に義務教育課程等におけるスクールカウンセラー常勤配置の早期実現について，国の強力なバックアップが必要です。

　また，各区市町村教育委員会が「不登校対応のマニュアル」を作り対策強化をしていますが，掛け声だけで人的補充がみられないのが残念でなりません。2020年には新型コロナウイルス感染で学校に来られない子どもたちへのオンライン授業の取り組みが実施されていますが，不登校の子どもにこそオンライン授業の取り組みを実施すべきです。

　つまり不登校をする子どもたち・長期欠席をする子どもたちの「問題」は日本の教育問題の根幹の「問題」です。教育改革の第一歩は「不登校・長期欠席者」に対する国をあげた取り組みなくしてあり得ないと考えます。

（相馬誠一）

最後に　読者の皆さまへ ---------------------------------

　2016年に「教育機会確保法」が公布され，不登校への見方が大きく変わることが期待されました。この「確保法」以後の不登校支援の方向をしっかり確認したいとの思いから，この本の企画を始めたのが2019年の秋でした。その直後，世界中を巻き込んだのがコロナ禍によるパンデミックです。2年以上経った今もなお，世界的に未曽有の被害をもたらしています。そして，日本の学校現場も，その影響は免れませんでした。学校現場が突然の一斉休校に突入したのが，2020年2月末です。その後，緊急事態宣言が出されると同時に，不要不急の外出は禁止となりました。長期にわたる試行錯誤の末，分散登校を経て，不安を抱えつつの学校再開に舵が切られることになったのが2020年の5〜6月。コロナ禍は，今も社会全体に混乱を与え続けています。特に，大勢の子どもたちが集まる学校では，「新しい生活スタイル」が求められ，子どもたちにはマスク着用，ソーシャルディスタンスを取りつつ，大声でしゃべらないという行動がルール化されました。ただでさえ，長期休業で生じた学業の遅れを取り戻すのに精一杯のところに，消毒作業や給食時の指導など，新たな負担が強いられ，教職員の疲弊も相当に深刻です。

　この間，学校に行きたい子どもたちにとっては，部活動も制限される中，厳しい我慢を迫られる状況が続いていました。一方，不登校の子どもたちにとっては，どんな変化があったのでしょうか。時間軸に沿ってみていきたいと思います。

　コロナで休校が始まった直後，不登校経験者が多く通う通信制高校で，新入生対象に，この自粛期間の生活についての意識を尋ねた結果（大橋・伊藤・松下，2020；図1），不登校経験のない新入生たちは，「早く学校に行きたかった」「友人と会えないのは淋しかった」「家の中で過ごすのがしんどかった」と感じる子どもが多く，逆に，不登校経験のある新入生たち（このうち中学3年生で不登校であった生徒は84％）の方が「学校に行かなくていいのでホッとしてい

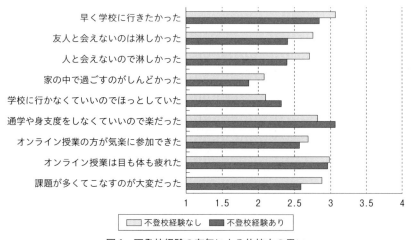

図1　不登校経験の有無による休校中の思い

た」「通学や身支度をしなくていいので楽だった」という思いを抱く割合がより多いことがわかりました。不登校経験がない子どもたちは，家に閉じ籠る生活をストレスフルに感じ，学校の再開や友だちとの再会を強く望んだのに対し，不登校を経験した子どもたちは，自粛生活をそれほど苦痛に感じることなく，家でホッとしていた割合が多いことを示唆する結果となりました。

　この調査対象者は，その当時，"高校に通えている不登校経験者"という限定付きでしたが，この結果を裏付ける形で，学校現場からも以下のような報告が相次ぎました。通常，不登校の子どもたちは，学校に行けない自分自身を肯定できず，休んでいることに罪悪感を覚えるケースが少なくありません。ところが，コロナ禍による自粛生活が続き，周りが全員「学校に行ってはならない」状況下においては，罪悪感に苛まれることなく，むしろ安心して休むことができたという報告です。休校期間中は，学校からのオンラインによる朝の会にも参加でき，ネット上では，クラスメイトの前でも発言できたという生徒も少なくなかったようです。

　その後，5月後半〜6月はじめになると，学校を再開する地域が増えていきました。再開当初，分散登校の時期には，朝のラッシュを避けるため，始業時間も遅くなり，午前と午後の入れ替え制で授業を展開していた学校も多かった

と記憶しています。不登校だった子どもたちの中には、この緩やかなペースのおかげで、久しぶりに登校できたという報告もあり、このまますんなり登校できるのではないかという期待が膨らんだのもこの頃でした。ところが、授業がフル稼働し始めたあたりから、息切れをする生徒が出てきました。もちろん、一部には、休校→分散登校→完全登校というスモールステップの段階を踏み、不登校を完全に卒業したケースもあります。しかしその一方で、完全登校の再開とともに、登校が難しくなる生徒が目につくようになっていったのも事実です。

　このように、未曽有のコロナ禍で世界中がひっくり返る中、不登校の子どもたちは「上手にひきこもり生活に馴染めた」だけでなく、分散登校や少人数登校では元気に登校できた例もありました。しかし、登校再開とともに、"学校には毎日通わねばならない"という昔の価値観が復活したことで、再び不登校に戻ったケースも少なくはないのです。

　こうしてみてみると、不登校は、世間の考え方や価値観により評価が変わるという点で、相対的・状況依存的な特徴をもつ現象であるということができるでしょう。その意味では、「教育機会確保法」により「不登校というだけで問題と受け取らないように」という視点や価値観の転換は、もしそれが社会全体に正しく行き渡るとすれば、非常に意味が大きいといえます。周りの批判的な目を意識し自分を追い詰めていた子どもや保護者が、「問題ではない＝悪いことをしているわけではない」「しんどいときには、無理せず休んでいいんだ」と自分に言い聞かせることで、ゆっくり休むことができたり、ホッとしたりというメリットもあるでしょう。

　しかし、本心から「不登校は問題ではない」と思える当事者は、どれくらいいるでしょうか。「たとえ問題ではなくても（不登校をしている子どもたちが悪いわけではないとしても）、実際に学校に行けていないのは事実。このままだと勉強が遅れてしまう……」「学校に行かずに、進路は大丈夫だろうか……」等々、子どもも保護者も悩みは尽きません。「これでいいわけはない」と思っており、それゆえに、不安や焦りに苛まれるケースの方が圧倒的に多いというのが、学校現場で感じる印象です。その背景にあるのは、いまだに登校至上主

義を貫いているかのようにみえる一部の学校と，不登校に対する偏見を抱えたままの世間の目です。

学校現場での「確保法」

「確保法」の施行は，不登校を「問題行動」と捉え，とにかく学校に戻さねば……と苦慮してきた教職員にとっては，「学習は教室の中で行うもの」という一元的な価値観からの脱却を求める大きな一石になりました。文部科学省自身も，「問題行動」に含まれていた不登校を，「問題行動・不登校」と併記する形で，"不登校と問題行動は別もの"という姿勢を明確に打ち出し，フリースクールをはじめ学校外の専門機関への通学も出席として認めようという風潮が強まることになりました。

しかし，不登校に対する見方の変化は，ここに至るまで決してスムーズに進んだわけではありません。学校現場からは「（不登校の子どもたちを）学校に戻さなくてもいいのだとすれば，どうかかわっていいのかわからない」という迷いの声が聞こえてくるのも，また事実です。そうした教師の迷いを裏付けるように，不登校を抱える保護者からは「（確保法以降）学校からの（不登校の）子どもに対するかかわりが減って，見捨てられたような気がする」「ゴールが学校復帰でないとすれば，それに代わるゴールは何なのか……」という不安な声も，少数ではありますが耳に入ってきています。

ここで学校現場が再確認すべきは，「不登校を問題とみない≠不登校の子どもたちに対し何もしなくていい」であり，「学校復帰だけを目指すのではない≠学校復帰を目指してはいけない」という点であるといえます。学校外に多様な学びの場が充実しても，それにより不登校の子どもたちが学校から排除されるようなことになっては，本末転倒です。この法律では，"学校に行けない子どもたちが悪い"という見方からの脱却であり，"何が何でも学校や学級に戻さねばならない"という価値観の転換が目指されたのであり，学校が支援をしなくていいわけでも，学級復帰が間違っていると言っているわけでもないのです。その辺りの誤解がもしあるならば，まずは誤解の修正が必要であるといえるでしょう。

コロナ禍とオンライン化

　コロナ禍による緊急事態の中，必要に迫られて，学校現場でも待ったなしの試行錯誤が続けられてきました。登校停止に備えて，児童生徒一人一台のパソコンを用意し，GIGAスクール構想が一気に進んだ地域もあります。もちろん，地域差や学校差，教員による考え方や力量の違いは大きいものの，教育の世界にもオンライン化の必要性や活用可能性を知らしめることになったという点で，コロナ禍が学校現場に投じた一石の波紋は非常に大きいといえるでしょう。この学校教育の急激なオンライン化は，折しも進みつつあった高校教育のあり方にも影響を与え，通信制高校（特に，ほとんど通学しなくても卒業できるというインターネットを活用した高校）の隆盛に大きな弾みをつけることにもなりました。

　今後の学校教育のあり方を考えるとき，このオンライン化の動きを無視することはできません。通信教材やビデオ教材を活用しようという教育サービスの外注化やオンライン化が，不登校児童生徒への支援の幅を広げていくことは確実な流れとしてあるでしょう。しかし多くの子どもたちが望んでいるのは，"安心して通える学校"であり，脅威にならない友だちや先生との出会いです。"オンラインか対面か"という二者択一ではなく，教室に戻りたい子どもたちにはそのサポート（心理的支援や環境調整など）が必要であり，学校にトラウマを抱える子どもたちには学校以外の安心できる居場所やオンラインでの学びを提供していくことが求められます。そのための学びの場が，狭義の「学級」に限らないし，対面授業に限定されるべきものではありません。すべての子どもたちが安心して過ごせる多様な学びの場を学校内に確保すると同時に，フリースクール等，学校外の居場所に加えて，学校に来なくても参加できるオンラインでの学びの道が，新たな選択肢として認められれば，今後，不登校に限らず，様々なニーズをもった子どもたちへの支援の幅を広げることにもつながるに違いありません。そのためにも大切なのは，一人ひとりの子どもたちにとって"最適な学びの形は何か"について正しくアセスメントする支援の力であるといえるでしょう。

アセスメントの大切さ

　アセスメントの必要性やその実際については，本書の各章でも，繰り返し書いていただいたテーマです。最後に，基本に立ち返り，私自身への自戒として，学校で求められるアセスメントのあり方について述べておきたいと思います。

　不登校は多様であり，その背景に抱える事情は，１ケースごとに異なります。過去にいわれたような「不登校の背景には，母子分離がある」「不登校の原因は，画一化された教育現場の問題にある」「不登校に対し，登校刺激はマイナスである」……こうした言説は，もちろん個々のケースによっては重要な指摘となる場合もありますが，不登校すべてに通じる見解とはいえません。不登校には，様々な要素が含み込まれるため，安易に一般化したり，レッテルを貼ったりしてしまうのではなく，まずは目の前の"この子"をしっかりとアセスメントすることが必須となります。"生物 - 心理 - 社会モデル"にもとづき，多面的にアセスメントすることも大切です。そのためにも，学校だけではなく，ケースに応じて医療・福祉・心理・司法矯正まで，多職種による連携が重要になるともいえるでしょう。そして，このアセスメントが固定化し，レッテル貼りとならないためにも，時間の経過とともに，何度か繰り返しアセスメントを見直すことも必要になります。同じ行動であっても，その子どもの年齢や，その時々の状況によって意味が異なるように，発達段階や生活環境を考慮したアセスメントも重要です。私自身，SC として着任早々に，ネグレクトとして児童福祉課から連絡があったケースを思い出します。小学２年生の子どもがみせる奇妙な人間関係の取り方は，その状況から，学校現場では保護者による虐待の結果であろうと考えられていたのですが，一時保護としてつながった児童相談所で，精神科医に丁寧に診察・検査してもらった結果，発達障がいの可能性があると診断されたというケースでした。虐待というレッテルや思い込みが邪魔をして，「発達障がいゆえの育てにくさが親の養育態度を歪ませていた」という部分が，学校（SC にも教員にも）にもみえておらず，その結果としての「被虐待児童」というアセスメントに修正が加えられなかったことによるミスでした。

　そして，もう一つの視点が，長所発見的なアセスメントであるといえます。

その子の「問題」のみに注目するのではなく，その子自身がもつ強みやリソースなどに注目することで，目に映る子どもの姿も，必要とされる支援のあり方も変わってきます。その強みを保護者とも共有することができれば，保護者の側にも希望の灯が見えてくることもあるでしょう。こうした子ども本位のアセスメントが定着していくことが，これからの学校現場に広く求められているといえます。

学校に行けない子どもたち，そして保護者の皆様に向けて

　「不登校というだけで問題とみなさない」という見方が広がりつつある今，当事者の子どもたちには，「今は学校に行きたくない」「あの学校には行けない」ということを，ぜひ勇気を出して周りの大人に伝えてほしいと思います。もちろん，詳しい事情を話すのは，とても大変なことであることもわかっています。周りが聞きたがる原因やきっかけを言葉で伝えることはできなくても，「学校に行くことがつらい」，そういう思いを打ち明けることができれば，それを受け止めてくれる大人は，きっといるはずです。

　一方，子どもが命がけで思いを打ち明けるとき，その言葉を聞いた大人たちには，その子どもの気持ちをしっかりと受け止めることが求められます。理由を追求しようと問いただしたり，学校に行くことの必要性を諭したりするのではなく，最後まで子どもの言葉を受け止めていただきたいと思います。親として，教師として，子どもを救いたい，解決したいと思う気持ちはとても尊いものだと思うのですが，最終的な決定は，子ども自身がするしかないというのも事実です。まずは，子どもの思いを聴いて受け止めていただけるだけでも，救われる子どもは大勢います。

　ところで，不登校の子どもたちの中には，学校に行くことが死ぬほどつらいという思いでひきこもっている子どもがいる一方で，「本当は（自分にとって楽しい学校であるなら）学校に行きたい」と思っている子どももいるのではないでしょうか。ただ，「学校に行きたい」と言おうものなら，「それなら，休んでないで頑張らないと……」と，登校への期待とプレッシャーが強まるかもしれません。あるいは，「そんなに休んでいては，行ける学校はないよ」と，否定

されるような言葉が返ってくることもあり得ます。そういう事態を想像し，「どうせ（学校には）行けるわけがないのだから，そんなこと（学校に行きたいなど）を言う資格もない」と，はなから諦め，悶々と黙るしかないと考える子どもたちもいるかもしれません。黙ってしまった子どもに対し，腫れ物に触るように言葉を控えてしまったり，自分の不安から子どもを追い詰めてしまったりする大人がいるのも事実です。しかし，少し勇気を出して「たとえ無理でも，たとえ自信がなくても，たとえ今ではなくても，学校に行きたい」と言葉で伝えることができれば，それを受け止めてくれる大人はいるはずですし，道が拓けることもあると思うのです。不登校の子どもたちのために作られた特例校をはじめ，いろいろなタイプの学校ができつつあります。地域の適応指導教室に加えフリースクールやNPOなど，学校に替わる新たな居場所も，探せばきっと見つかるはずです。「行きたい」気持ちをそっと応援してくれる大人は，周りにきっといるはずです。自分の気持ちに蓋をしてしまうのでなく，「行けるものなら行きたいな」，そう思う自分と向き合うことも大切ではないかと思っています。

　周りの保護者や教職員の皆さんも，学校に行けない子どもにかかわる中で，精神的につらくなることが多いと思います。不登校の子どもたちの多くは，「親に心配をかけて申し訳ない……」と思っているからこそ，親御さんの一言一句や態度の一つひとつをものすごく気にします。「学校に行けない自分は愛される値打ちがない……」「親の不機嫌は，自分が学校に行けないからだ……」と思い込んでいる子どもたちもいます。そんな自責の思いや罪悪感を打ち明けて甘えてくれたら抱きしめてあげることもできるのですが，そんな子どもは多くありません。保護者の方にも「自分の育て方が悪かったのかも」と悩んだり，実際に，周りから批判されているかのような思いになったりして，ますます心を閉ざしてしまう人も少なくないと思います。不登校の子どもを前にしたときのネガティブな感情は，ある意味，その保護者が子どものために良かれと思って頑張っているがゆえの，怒りであり不安であるといえるのです。その点（自分は頑張っているがゆえに疲れ果てているということ）を，まず認めていただくことが大切だと思います。そのうえで，自分一人で無理なときは，周りに

SOS を出す勇気が必要になります。丸投げでなく，一緒に抱えてくれる人（＝伴走者，理解者）を探すことは，子どもを支援する大人自身にとっても大切です。

　本書が，自分と向き合い苦しんでいる子どもたち，そして，その子どもたちを支えるために悩みを深めている保護者や教職員の皆さんにとって，何らかのヒントや希望の灯となることを願ってやみません。最後まで，お読みいただき，本当にありがとうございました。

　最後になりましたが，ミネルヴァ書房編集部丸山碧さんには，本書の企画の段階から完成まで，たいへんお世話になりました。いつもご丁寧に誠実にサポートしていただいたおかげで，本書を世に送り出すことができました。また，相馬誠一先生には，編者以上に編集作業にご助力をいただきました。お二人のご支援なしに，本書の完成はありませんでした。こころよりお礼申し上げます。

編著者　　伊藤美奈子

最後に　読者の皆さまへ

―――――――――― **文 献 一 覧** ――――――――――

■コラム 0-1

児島邦宏・佐野金吾（2006）中 1 ギャップの克服プログラム．明治図書出版．

文部科学省（2003）不登校への対応について　不登校の現状に関する認識　平成15年．https://www.mext.go.jp/a_menu/shotou/futoukou/03070701/002.pdf（最終アクセス日：2021年 5 月29日）

文部科学省（2020）児童生徒の問題行動・不登校等生徒指導上の諸課題に関する調査結果（令和元年度）．https://www.e-stat.go.jp/stat-search/files?page=1&toukei=00400304&kikan=00400&result_page=1.（最終アクセス日：2020年11月18日）

小野善郎・保坂亨（2012）移行支援としての高校教育――思春期の発達支援からみた高校教育改革への提言．福村出版，p. 24.

八尋茂樹（2016）不登校児童生徒の学校復帰と不登校初出学年および相談時期の関係性．新見公立大学紀要，**37**，155-159.

■コラム 0-2

勝田美穂（2018）教育機会確保法の立法過程――アイディアの政治から．岐阜経済大学論集，**52**(2)，1-21.

文部科学省初等中等教育局（2016）義務教育の段階における普通教育に相当する教育の機会の確保等に関する法律の公布について（通知）．https://www.mext.go.jp/a_menu/shotou/seitoshidou/1380952.htm（最終アクセス日：2021年 6 月21日）

文部科学省初等中等教育局（2019）「不登校児童生徒への支援の在り方について（通知）」令和元年10月25日．https://www.mext.go.jp/a_menu/shotou/seitoshidou/1422155.htm（最終アクセス日：2021年 6 月21日）

日本教育学会（2019）義務教育を問い直す――「教育機会確保法」の成立をふまえて．日本教育学会第77回大会報告．教育学研究，**86**(1)，52-61.

NPO 法人フリースクール全国ネットワーク（2017）不登校に関する新しい法律について．https://freeschoolnetwork.jp/file/20170403kakuhohouWB.pdf（最終アクセス日：2021年 6 月21日）

初等中等教育局児童生徒課（2017）義務教育の段階における普通教育に相当する教育の機会の確保等に関する法律（概要）．https://www.mext.go.jp/a_menu/shotou/seitoshidou/1380956.htm（最終アクセス日：2021年 6 月21日）

横井敏郎（2018）教育機会確保法制定論議の構図――学校を越える困難．教育学研究，**85**(2)，186-195.

■第 1 章

中央教育審議会（2015）チームとしての学校の在り方と今後の改善方策について（答申）．https://www.mext.go.jp/b_menu/shingi/chukyo/chukyo0/toushin/__icsFiles/afieldfile/2016/02/05/1365657_00.pdf（最終アクセス日：2021年 3 月31日）

文部科学省　学校教育法

文部科学省　教育基本法

文部科学省（2020）令和元年度学校保健統計（学校保健統計調査報告書）．http://www.mext.go.jp/content/20200319-mxt_chousa01-20200319155353_1-3.pdf（最終アクセス日：2021年 3 月31日）

文部科学省（2020c）令和元年度児童生徒の問題行動・不登校等生徒指導上の諸課題に関する調査結果. https://www.mext.go.jp/content/20201015-mext_jidou02-100002753_01.pdf（最終アクセス日：2021年3月31日）

■コラム1-1
宮﨑眞（2017）発達障害児童の通級指導教室での個別指導——ディスクリート試行指導. 小野昌彦（編著）発達障害のある子／ない子の学校適応・不登校対応. 金子書房, pp. 64-72.
齊藤万比古（2011）発達障害と不登校. 齊藤万比古（編）発達障害が引き起こす不登校へのケアとサポート. 学研教育出版, pp. 31-37.
山登敬之（2014）子どものミカタ——不登校・うつ・発達障害　思春期以上，病気未満とのつきあい方. 日本評論社, pp. 78-84.

■第2章
文部科学省（2014）「不登校に関する実態調査」〜平成18年度不登校生徒に関する追跡調査報告書〜（概要版）. https://www.mext.go.jp/a_menu/shotou/seitoshidou/1349956.htm（最終アクセス日：2021年3月15日）
文部科学省（2020）令和元年度　児童生徒の問題行動・不登校等生徒指導上の諸課題に関する調査結果について. https://www.mext.go.jp/content/20201015-mext.jidou02-100002753_01.pdf（最終アクセス日：2021年3月15日）

■コラム2-1
文部科学省（2013）いじめ防止対策推進法.

■コラム2-2
American Psychiatric Association (2013) *Diagnostic and statistical manual of mental disorders 5th edition.* Washington, DC: American Psychiatric Association. （髙橋三郎・大野裕（監訳）（2014）DSM-5　精神疾患の診断・統計マニュアル. 医学書院.）
boyd, D. (2014) *It's complicated: The social lives of networked teens.* New Haven: Yale University Press. （野中モモ（訳）（2014）つながりっぱなしの日常を生きる——ソーシャルメディアが若者にもたらしたもの. 草思社.）
Hansen, A. (2019) *Skärmhjärnan.* Stockholm: Bonnier Fakta. （久山葉子（訳）（2020）スマホ脳. 新潮社.）
原田曜平（2020）Z世代——若者はなぜインスタ・TikTokにハマるのか. 光文社.
北村智・佐々木裕一・河合大介（2016）ツイッターの心理学——情報環境と利用者行動. 誠信書房.
総務省（2020）令和2年版情報通信白書. https://www.soumu.go.jp/johotsusintokei/whitepaper/ja/r02/pdf/index.html（最終アクセス日：2021年3月31日）
若本純子（2016）児童生徒のLINEコミュニケーションをめぐるトラブルの実態と関連要因——小学生・中学生・高校生を対象とする質問紙調査から. 佐賀大学教育実践研究, **33**, 1-16.
若本純子（2018）児童生徒のSNS利用と友人関係との関連——情報モラル教育を始める前に. 西野泰代・原田恵理子・若本純子（編著）情報モラル教育——知っておきたい子どものネットコミュニケーションとトラブル予防. 金子書房, pp. 3-21.

■コラム2-3
文部科学省（2020）児童生徒の問題行動・不登校等生徒指導上の諸課題に関する調査結果.

■コラム 2-4

京都府教育委員会 (2019) 広報資料不登校児童生徒読書活動支援事業. http://www.kyoto-be.ne.jp/sou mu/kouhou/kouhou010830.pdf (最終アクセス日：2021年3月22日)

文部科学省 (2020) 令和元年度児童生徒の問題行動・不登校等生徒指導上の諸課題に関する調査結果.

内閣府 (2015) 自殺対策白書 (平成27年度版).

大分県立図書館・大分県教育センター (2017) 平成28年度不登校児童・生徒図書館等活用推進事業「公立図書館活用支援事業」不登校対策支援図書館活用ハンドブック. https://www.oita-library.jp/?page_id=1393. (最終アクセス日：2021年3月22日)

杉本希映・庄司一子 (2006)「居場所」の心理機能の構造とその発達的変化. 教育心理学研究, **54**, 289-299.

■第3章

伊藤美奈子・小澤昌之・安田崇子・星野千恵子・福智直美・近兼路子・原聡・鶴岡舞 (2013) 不登校経験者の不登校をめぐる意識とその予後との関連——通信制高校に通う生徒を対象とした調査から. 慶應義塾大学大学院社会学研究紀要, **75**, 15-30.

伊藤美奈子 (2013) 不登校経験者の「過去」「現在」「未来」——チャレンジ高校に在籍する生徒を対象とした調査より. 慶應義塾大学教職課程センター年報, **20**, 113-128.

伊藤美奈子 (2018) 思春期・青年期の自己肯定感と死生観. 心の社会, **49**, 94-98.

文部科学省 (2014)「不登校に関する実態調査」～平成18年度不登校生徒に関する追跡調査報告書～.

文部科学省 (2020a) 生徒指導上の諸課題の現状と文部科学省の施策について (報告書).

文部科学省 (2020b) 令和2年度学校基本調査 (確定版). https://www.mext.go.jp/content/20200825-mxt_chousa01-1419591_8.pdf (最終アクセス日：2021年3月31日)

文部科学省 (2020c) 定時制課程・通信制課程の現状について (高校WG資料). https://www.mext.go.jp/content/20200522-mxt_koukou02-000007159_32.pdf (最終アクセス日：2021年3月31日)

文部科学省 (2020d) 高等学校教育の現状について. https://www.mext.go.jp/a_menu/shotou/kaikaku/20201027-mxt_kouhou02-1.pdf (最終アクセス日：2021年9月7日)

文部科学省 (2021) 小中高生の自殺, 過去最多　コロナで大幅増, 女子高生突出. https://www.jiji.com/jc/article?k=2021021500805&g=soc (最終アクセス日：2021年3月28日)

明和政子 (2019) ヒトの発達の謎を解く——胎児期から人類の未来まで. ちくま新書.

小野善郎 (2012) 発達精神病理学からみた高校生. 小野善郎・保坂亨 (編) 移行支援としての高校教育. 福村出版, pp. 110-186.

清水將之 (1990) 青年期と現代——青年精神医学論集. 弘文堂.

清水將之 (2006) ひとは十代をどう通過するか——臨床の場から考える青年期. 伊藤美奈子 (編) 思春期・青年期臨床心理学. 朝倉書店, pp. 177-190.

■コラム 3-5

藤井虔・古賀一男 (1975) 卒業留年に関する研究 (1). 京都大学学生懇話室紀要, 第五輯, 55-75.

広沢正孝 (2015) 学生相談室からみた「こころの構造」〈格子型/放射型人間〉と21世紀の精神病理. 岩崎学術出版社.

賀須井貴子 (2021) 学校に行かないことはどう論じられてきたのか——不登校家族の実践を理解するために. 千葉大学大学院人文公共学府　研究プロジェクト報告書, 第361集, 66-75.

小柳晴生 (1994) 大学における不登校学生の実態調査の試み. 第16回大学精神衛生研究会報告書, 6-8.

丸井文男 (1968) 留年学生に対する対策. 厚生補導, **22**, 18-24.

文部科学省 (2020) 令和2年度学校基本調査 (確定値) の公表について.

森田洋司 (1991)「不登校」現象の社会学. 学文社.

高石恭子 (2009)〈高等教育の動向〉現代学生のこころの育ちと高等教育に求められるこれからの学生支援. 京都大学高等教育研究, **15**, 79-88.

田中健夫 (2000) 大学生にとっての不登校. 小林哲郎・高石恭子・杉原保史 (編著) 大学生がカウンセリングを求めるとき――こころのキャンパスガイド. ミネルヴァ書房, pp. 141-160.

■第4章

千葉県子どもと親のサポートセンター (2018) 千葉県版不登校児童生徒の支援資料集. 千葉県教育委員会.

Fox, J. (ed) (1987) *THE ESSENTIAL MORENO*. Springer.（磯田雄二郎（監訳）(2000) エッセンシャル・モレノ. 金剛出版.）

国立教育政策研究所 (2017) 生徒指導・進路指導研究センター (2017年)「PDCA×3＝不登校・いじめの未然防止」, 生徒指導リーフ (Leaf 2):「絆づくり」と「居場所づくり」.

山崎透 (2019) 不登校支援の手引き――児童精神科の現場から. 金剛出版.

■コラム4-1

文部科学省 中央教育審議会 (2015) チームとしての学校の在り方と今後の改善方策について（答申）. https://www.mext.go.jp/b_menu/shingi/chukyo/chukyo0/toushin/__icsFiles/afieldfile/2016/02/05/1365657_00.pdf（最終アクセス日：2021年3月29日）

■コラム4-2

栗本美百合 (2018) 学校でできるアート・アズ・セラピー. 誠信書房.

■コラム4-3

Edmondson, A. (1999). Psychological safety and learning behavior in work teams. *Administrative Science Quarterly*, **44**(2), 350-383.

文部科学省 中央教育審議会 (2015) チームとしての学校の在り方と今後の改善方策について（答申）. https://www.mext.go.jp/b_menu/shingi/chukyo/chukyo0/toushin/__icsFiles/afieldfile/2016/02/05/1365657_00.pdf（最終アクセス日：2021年3月30日）

■第5章

安部計彦 (2011) 要保護児童対策地域協議会のネグレクト家庭への支援を中心とした機能強化に関する研究（主任研究者：安部計彦）. 平成22年度子ども未来財団児童関連サービス調査研究等事業報告書.

安部計彦 (2019) ヤングケアラーと子どもへの権利侵害――ネグレクト調査の再分析から. 西南学院大学人間科学論集, **15**, 75-117.

船越明子 (2017) 家族支援. 境泉洋（編著）地域におけるひきこもり支援ガイドブック――長期高齢化による生活困窮を防ぐ. 金剛出版, pp. 100-109.

服部隆志・塩見沙織・福井智子・大対香奈子 (2012) 青年期の不登校・ひきこもりに対するSSTの実践. 心理臨床学研究, **30**, 513-523.

平生尚之・稲葉綾乃・井澤信三 (2018) 自閉症スペクトラム障害特性を背景とするひきこもり状態にある人の家族支援――発達障害者支援センターにおけるCRAFT適用の検討. 行動療法研究, **44**, 147-158.

保坂亨 (2000) 学校を欠席する子どもたち――長期欠席・不登校から学校教育を考える. 東京大学出

版会.

保坂亨（2019）学校を長期欠席する子どもたち――不登校・ネグレクトから学校教育と児童福祉の連携を考える. 明石書店.

Joseph, S., Becker, F., & Becker, S. (2012) *Manual for Measures of Caring Activities and Outcomes for Children and Young People (2nd Edition)*. London: Cares Trust. https://carers.org/downloads/resources-pdfs/young-carer-assessment-tools/manual-for-measures-of-caring-activities-and-outcomes-for-children-and-young-people.pdf（最終アクセス日：2020年11月5日）

藤山正子・横山恵子・坂本拓・小林鮎奈・平間安喜子（2021）精神疾患のある親をもつ子どもの体験と学校での相談状況：成人後の実態調査. 日本公衆衛生雑誌, **68**, 131-143.

亀岡智美・小林一恵・真下厚子・山本弓子・岡本正子・大月則子・藤本淳三（1993）児童虐待に関する精神医学的考察（1）――精神科領域における疾病学的な理解と位置づけについて. 児童青年精神医学とその近接領域, **34**, 151-163.

北山沙和子・石倉健二（2015）ヤングケアラーについての実態調査――過剰な家庭内役割を担う中学生. 兵庫教育大学学校教育学研究, **27**, 25-29.

近藤直司（2015）医療・保険・福祉・心理専門職のためのアセスメント技術を高めるハンドブック――ケースレポートの方法からケース検討会議の技術まで 第2版. 明石書店.

厚生労働省（2021）ヤングケアラーの支援に向けた福祉・介護・医療・教育の連携プロジェクトチーム報告. https://www.mhlw.go.jp/content/000780549.pdf（最終アクセス日：2020年5月26日）

久保浩明・加藤隆弘（2019）ひきこもりの家族への相談・支援. 精神科治療学, **34**, 423-428.

松本伊智朗（2013）子ども・家族が直面する複合的困難――調査対象事例の概況. 松本伊智朗（編著）子ども虐待と家族――「重なり合う不利」と社会的支援. 明石書店, pp. 20-36.

三菱UFJリサーチ＆コンサルティング（2021）ヤングケアラーの実態に関する調査研究報告書. https://www.murc.jp/wp-content/uploads/2021/04/koukai_210412_7.pdf（最終アクセス日：2021年4月20日）

内閣府（2016）若者の生活に関する調査. https://www8.cao.go.jp/youth/kenkyu/hikikomori/h27/pdf-index.html（最終アクセス日：2020年11月26日）

内閣府（2019）生活状況に関する調査. https://www8.cao.go.jp/youth/kenkyu/life/h30/pdf-index.html（最終アクセス日：2020年11月26日）

内閣府・文部科学省・厚生労働省（2019a）虐待が疑われるケースに係る学校・教育委員会等における緊急点検結果. https://www.mext.go.jp/a_menu/shotou/seitoshidou/__icsFiles/afieldfile/2019/05/21/1414995-02.pdf（最終アクセス日：2020年7月10日）

内閣府・文部科学省・厚生労働省（2019b）虐待が疑われるケースに係る学校・教育委員会等における緊急点検フォローアップ結果. https://www.mext.go.jp/a_menu/shotou/seitoshidou/__icsFiles/afieldfile/2019/05/21/1416298-2.pdf（最終アクセス日：2020年7月10日）

内閣府・文部科学省・厚生労働省（2019c）虐待が疑われるケースに係る学校・教育委員会等における緊急点検再フォローアップ結果. https://www.mext.go.jp/a_menu/shotou/seitoshidou/__icsFiles/afieldfile/2019/06/26/1418426_002.pdf（最終アクセス日：2020年7月10日）

境泉洋・平川沙織・野中俊介・岡崎剛・妹尾香苗・横瀬洋輔・稲畑陽子・牛尾恵・溝口曉子（2015）ひきこもり状態にある人の親に対するCRAFTプログラムの効果. 行動療法研究, **41**, 167-178.

齊藤万比古（2010）ひきこもりの評価・支援に関するガイドライン. 厚生労働省科学研究費補助金（こころの健康科学研究事業）思春期のひきこもりをもたらす精神科疾患の実態把握と精神医学的治療・援助システムの構築に関する研究.

齊藤万比古（2016）不登校の病院内学級中学校卒業後10年間の追跡研究. 増補不登校の児童・思春期精神医学. 金剛出版, pp. 142-171.

齊藤和貴・安藤由紀子・田川薫・山本祐希（2018）ひきこもり青少年への集団 SST に関する実践研究. 心理臨床学研究, **36**, 489-499.

澁谷智子（2014）ヤングケアラーに対する医療福祉専門職の認識——東京都医療社会事業協会会員へのアンケート調査の分析から. 社会福祉学, **54**, 70-81.

澁谷智子（2018）ヤングケアラー——介護を担う子ども・若者の現実. 中央公論新社.

高岡昂太（2019）ネットワーキング. 下山晴彦・伊藤絵美・黒田美保・鈴木伸一・松田修（編）公認心理師技法ガイド——臨床の場で役立つ実践のすべて. 文光堂, pp. 474-477.

横浜市教育委員会事務局（2020）令和元年度「暴力行為」・「いじめ」・「長期欠席」の状況調査結果（小中学校）. https://www.city.yokohama.lg.jp/city-info/koho-kocho/press/kyoiku/2020/1022R01tyousakekka.files/0003_20201021.pdf（最終アクセス日：2021年1月18日）

■コラム 5-1

さいたま市北部・南部児童相談所（2020）事業概要 令和2年度（平成31年度（令和元年度）実績）, p. 9. https://www.city.saitama.jp/006/015/028/004/p009713_d/fil/R2nendojigyougaiyou.pdf（最終アクセス日：2021年5月31日）

■コラム 5-2

Cooper, K., & Stewart, K. (2013) *Does money affect children's outcomes? A systematic review.* Joseph Rowntree Foundation.

Cooper, K., & Stewart, K. (2017) *Does money affect children's outcomes? An update.* CASEpapers (203). Centre for Analysis of Social Exclusion, The London School of Economics and Political Science, London, UK.

浜野隆（2014）児童生徒の意識・行動及び学校での学習指導と学力——不利を克服している児童生徒に着目して. 平成25年度全国学力・学習状況調査（きめ細かい調査）の結果を活用した学力に影響を与える要因分析に関する調査研究. 国立大学法人お茶の水女子大学, pp. 119-126.

浜野隆（2018）家庭環境と子供の学力. 保護者に対する調査の結果と学力等との関係の専門的な分析に関する調査研究. 国立大学法人お茶の水女子大学, pp. 13-22.

保坂亨（2000）学校を欠席する子どもたち——長期欠席・不登校から学校教育を考える. 東京大学出版会.

保坂亨（2019）学校を長期欠席する子どもたち——不登校・ネグレクトから学校教育と児童福祉の連携を考える. 明石書店.

梶原豪人（2020）貧困家庭の不登校をめぐる研究の動向と課題. 社会福祉学, **61**, 59-70.

堅田香緒里（2019）「子どもの貧困」再考——「教育」を中心とする「子どもの貧困対策」のゆくえ. 佐々木宏・鳥山まどか（編著）シリーズ子どもの貧困3 教える・学ぶ——教育に何ができるか. 明石書店, pp. 35-57.

小林康平（2016）子どもの貧困がもたらす社会的損失. 日本財団子どもの貧困対策チーム（著）徹底調査 子供の貧困が日本を滅ぼす——社会的損失40兆円の衝撃. 文藝春秋, pp. 41-85.

厚生労働省（2020）2019年国民生活基礎調査の概況. https://www.mhlw.go.jp/toukei/saikin/hw/k-tyosa/k-tyosa19/dl/14.pdf（最終アクセス日：2020年12月4日）

松村智史（2020）子どもの貧困対策としての学習支援によるケアとレジリエンス——理論・政策・実証分析から. 明石書店.

耳塚寛明・中西啓喜（2014）家庭の社会経済的背景による不利の克服（1）社会経済的背景別にみた, 学力に対する学習の効果に関する分析. 平成25年度全国学力・学習状況調査（きめ細かい調査）の結果を活用した学力に影響を与える要因分析に関する調査研究. 国立大学法人お茶の水女子大

学，pp. 83-108.

南野奈津子（2020）制度改正による自治体の役割と子どもの貧困対策計画策定の意義．南野奈津子・結城康博（編集代表）地域で支える子どもの貧困——これからの地域連携の課題と実践．ぎょうせい，pp. 8-30.

日本能率協会総合研究所（2020）子どもの学習・生活支援事業における生活習慣・環境改善に関する支援の先進事例に関する調査研究事業報告書．https://www.jmar.co.jp/asset/pdf/job/public/llgr1_18_report.pdf（最終アクセス日：2021年4月19日）

西牧たかね（2019）学習支援は何を変えるのか——その限界と可能性．佐々木宏・鳥山まどか（編著）シリーズ子どもの貧困3　教える・学ぶ——教育に何ができるか．明石書店，pp. 245-270.

卯月由佳・末冨芳（2015）子どもの貧困と学力・学習状況——相対的貧困とひとり親の影響に着目して．国立教育政策研究所紀要，**144**，125-140.

山田哲也（2014）社会経済的背景と子どもの学力（1）家庭の社会経済的背景による学力格差：教科別・問題別・学校段階別の分析．平成25年度全国学力・学習状況調査（きめ細かい調査）の結果を活用した学力に影響を与える要因分析に関する調査研究．国立大学法人お茶の水女子大学，pp. 57-70.

山田哲也（2018）不利な環境を克服している児童生徒の特徴．保護者に対する調査の結果と学力等との関係の専門的な分析に関する調査研究．国立大学法人お茶の水女子大学，pp. 45-61.

■第6章

American Psychiatric Association (2013) *Diagnostic and statistical manual of mental disorders fifth edition (DSM-5)*. Washington, D.C: American Psychiatric Association.（日本精神神経学会（監修）高橋三郎・大野裕（監訳）染矢俊幸ほか（訳）（2014）DSM-5精神疾患の診断・統計マニュアル．医学書院.）

樋口隆弘（2021）子どもの発達検査の取り方・活かし方——子どもと保護者を支えるために．誠信書房．

松本俊彦（2014）自傷・自殺する子どもたち．合同出版．

World Health Organization (2018) ICD-11 -International Classification of Diseases 11th Revision. https://icd.who.int/en.（最終アクセス日：2021年9月30日）

■コラム6-2

日野林俊彦・赤井誠生・安田純・志澤康弘・山田一憲・南徹弘・糸魚川直祐（2007）発達加速現象の研究・その21——性別受容と初潮．日本心理学会大会発表論文集 71.

伊藤美奈子（2017）学校現場における個と全体．學鐙，114(4)，18-21.

伊藤裕子（2000）思春期・青年期のジェンダー．伊藤裕子（編著）ジェンダーの発達心理学．ミネルヴァ書房．

文部科学省（2015）性同一性障害に係る児童生徒に対するきめ細かな対応の実施等について．平成27年4月30日発出．https://www.mext.go.jp/b_menu/houdou/27/04/1357468.htm（最終アクセス日：2021年9月30日）

■第7章

文部科学省（1992）登校拒否問題への対応について（平成4年9月24日付け文部省初等中等教育局長通知）．http://kohoken.chobi.net/cgi-bin/folio.cgi?index=sch&query=/notice/19920924.txt（最終アクセス日：2021年3月1日）

文部科学省（2003）不登校への対応の在り方について（平成15年5月16日付け文部科学省初等中等教

育局長通知）．http://kohoken.chobi.net/cgi-bin/folio.cgi?index=sch&query=/notice/20030516.txt
（最終アクセス日：2021年3月1日）

文部科学省（2016）不登校児童生徒への支援の在り方について（平成28年9月14日付け文部科学省初
等中等教育局長通知）．https://www.mext.go.jp/a_menu/shotou/seitoshidou/1375981.htm（最終
アクセス日：2021年3月1日）

文部科学省（2019a）「教育支援センター（適応指導教室）に関する実態調査」結果．https://www.mext.
go.jp/component/a_menu/education/detail/__icsFiles/afieldfile/2019/05/20/1416689_002.pdf（最
終アクセス日：2021年3月1日）

文部科学省（2019b）教育支援センター整備指針（試案）．https://www.mext.go.jp/content/1422155_
005.pdf（最終アクセス日：2021年3月1日）

文部科学省（2019c）不登校児童生徒への支援の在り方について（令和元年10月25日付け文部科学省初
等中等局長通知）．https://www.mext.go.jp/a_menu/shotou/seitoshidou/1422155.htm（最終アク
セス日：2021年3月1日）

文部科学省初等中等教育局児童生徒課（2019）生徒指導上の諸課題の現状と文部科学省の施策につい
て（令和元年12月）．

■コラム7-1
倉光修（2021）学校臨床心理学特論．一般財団法人放送大学教育振興会
文部科学省（2016）不登校児童生徒への支援に関する最終報告．
文部科学省（2016）義務教育の段階における普通教育に相当する教育の機会の確保等に関する法律．
文部科学省（2019）不登校児童生徒への支援の在り方について（通知）．

■第8章
フリースクール等に関する検討会議（2017）不登校児童生徒による学校以外の場での学習等に対する
支援の充実～個々の児童生徒の状況に応じた環境づくり～（報告）．https://www.mext.go.jp/com
ponent/b_menu/shingi/toushin/__icsFiles/afieldfile/2017/07/25/1382195_1.pdf（最終アクセス
日：2020年6月4日）

不登校生徒に関する追跡調査研究会（2014）不登校に関する実態調査 平成18年度不登校生徒に関する
追跡調査報告書．https://www.mext.go.jp/component/a_menu/education/detail/__icsFiles/afield
file/2014/08/04/1349956_02.pdf（最終アクセス日：2020年6月4日）

金子恵美子（2007）第6章 不登校の子どもたちへの支援の現状 第4節 NPO など．相馬誠一（編）
不登校——学校に背を向ける子どもたち．ゆまに書房，pp. 156-156．

文部科学省 フリースクール・不登校に対する取組．https://www.mext.go.jp/march_lion/torikumi_fu
toukou.htm（最終アクセス日：2020年6月4日）

文部科学省（2015）小・中学校に通っていない義務教育段階の子供が通う民間の団体・施設に関する
調査．https://www.mext.go.jp/a_menu/shotou/tyousa/1360614.htm（最終アクセス日：2020年6
月4日）

文部科学省（2019）「不登校児童生徒への支援の在り方について（通知）」令和元年10月25日．https://
www.mext.go.jp/a_menu/shotou/seitoshidou/1422155.htm（最終アクセス日：2020年6月4日）

文部科学省（2019）「不登校児童生徒への支援の在り方について（通知）」令和元年10月25日（別記1）
義務教育段階の不登校児童生徒が学校外の公的機関や民間施設において相談・指導を受けている
場合の指導要録上の出欠の取り扱いについて．https://www.mext.go.jp/content/1422155_001.pdf
（最終アクセス日：2020年6月4日）

文部科学省（2019）「不登校児童生徒への支援の在り方について（通知）」令和元年10月25日（別添3）

民間施設についてのガイドライン（試案）. https://www.mext.go.jp/content/1422155_004_2.pdf
（最終アクセス日：2020年6月4日）

■コラム8-1
不登校生徒に関する追跡調査研究会（2014）不登校に関する実態調査〜平成18年度不登校生徒に関す
る追跡調査報告書〜.（最終アクセス日：2021年5月31日）
文部科学省（2020）令和元年度児童生徒の問題行動・不登校等生徒指導上の諸課題に関する調査結果
について.（最終アクセス日：2021年5月31日）
森田洋司（編著）（2003）不登校-その後——不登校経験者が語る心理と行動の軌跡. 教育開発研究所.

■コラム9-1
文部科学省国立教育政策研究所（2011）子どもの社会性が育つ「異年齢の交流活動」——活動実施の
考え方から教師用活動案まで——. https://www.nier.go.jp/shido/centerhp/2306sien/2306sien3_
2s.pdf（最終アクセス日：2021年9月29日）

■コラム9-3
California Department of Education (2021) School Attendance Review Boards. https://www.cde.ca.
gov/ls/ai/sb/（最終アクセス日：2021年7月31日）
Greenwalt, K. (2019) *Homeschooling in the United States*. Oxford Research Encyclopedia of Education.
文部科学省（2019）不登校児童生徒への支援のあり方について（通知）. National Association of Ele-
mentary School Principals (2016) Six Causes – and Solutions – for Chronic Absenteeism. https://
www.naesp.org/resource/six-causes-and-solutions-for-chronic-absenteeism/（最終アクセス日：
2021年7月31日）
National Association of Elementary School Principals. 2016 Six Causes – and Solutions – for Chronic
Absenteeism. https://www.naesp.org/resource/sixcauses-and-solutions-for-chronic-absenteeism/
（最終アクセス日：2021年3月31日）
National Center for Education Statistics (NCES) 2019 Trends in High School Dropout and Completion
Rates in the United States. https://nces.ed.gov/programs/dropout/ind_02.asp#:~:text=2013%E2%
80%932017%20average%20status%20dropout%20rates%20by%20state&text=The%20average%20
2013%E2%80%932017%20status,figure%202.6%20and%20table%202.3.（最終アクセス日：2021年7
月31日）
西山久子（2004）アメリカ合衆国の不登校への対応——SARB. 相馬誠一（編）不登校——学校に背
を向ける子どもたち. ゆまに書房.
Porowski, A., O'Conner, R., & Luo, J. L. (2014) How do states define alternative education? National
Center for Education Center for Regional Assistance. https://files.eric.ed.gov/fulltext/ED546775.
pdf（最終アクセス日：2021年7月31日）
U.S. Department of Education, National Center for Education Statistics (2019) School Choice in the
United States: 2019 (NCES 2019-106), Indicator 5.
U.S. Department of Education (2021) Adult & Vocational Education. https://www2.ed.gov/students/
grad/adult/edpicks.jhtml（最終アクセス日：2021年3月31日）
U.S. Department of Education (2021) Chronic Absenteeism in The Nation's Schools. https://www2.ed.
gov/datastory/chronicabsenteeism.html（最終アクセス日：2021年3月31日）

■コラム 10-1

伊藤隆（2016）不登校の子どもを持つ母親へのグループ・アプローチ．樟蔭教職研究，1，17-25.
野島一彦（1999）グループ・アプローチ．野島一彦（編）現代のエスプリ．至文堂，pp.5-13.

■第11章

不登校に関する追跡調査研究会（2014）不登校に関する実態調査 平成18年度不登校生徒に関する追跡
　　調査報告書．https://www.mext.go.jp/component/a_menu/education/detail/__icsFiles/afieldfile/
　　2014/08/04/1349956_02.pdf（最終アクセス日：2021年6月4日）
伊藤美奈子（2005）「適応の場に関する総調査から見る現状と課題」「不登校児童生徒の適応の場に関
　　する総合的研究」（研究代表：相馬誠一）．
文部科学省（2016）義務教育の段階における普通教育に相当する教育の機会の確保等に関する法律
　　（平成28年法律第105号）．
文部科学省（2015）小・中学校に通っていない義務教育段階の子供が通う民間の団体・施設に関する
　　調査．
文部科学省（2017）「義務教育の段階における普通教育に相当する教育の機会確保等に関する基本方
　　針」（平成29年3月31日）．
文部科学省（2019a）「不登校児童生徒への支援の在り方について（通知）」（令和元年10月 元文科初第
　　698号）．
文部科学省（2019b）「教育支援センター（適応指導教室）に関する実態調査」結果（令和元年5月13
　　日）．https://www.mext.go.jp/component/a_menu/education/detail/__icsFiles/afieldfile/2019/05/
　　20/1416689_002.pdf（最終アクセス日：2021年6月4日）
文部科学省（2020）不登校特例校の設置に向けて．
文部科学省初等中等教育局児童生徒課（2020）「令和元年度 児童生徒の問題行動・不登校等生徒指導
　　上の諸課題に関する調査結果について」．
日本の教育，公的支出低調17年 OECD 調査．日本経済新聞．2020年9月8日
佐藤修策（1968）登校拒否児．国土社．
相馬誠一（2007）不登校——学校に背を向ける子どもたち．ゆまに書房．
相馬誠一（編著）（2012）グループ・アプローチで学級の人間関係がもっとよくなる．学事出版．
相馬誠一（編著）（2013）「教育支援センター（適応指導教室）における不登校児への支援プログラム
　　の開発」科学研究費（基盤研究B 課題番号21330160）．

索　引

（人名は＊）

執筆者一覧（執筆順，＊は編著者）

＊**伊藤美奈子**（いとう　みなこ）

　　編著者紹介参照

松下ひとみ（まつした　ひとみ）

　　現　在：奈良女子大学大学院人間文化総合科学研究科博士後期課程，クラーク記念国際高等学校
　　　　　　芦屋キャンパススクールカウンセラー，臨床心理士・公認心理師

植山起佐子（うえやま　きさこ）

　　現　在：CPCOM 臨床心理士コラボオフィス目黒，岡山県スクールカウンセラー，NPO 法人次
　　　　　　世代育成プラットフォーム・ウッグラ代表理事，臨床心理士・公認心理師

房村利香（ふさむら　りか）

　　現　在：公立中学校スクールカウンセラー，臨床心理士・公認心理師

濱野美智子（はまの　みちこ）

　　現　在：東京家政大学附属臨床相談センター心理相談員，臨床心理士・公認心理師

鈴木由美子（すずき　ゆみこ）

　　現　在：埼玉県熊谷市・群馬県高崎市スクールカウンセラー，ピア・サポート「ペンギン」主宰，
　　　　　　臨床心理士

山﨑さなえ（やまざき　さなえ）

　　現　在：千葉県スクールカウンセラースーパーバイザー，臨床心理士・公認心理師

良原惠子（よしはら　けいこ）

　　現　在：大阪府教育委員会政策アドバイザー，大阪府スクールカウンセリングスーパーバイザー，
　　　　　　公立校スクールカウンセラー，複数市の学校問題解決支援チーム等委員，臨床心理士

的場恵美（まとば　えみ）

　　現　在：金光藤蔭高等学校養護教諭，公認心理師

佐々木掌子（ささき　しょうこ）

　　現　在：明治大学文学部心理社会学科臨床心理学専攻准教授，臨床心理士・公認心理師

若本純子（わかもと　じゅんこ）
　　現　在：山梨大学教育学部教授，山梨大学教育学部附属幼稚園園長，臨床心理士・公認心理師

大場　充（おおば　みつる）
　　現　在：東京都立砂川高等学校校長

村雲　拓（むらくも　ひろし）
　　現　在：大阪府教育庁教育総務企画課

齋藤眞人（さいとう　まさと）
　　現　在：学校法人立花学園立花高等学校校長，文部科学省「不登校に関する調査研究協力者会
　　　　　　議」委員

下垣佳央里（しもがき　かおり）
　　現　在：松実高等学園初等部教諭

加藤奈奈子（かとう　ななこ）
　　現　在：大阪樟蔭女子大学学芸学部心理学科准教授，臨床心理士・公認心理師

難波江玲子（なばえ　れいこ）
　　現　在：不登校児童生徒支援チームスクールカウンセラースーパーバイザー（千葉県），臨床心
　　　　　　理士・公認心理師

水野治久（みずの　はるひさ）
　　現　在：大阪教育大学副学長・総合教育系教授，臨床心理士・公認心理師・学校心理士SV

栗本美百合（くりもと　さゆり）
　　現　在：奈良女子大学生活環境科学系心身健康学科臨床心理学コース特任教授・キャンパスソー
　　　　　　シャルワーカー，臨床心理士・公認心理師

雲財　啓（うんざい　さとし）
　　現　在：京都橘大学総合心理学部総合心理学科助教，臨床心理士・公認心理師

齊藤和貴（さいとう　かずき）
　　現　在：東京家政大学人文学部心理カウンセリング学科特任講師，臨床心理士・公認心理師

丸山さやか（まるやま　さやか）
　　現　在：さいたま市北部児童相談所企画調整係（児童福祉司）

野田正人（のだ　まさと）
　現　在：立命館大学大学院人間科学研究科特任教授，社会福祉士・臨床心理士・公認心理師，滋
　　　　　賀県スクールカウンセラー　スーパーバイザー，大阪府・京都府・京都市・和歌山県ス
　　　　　クールソーシャルワーカー　スーパーバイザー

樋口隆弘（ひぐち　たかひろ）
　現　在：関西医科大学総合医療センター小児科心理士，大阪総合保育大学大学院非常勤講師，医
　　　　　学博士，臨床心理士・公認心理師・保育士・SNS カウンセラー・アニマルセラピスト

太田義人（おおた　よしひと）
　現　在：東大寺学園中学・高等学校スクールカウンセラー，公認心理師・ガイダンスカウンセ
　　　　　ラー

森　敬之（もり　ひろゆき）
　現　在：愛知教育大学研究補佐員，名古屋市立丸の内中学校前校長，全国適応指導教室・教育支
　　　　　援センター等連絡協議会元会長

岡田信吾（おかだ　しんご）
　現　在：大阪府立校・公立校スクールカウンセラー，臨床心理士・公認心理師・CARE-Japan 認
　　　　　定ファシリテーター

廣木明日実（ひろき　あすみ）
　現　在：特定非営利活動法人 With 優支援員，臨床心理士・公認心理師

金子恵美子（かねこ　えみこ）
　現　在：慶應義塾大学教職課程センター准教授，臨床心理士・公認心理師

桶谷　守（おけたに　まもる）
　現　在：池坊短期大学学長，京都教育大学名誉教授，元大津市教育長

伊藤佳代子（いとう　かよこ）
　現　在：奈良県スクールカウンセラー，元大和郡山市教育委員会学科指導教室「ASU」教諭，
　　　　　公認心理師

千原雅代（ちはら　まさよ）
　現　在：天理大学人文学部教授，奈良県いじめ対策連絡協議会会長，大和郡山市立郡山中学校・
　　　　　北小学校分教室「ASU」主任カウンセラー，臨床心理士・公認心理師

西山久子（にしやま　ひさこ）
現　在：福岡教育大学大学院教育学研究科教職実践専攻スクールリーダーシップ開発コース教授，
　　　　臨床心理士・公認心理師・学校心理士

森下　文（もりした　あや）
現　在：奈良女子大学大学院非常勤講師，京都聖母学院中学校・高等学校スクールカウンセラー，
　　　　公認心理師・学校心理士SV・臨床発達心理士

伊藤　隆（いとう　たかし）
現　在：大阪学院大学常勤講師，臨床心理士・公認心理師・学校心理士SV

相馬誠一（そうま　せいいち）
現　在：東京家政大学名誉教授，東京家政大学大学院客員教授，臨床心理士，さいたま市・板橋
　　　　区・世田谷区・中野区スーパーバイザー

【編著者紹介】

伊藤美奈子（いとう　みなこ）

　現　在：奈良女子大学研究院生活環境科学系心身健康学科臨床心理学コース教授，
　　　　　臨床心理士・公認心理師
　最終学歴：京都大学大学院教育学研究科後期博士課程修了
　主　著：『不登校——その心もようと支援の実際』（単著，金子書房，2009年）
　　　　　『子どもたちに〝いのちと死〟の授業を』（共編著，学事出版，2020年）
　　　　　『よくわかる教育相談』（共編，ミネルヴァ書房，2011年）

不登校の理解と支援のためのハンドブック
——多様な学びの場を保障するために——

2022年 8 月30日　初版第 1 刷発行　　　　　〈検印省略〉
2024年10月20日　初版第 3 刷発行

定価はカバーに
表示しています

　　　　　編著者　　伊　藤　美奈子

　　　　　発行者　　杉　田　啓　三

　　　　　印刷者　　坂　本　喜　杏

発行所　株式会社　ミネルヴァ書房
607-8494　京都市山科区日ノ岡堤谷町 1
電話代表 075-581-5191
振替口座 01020-0-8076

Ⓒ伊藤美奈子ほか，2022　冨山房インターナショナル・吉田三誠堂製本
ISBN 978-4-623-09253-6
Printed in Japan

春日井敏之・伊藤美奈子 編
よくわかる教育相談
B 5 ・218頁
本体2,400円

藤田哲也 監修
水野治久・本田真大・串崎真志 編著
絶対役立つ教育相談——学校現場の今に向き合う
A 5 ・202頁
本体2,200円

春日井敏之・近江兄弟社高等学校単位制課程 編
出会いなおしの教育——不登校をともに生きる
A 5 ・236頁
本体2,000円

千原雅代 編著
不登校の子どもと保護者のための〈学校〉
——公立の不登校専門校 ASU における実践
四六・288頁
本体2,500円

友久久雄 編著
学校カウンセリング入門［第3版］
A 5 ・248頁
本体2,500円

山野則子・野田正人・半羽利美佳 編著
よくわかるスクールソーシャルワーク［第2版］
B 5 ・260頁
本体2,800円

内田宏明 編著
入門　スクールソーシャルワーク論
A 5 ・224頁
本体2,800円

鈴木庸裕 編著
スクールソーシャルワーカーの学校理解
A 5 ・264頁
本体2,500円

門田光司 著
学校ソーシャルワーク実践
A 5 ・212頁
本体3,500円

村上香奈・山崎浩一 編著
子どもを支援する教育の心理学
A 5 ・276頁
本体2,500円

———— ミネルヴァ書房 ————
https://www.minervashobo.co.jp/